经济管理理论与发展探索

马晶晶 王 瑞 李丽媛 ◎著

中国华侨出版社

·北京·

图书在版编目（CIP）数据

经济管理理论与发展探索 / 马晶晶, 王瑞, 李丽媛著. -- 北京 : 中国华侨出版社, 2024.9. -- ISBN 978-7-5113-9286-2

Ⅰ.F2

中国国家版本馆 CIP 数据核字第 2024JV1597 号

经济管理理论与发展探索

著　　者：马晶晶　王　瑞　李丽媛
责任编辑：陈佳懿
封面设计：徐晓薇
开　　本：710 mm×1000 mm　1/16 开　印张：19.25　字数：301 千字
印　　刷：北京四海锦诚印刷技术有限公司
版　　次：2025 年 3 月第 1 版
印　　次：2025 年 3 月第 1 次印刷
书　　号：ISBN 978-7-5113-9286-2
定　　价：68.00 元

中国华侨出版社　北京市朝阳区西坝河东里 77 号楼底商 5 号　邮编：100028
发 行 部：（010）88893001　　　传　　真：（010）62707370

如果发现印装质量问题，影响阅读，请与印刷厂联系调换。

前　言

经济管理理论与发展是一个广泛而深远的学术领域，它致力于解析经济行为的内在逻辑、优化资源配置的效率以及提升经济系统的总体性能。在全球化和信息化的双重背景下，这一领域的重要性日益凸显，其研究成果对于指导实际经济活动、制定有效经济政策具有不可替代的作用。随着经济环境的不断演变，传统的经济管理理论面临着新的挑战，同时也孕育着创新与发展的机遇。

本书旨在深入探讨经济管理的基础理论及其在现代企业实践中的应用与发展。从经济学的基本原理到工商管理的策略，从供需与消费者行为理论到生产、成本与市场理论，本书深入探讨了经济活动的组织与管理，特别关注了工业经济管理的效益、结构与发展，强调了工业生产经济的专业化协作与污染防治，以及工业经济的绿色转型和智能工业发展。同时，探讨了企业可持续发展与财务、低碳经济与企业可持续发展的关系，以及企业经济管理发展与创新策略。最终，本书展望了经济管理的未来发展趋势，包括多维视角下的企业经济管理、数字经济以及网络经济的管理创新，为经济管理领域的学术研究和实践应用提供了前瞻性的视角和深入的思考。

在深入探索经济管理理论与发展的过程中，笔者深知这一领域博大精深，虽力求全面与深入，但鉴于经济现象的复杂多变，分析和结论存在不足之处。本书仅为经济管理理论的冰山一角，期待与学术界和实践界的同仁们共同探讨，以达到更深层次的理解与更广泛的应用。笔者相信，通过不断的学术交流和实践检验，可以逐步完善对经济管理理论的认识，为经济的持续健康发展贡献力量。

目　录

第一章　经济管理基础 ·· 1
第一节　经济学的内涵 ·· 1
第二节　经济管理概述 ·· 9
第三节　经济管理的作用、地位与原则 ·································· 15
第四节　经济管理方法与职能 ·· 21

第二章　工商管理 ··· 41
第一节　管理学与市场营销学 ·· 41
第二节　人力资源管理 ·· 47
第三节　市场营销、调查与预测 ·· 53
第四节　创新管理 ·· 65

第三章　供需与消费者行为理论 ··· 72
第一节　需求与供给理论 ·· 72
第二节　市场均衡与弹性理论 ·· 80
第三节　基数效用论与序数效用论 ······································ 89
第四节　收入、价格变动与消费者选择 ·································· 104

第四章　生产、成本与市场理论 ·· 112
第一节　生产理论 ··· 112
第二节　成本理论 ··· 124

第三节　市场理论 …………………………………………… 134

第五章　工业经济管理 ………………………………………… 151
　　第一节　工业经济管理的基本原则和方法 …………………… 151
　　第二节　工业经济效益 ………………………………………… 159
　　第三节　工业部门结构 ………………………………………… 163
　　第四节　工业经济管理发展 …………………………………… 173

第六章　工业生产经济 ………………………………………… 178
　　第一节　工业生产的专业化协作 ……………………………… 178
　　第二节　工业经济联合 ………………………………………… 187
　　第三节　工业污染的防治 ……………………………………… 204

第七章　工业经济绿色发展 …………………………………… 212
　　第一节　工业经济绿色转型 …………………………………… 212
　　第二节　生态工业 ……………………………………………… 218
　　第三节　智能工业 ……………………………………………… 226

第八章　经济管理与企业可持续发展 ………………………… 240
　　第一节　企业可持续发展与财务 ……………………………… 240
　　第二节　低碳经济与企业可持续发展 ………………………… 249
　　第三节　企业经济管理发展与创新策略 ……………………… 254

第九章　经济管理的发展 ……………………………………… 259
　　第一节　多维视角下企业经济管理 …………………………… 259
　　第二节　数字经济管理与发展措施 …………………………… 270
　　第三节　网络经济的管理创新 ………………………………… 283

参考文献 ………………………………………………………… 297

第一章 经济管理基础

第一节 经济学的内涵

一、什么是经济学

关于什么是经济学,不同的经济学家有很多不同的答案。美国著名经济学家萨缪尔森(Samuelson)给出了一个大多数经济学家都同意的一般定义:"经济学研究的是一个社会如何利用稀缺资源生产有价值的商品和劳务,并将它们在不同的人中间进行分配。"可见,经济学是研究如何使稀缺资源处于最佳用途以满足人类最大需要的科学。简单地讲,经济学是一门关于如何选择的科学。

二、资源的稀缺性:经济学产生的前提

人们的活动之所以面临各种选择,其根源在于资源的稀缺性。经济学对人类经济活动的研究是从资源的稀缺性开始的。人类社会要生存和发展,就需要生产各种物品和服务,而且这种需要是无限的。需求的无限性表现在人的需求是不断发展的,当某种欲望或需求得到满足时,另一种欲望就会出现。如人们在基本的物质生活需要得到满足之后,就会产生精神生活的需要;同时,多多益善的偏好也是支配人们日常消费行为的一个重要因素。正是这种需求的无限性构成了人类经济活动不断进步的持久动力。

然而,满足生产需求的资源却是稀缺的。所谓资源的稀缺性,是指相对于人类的无限需求而言,资源总是不足的,即相对的稀缺性。资源稀缺性的存在,主要与以下三个方面有关。一是资源本身的有限性。受开发能力的限制,能够利用的资源是有限的。二是人类欲望或需求的无限性。当一种欲望得到满足后,新的

欲望就会产生。三是资源用途的广泛性。在一定的资源条件下，多生产一种产品，就必然要减少其他产品和服务的生产。这里所讲的稀缺性是一种相对的稀缺性，但从另一种意义上讲，这种稀缺性又是绝对的。因为稀缺性存在于人类社会的任何时期和一切社会，只要有人类，就会有资源的稀缺性，所以稀缺性又是绝对的。这就是资源的稀缺性既相对又绝对的理论。从实际来看，无论是贫穷的国家，还是富裕的国家，资源都是不足的。

可见，人类社会始终面临着资源的稀缺性和需求的无限性之间的矛盾，因此，如何配置和利用有限资源以满足人们的需要，就成了任何社会都面临的基本经济问题，而经济学正是为了研究如何解决这一基本经济问题而产生的。经济学的研究对象也是由这种稀缺性所决定的。

三、资源配置：经济学的基本问题

资源的稀缺性决定了人们必须在资源的多种用途上进行选择。因为同一种资源可以用于不同产品的生产，但在资源稀缺的前提下，用于生产某种产品的资源多了，那么用于其他产品生产的资源必然就会减少，因此，面对稀缺的资源和人们的需求，选择变得十分重要。这种选择在现实生活中处处存在，如对一个人或一个家庭而言，收入是有限的，如何使用这有限的收入，是用于消费还是用于储蓄，或者多少用于消费，多少用于储蓄；一个企业对于一笔有限的投资，是开发一个新产品还是开发一个新市场，或者用于其他方面，这些都是选择问题。人们对有限资源在使用方面的选择在经济学上称为资源配置。从社会层面上讲，资源配置问题可以归结为三个基本的方面：生产什么和生产多少，如何生产，为谁生产。这就是经济学的基本问题。

（一）生产什么和生产多少

这是指在有限的资源条件下，人们根据需求的大小和轻重缓急，决定生产哪些产品和劳务以及生产多少的问题。例如，土地资源是有限的，是用来生产粮食还是用来修建运动场。在资源稀缺性的前提下，生产什么和生产多少是人们首先需要考虑和选择的问题，选择的标准是需求的迫切程度。

（二）如何生产

这主要是指选择何种生产方式进行生产的问题，包括用什么资源，什么技术、工艺和手段来生产。如在生产技术方面，是选择劳动密集型、技术密集型，还是选择资金密集型生产方式。因为不同的生产方式，对资源利用的效果不同。如何生产是在生产什么和生产多少决定之后第二个必须考虑和选择的问题，选择的标准是生产效率。

（三）为谁生产

这主要是指生产出的产品和劳务在不同的成员或利益集团之间如何分配的问题。即整个社会按什么样的原则分配，如何解决收入分配中的公平与效率问题等，其实质是收入和财富如何分配的问题。为谁生产是资源配置过程中的最后一个环节，选择的标准是公平与效率的兼顾。

稀缺性提出了资源配置的必要性，也决定了经济学的产生；三个基本经济问题决定了资源配置的内容；机会成本与生产可能性边界则提供了资源优化配置的分析手段。

四、机会成本与生产可能性边界：资源优化配置的分析手段

面对稀缺性，资源配置的一个重要原则就是能够最好地利用有限资源，实现资源配置的最优化。那么，如何才能判断资源在配置过程中实现了最优化呢？对资源优化配置问题的分析涉及经济学的两个基本概念：机会成本与生产可能性边界，它反映了稀缺资源在配置中的相互关系。

①机会成本。机会成本是指人们在选择一种资源利用方式时所放弃的该资源被用于其他方面时所能创造的最大价值。例如，一块面积确定的土地，既可以种粮食，也可以建厂房；既可以修公路，也可以放牛羊。如果选择用这块土地种粮食，那么，用于建厂房、修公路、放牛羊所可能获得的最大收入就是种粮食的机会成本。

理解机会成本，必须把握以下三点。一是机会成本是指所放弃的资源可能利用方式中的最大收入。只有最大的收入才是机会成本。它既不是每一种可能用途的收益，也不是各种可能用途收益的加总。二是机会成本与稀缺资源的多种用途密切相关。只有具有多种用途的稀缺资源才有机会成本。当一种稀缺资源只有一种用途时，则不存在机会成本，或者说机会成本为零。三是机会成本不同于实际成本。它是人们在做出选择时一种观念上的支付或损失，而不是实际的费用或损失，即用所失去的最佳选择的价值来度量的成本。

机会成本的概念为人们选择稀缺资源的最佳用途提供了一个有力的分析工具和手段。

②生产可能性边界。由于资源的多用途性和需求的多样性，现实中常常出现用一种稀缺资源生产两种或两种以上产品的情况。生产可能性边界反映了既定资源所生产的不同产品之间的组合关系。

生产可能性边界又被称为生产可能性曲线，它是指在一定技术条件下，既定生产可能性边界资源所能生产的最大产量组合。

为了分析方便，现假定整个社会将全部资源只用于消费品和资本品这两种物品的生产。由于资源的稀缺性，用于生产消费品的资源多了，则用于生产资本品的资源就会减少。既定资源所生产的消费品和资本品的产量是一种此消彼长的关系，这种关系可以用图1-1表示出来。在图1-1中，横坐标表示消费品的数量，纵坐标表示资本品的数量，A、B、C、D、E、F分别表示了在一定技术条件下，既定资源所能生产的消费品和资本品最大数量的各种组合，AF所代表的曲线就是生产可能性曲线，也叫生产可能性边界。AF曲线表明了多生产一单位消费品要放弃多少资本品，或者相反，多生产一单位资本品要放弃多少消费品。因此，AF曲线又被称为生产转换线。在生产可能性曲线AF以内的任何一点上的各种生产组合，都是既定资源在同一技术条件下所能生产的消费品和资本品的产量组合，如G点，但都不是最大产量的组合，即资源没有得到充分利用，表明这种资源配置缺乏效率。而在生产可能性曲线AF之外，虽然是消费品和资本品产量的更大组合，如H点，但在既定资源和技术条件下，它是无法实现的。只有在AF曲线上的各种产量组合才是最大产量组合。所以，AF曲线上的任意一点均代表着有效率的产量组合，在 AF 曲线上的某一点进行生产就意味着资源实现了优化配置。

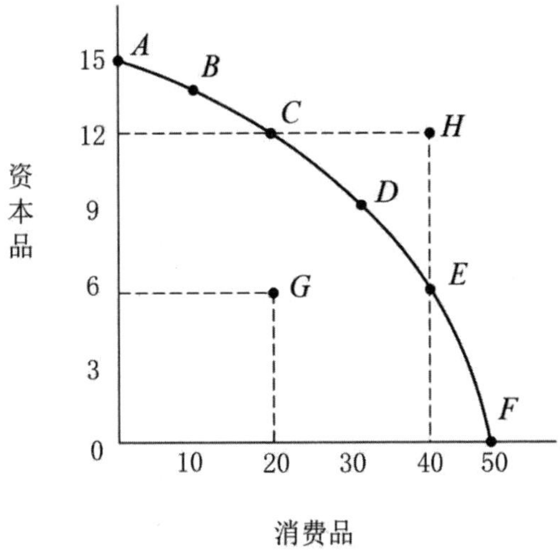

图 1-1 生产可能性曲线

值得注意的是，图中的 AF 曲线是在既定的资源和技术条件下的生产可能性边界。当资源和技术条件发生变化时，就会产生生产可能性边界的向内或向外移动。当更多的资源和更好的技术被利用时，生产能力就会扩大，生产可能性边界就会向外移动，这种情况称经济增长。相反，当可供利用的资源减少时，生产能力就会萎缩，生产可能性边界就会向内移动，这种情况称经济衰退。

生产可能性边界反映了资源配置中的各种关系，为资源在优化配置过程中的各种选择提供了重要的分析工具。

①生产可能性边界反映了资源的稀缺性特征。因为资源是稀缺的，所以，使用这些资源所能生产的产品数量组合才有一个最大限量。

②生产可能性边界充分表达了资源配置上的效率观念和选择的含义。生产可能性边界上的任何一点，都表明资源得到了充分利用，这说明资源在生产可能性边界上的配置是最有效率的。但是最终确定在哪一点生产，则需要按照需求的大小以及轻重缓急和偏好等多种因素来选择。

③生产可能性边界反映了资源配置的具体内容或三个基本经济问题。首先，选择了生产可能性边界上的哪一点，就解决了"生产什么和生产多少"的问题。其次，从资源利用的效率出发决定选择生产可能性边界上的哪一点时，也就选择

了"如何进行生产"。例如，选择 A 和 F 点时，资源利用的效率就不如选择其他点高，因为过多地生产某种产品，会将并不适宜生产该产品的资源用于该产品的生产。最后，生产可能性边界也反映了"为谁生产"的问题。如果选择了生产更多的资本品，就表明资源配置在分配方面偏重资本投资者；如果选择了生产更多的消费品，就表明资源配置在分配方面偏重广大消费者。

④生产可能性边界同样反映了机会成本的概念。在生产可能性边界上，当选择了一种物品的生产时所放弃的另一种物品就是被选择产品的机会成本。从图1-1中可以看出，当把全部资源用于生产15单位的资本品时，其机会成本为所放弃的50单位消费品。相反，当把全部资源用于生产50单位的消费品时，其机会成本为所放弃的15单位资本品。当资本品和消费品组合生产时，在生产可能性边界上体现为此消彼长的关系，增加一单位资本品（消费品）的机会成本就是减少的消费品（资本品）的数量。

五、资源的充分利用：宏观经济问题

在稀缺性的前提下，人们不仅要考虑资源的"配置"问题，还要考虑资源的"利用"问题。前者解决的是有限资源能否被配置到最佳用途或合理使用，以便生产更多的产品和劳务。而后者解决的是有限资源能否得到充分利用或不让其闲置，以便使全部资源都发挥作用。因此，如何充分利用资源以满足人们的需要，同样是稀缺性的要求。从整个社会层面讲，要实现资源的充分利用，必须解决以下三个方面的基本问题：如何达到充分就业？如何保持物价稳定？如何实现经济增长？这也是经济学研究的另外三个基本问题，即宏观经济问题。

（一）如何达到充分就业

从资源利用的角度讲，充分就业是指整个社会所有有限资源都没有闲置，而是全部得到了充分利用的状态。劳动力作为一种重要的资源——人力资源，具有广泛的社会性，一个社会的劳动力能否充分就业，影响深远，因此，劳动力的充分就业问题成为社会所关注的焦点之一。

（二）如何保持物价稳定

资源利用不足，比如存在失业的情况下，会伴有通货紧缩现象，但资源利用过度也可能造成通货膨胀。这两种情况都会破坏市场经济的价格机制，影响经济运行的稳定性。所以，资源的利用最好做到既无通货紧缩，也无通货膨胀，也就是物价稳定。经济学要研究如何使资源充分利用，就要同时研究如何保持物价稳定。

（三）如何实现经济增长

经济增长意味着在相同的资源限制条件下能够生产更多的物品和劳务来满足人们的需要，这本身也是资源充分利用的目的。因此，研究资源充分利用和如何实现经济增长具有特别重要的意义。

由此可以看出，稀缺性不仅引起了资源配置问题，还引起了资源利用问题。前者构成微观经济学的研究主题，后者则成为宏观经济学的研究主题。正因如此，许多经济学家也把经济学定义为：研究稀缺资源配置和利用的科学。

六、资源配置的方式：经济体制

在一定的物质技术水平下，资源配置和利用的原则、方式与一个社会的经济体制有关。

经济体制是指一个社会组织和管理经济的一整套具体制度和形式。经济体制不同，资源配置和利用的方式不同，从而使经济效率产生较大的差别。从历史上看，经济体制大体可分为四种类型，即自然经济、计划经济、市场经济和混合经济。但从当今世界来看，主要是后三种类型。

（一）自然经济

自然经济是自给自足的经济。其生产的目的仅是自己消费，很少交换，生产什么、如何生产以及为谁生产的问题可能是由代代相传的传统所决定的。因此，资源利用效率较差，经济发展滞缓，水平低下。

（二）计划经济

计划经济是以计划调节作为资源配置主要工具的一种经济体制。其基本特征是：资源基本归政府所有，经济的组织和管理由政府实施，经济发展的决策权高度集中在政府手中，政府依靠对资源的所有权、强制力及其自身掌握的信息做出决策。总之，所有与资源配置有关的经济活动，都由政府或通过政府的指令来进行。其优点是能集中力量办大事，但缺点是不能实现资源的有效配置，还可能造成资源的巨大浪费。

（三）市场经济

市场经济是借助市场交换关系，依靠供求、竞争和价格等机制，组织社会经济运行，以调节社会资源配置和分配收入的经济体制。其基本特征是：生产什么、生产多少、如何生产以及为谁生产的问题完全由多元化的市场主体决策，高度分散。因此，市场经济能够优化资源和充分利用资源，提高经济效益。但过度竞争也会造成资源浪费，容易出现经济波动甚至周期性经济危机以及外部不经济性等问题。

（四）混合经济

混合经济是指由市场经济和政府调控相结合的一种经济体制。在这种经济体制下，一方面是市场机制协调着人们的经济行为，另一方面政府也对一些经济活动进行有意识的干预。生产什么与生产多少、如何生产以及为谁生产的问题是在市场机制和政府有意识的干预相结合下解决的。当今世界各国，既没有完全实行市场经济的，也没有完全实行计划经济的，都是在某种程度上的混合经济，只是在程度上有所差异或在所有制上有根本区别而已。

第二节 经济管理概述

一、经济管理概念

经济管理概念定义为：管理主体通过运用管理职能，在经济活动中对人力、物力、财力、时间和信息等进行合理分配和有效使用，以及对各个社会集团和个人之间的物质利益关系进行合理调节，以实现预定目标的一系列活动的总称。经济管理既要研究经济学关于稀缺资源的有效配置与利用问题，即经济活动中的基本问题（生产什么和生产多少、怎样生产、为谁生产、谁来决策），又要研究管理学关于人类按照市场经济规律，对生产经营活动进行计划、组织、领导、激励和控制的问题。

二、经济管理现代化及经济管理发展新趋势

随着市场经济发展体制改革进程的稳步推进，新的市场经济形势要求各行各业紧密结合时代的发展变化和要求等不断进行改革创新，这样才能最大限度地夯实发展基础，全面提高科学化管理和运营成效，为组织的发展带来更多的生机和动力。市场形势不断变化，政策监管力度不断加大，人才的竞争也日益激烈，企业加强经济管理现代化与发展趋势预测分析，有利于更好地把握机遇、应对市场冲击，进而切实夯实发展基础，实现更长远的发展。因此，加强经济管理现代化及经济管理发展新趋势探究，具有重要的现实意义和社会价值。

（一）经济管理现代化的内涵、特征与意义分析

1. 经济管理现代化的内涵分析

作为一项综合性的经济管理活动，经济管理自身随着时代的发展和社会的进步不断向前发展，为此在经济社会不断向前发展的过程中，经济管理现代化应运而生，这也是管理发展的必然趋势。经济管理包含的内容比较复杂，主要是通过

预测经济发展目标,为组织发展提供更科学的指导和帮助。经济管理现代化是伴随经济管理行业不断向前发展而逐渐形成和发展起来的一种发展趋势、管理理念等的统称,主要是基于管理现代化的基础,结合当前经济领域中的各项经济活动,进而逐渐形成的、与科学技术以及社会科学和管理科学等相关联的先进技术成果等的集合,同时可以借助有效的管理机制和布局等,切实推动经济管理活动实现良性有序发展。

2. 经济管理现代化的特征分析

经济管理现代化有其自身的特点,具体体现在以下六个方面。

①经济管理现代化具有艺术性的特征。经济管理现代化自身具有良好的应用指导性,并且可以在管理技术中借助管理理念创新与管理精神塑造等更好地体现管理技术的艺术性特点。

②经济管理现代化具有专业化的特征。开展经济管理活动时,要想切实提升其管理成效,就需要积极科学地运用相关的理论和方法来进行实施,同时需要全面加强系统理论、信息理论以及控制理论等方面的深入研究,这样才能以此为基础更好地实现专业化管理,提升组织管理效能。

③经济管理现代化具有能动性与创造性的特征。在现代市场经济发展形势下,伴随经济管理现代化建设进程的深入推进,需要对市场形势进行全面分析,既需要严格按照市场的准则来实施有序的管理活动,同时,也需要在经济管理过程中围绕资源的优化配置等进一步加强各类要素的科学管理和积极创新,进而更好地为组织发展提供强大的支持,为此,经济管理现代化的能动性与创造性的特征也会自然显现[①]。

④经济管理现代化具有灵活性的特征。经济管理现代化涉及很多环节和内容,无论是在传统经济管理模式下还是现代经济管理模式下,都需要科学研究相关的管理理论和方法,并且结合组织的具体实际,设计优化管理理念、方法以及机制等,只有这样,才能更好地解决组织发展中遇到的各类问题。运用现代化经济管理理论等指导实践,能更好地为行业发展奠定良好的基础。因此,管理者可

---

① 王志强. 浅谈经济管理现代化及经济管理发展新趋势 [J]. 商场现代化, 2020 (13): 150-152.

以灵活地探索科学的管理方式,进而形成更多的经验成果并进行共享与推广,为市场经济发展贡献更多的力量。

⑤经济管理现代化具有民主性的特征。对于社会上的任何组织而言,想要积极推动经济管理现代化实现科学稳定发展,都需要先探索相关的先进的管理理念和管理模式,并着力打造专业化的管理队伍,以有效解决组织遇到的各类矛盾或冲突等。经济管理理念和策略的实施等也需要依靠广大员工积极参与,这样才能更好地形成强大的推动合力,所以,经济管理现代化体现了以人为本的管理理念,具有民主性的特征。

⑥经济管理现代化具有科学化和自动化的特征。随着时代的发展和社会的变迁,经济管理活动更加复杂,组织在经济管理方面也需要不断进行新技术的探索创新与引入,其中信息时代的到来为组织发展提供了强大的技术手段支持,科学化经济管理活动的实施也离不开智能化信息技术的支撑,只有借助现代信息技术等促进经济管理现代化向着智能化的方向发展延伸,才能更好地减少人力、物力、财力等方面的投入,为组织节约更多的成本,为此经济管理现代化必将向着更加自动化和智能化的方向延伸。

3. 经济管理现代化实施的必要条件分析

实施经济管理现代化,必须遵循基本的原则,满足相关的条件,这样才能更好地推动经济管理现代化机制有效落地。具体表现在以下两个方面。

①加强理论实践融合探索。要实现经济管理现代化,就需要不断学习和借鉴国外先进的技术和良好的管理经验,正确地辩证分析国外相关的预测、决策以及分析等技术手段和方法,并结合中国的实际和组织的具体情况有针对性地应用于经济管理现代化活动开展过程中,在理论和实践的结合探索中更好地寻求适合自身的经济管理模式。

②需要强大的管理队伍支持。经济管理现代化建设进程的有序推进,需要管理人员的积极支持,并需要他们具备丰富的专业理论和技能,同时还应当不断进行技术和方法创新,加强管理队伍自我管理和约束,积极探索应用现代化技术等手段进行创新实践。只有这样,才能更好地夯实发展基础,更好地引领组织根据经济社会发展形势科学决策,提高可持续发展动力。

4. 实施经济管理现代化的意义分析

加强经济管理现代化探索，一方面是科学技术不断发展的必然结果。科学技术不断向前发展，与此同时管理和实践也在不断进行改革。从第一次工业革命发展到现在，一次次的社会变革。在一定程度上进一步推动了经济的发展，也为经济管理现代化建设提供了良好的发展条件。另一方面是社会发展的必然结果。随着经济社会不断发展，社会生产力水平不断提升，信息时代的到来倒逼行业不断进行变革创新，社会结构不断优化，生产专业化分工更加精细化。为此，加强经济管理现代化更有助于生产工艺的创新和技术的变革，推动生产管理模式不断优化，从而更好地顺应时代的发展。此外，加强经济管理现代化模式和理念等创新探索，也有助于为组织发展提供更科学的手段和方法支持，进而更好地优化调整劳动关系，实现资源要素的科学配置，为组织发展提供强大的动力支持，全面推动组织实现更大的经济效益和社会效益。

（二）经济管理发展新趋势与对策分析

1. 经济管理发展新趋势分析

随着现代市场经济体制改革的深入推进，新形势下的经济管理发展也将向着多元化的方向延伸，主要的发展趋势体现在以下三个方面。

①经济管理将更加体现以人为本的管理思想。经济管理工作的开展，离不开人力资源的强大支持，所以，经济活动的实施需要以人为主体来进行。只有积极发挥人的能动性和创造性，才能更好地确保经济管理活动有序开展，进而为组织创造更大的效益。为此，在经济管理领域和活动的实施过程中更应当注重人本管理理念的融合，只有积极构建以人为本的现代化经济管理模式和体系，才能更好地推动各项活动有序开展，保证组织效益目标和战略发展规划的有效达成。

②经济管理更加体现与管理文化的结合。经济管理是一项复杂的活动，持续性的工程，通过管理文化的建设和打造可以更好地聚焦组织的发展目标、思想以及价值观等，进而更好地展示组织的发展形象。伴随经济管理的不断发展，组织管理也逐渐形成了特色的企业文化。在社会主义市场经济条件下，企业文化和经济管理将实现深度融合，以更好地塑造组织精神，引领组织实现科学化、持续化

发展，让组织经济管理达到最理想的状态和效果。

③经济管理将向着更加民主化和智能化的方向延伸。一方面经济管理活动开展日益频繁，组织对其重视度不断提升，而且在实施经济管理理念和方法的过程中也更加体现对员工的尊重，只有对组织中的每一名员工的思想观念以及兴趣需求等进行深入分析和了解，并结合组织自身的实际不断征求广大员工的意见和建议，实施民主化管理，才能更好地确保经济管理目标的达成，也更有助于稳定员工队伍，为组织发展提供可靠的人力资源支持。另一方面经济管理将向着智能化的方向发展，在经济管理活动的组织开展过程中，随着信息时代的到来、科学技术的不断升级等，组织的管理手段也将不断进行优化。未来组织将会更加关注成本管控等工作，所以在经济管理活动实施开展层面也将积极引进更加先进的技术和方法，深入实施智能化管理，从而减少用工成本，提高组织科学化管理效能。

2. 加强经济管理现代化的具体措施

经济管理发展呈现新的发展趋势，对组织而言，加强经济管理现代化建设，需要全面结合发展趋势和市场发展形势积极探索、不断创新，以利于更好地适应市场经济发展环境，进而转化为自身的稳定优势，实现持续高质量发展，具体建议如下。

①加强现代化管理体制的健全完善。在现代经济管理工作开展过程中，要想使经济管理现代化的目标得以实现，需要组织科学地建立相关的管理制度体系，提出明确的管理目标、要求等，并具体细化分工、优化流程。为此组织的决策者应当结合市场形势的发展变化以及自身的战略发展目标，积极探索建立完善的现代化管理制度体系，加强经济管理审核建设，重视经济管理理论的系统学习，并建立完善的执行监督机制，围绕组织的发展目标层层进行任务的分解落实和过程考核，从而规范员工行为，切实提高管理效能。

②加强现代化管理技术的创新探索与应用。知识经济时代的到来，在市场经济的环境下，需要组织不断进行现代信息技术的科学运用，构建大数据体系，结合自身领域的发展实际，积极利用现代信息技术收集更全面的信息，并利用数字处理技术进行数据的处理。要更好地推动各项管理活动的有序开展，同时通过数据的存储、共享和应用等，为经济管理的科学决策提供重要的参考依据。

③持续加强管理机制创新。除了要加强技术创新，还需要加强管理理念、管理方法的不断创新，在经济管理发展的过程中除了要遵循基本的原则，按照组织既定的发展模式来有序推进各项工作以外，同时还需要不断进行创新探索，积极引入和借鉴先进的管理技术和管理经验、方法等，并结合组织自身的特点，进一步强化凸显自身的优势。要更好地塑造特色化的组织文化和管理模式，进而更好地提升自主研发和管理成效，为组织持续发展赢得更多的市场。

④全面强化管理队伍建设。对于组织而言，最重要的资源依然是人力资源，只有全面加强队伍建设，不断提高队伍的管理技术水平和专业化能力，才能切实为组织各项活动的开展以及战略目标的达成奠定良好的基础。为此应当加强管理人才队伍的建设，制定完善的培训管理体系，结合员工的需求和组织的发展实际建立多层次、多元化的培训机制，在专业理论、管理理念以及技术方法等方面开展系统的培训，引导他们积极转变管理观念，树立科学管理意识。此外，对于组织而言，还需要加强管理文化的塑造和培育，加强经济管理和企业文化建设的融合，并通过多元化的视觉展示体系以及行为认知体系，进一步提升员工对组织的认同感，并通过文化精神进一步引领组织努力创新，凝聚起全员奋进的强大合力。企业文化是无形的力量，组织在这方面需要进行科学探索、逐步推进，发挥全员的力量积极献计献策，这样才能更好地实现文化创新，推动管理文化有效落地实行。

总之，经济管理现代化是经济社会发展的必然趋势，在经济管理活动的开展过程中，需要各行各业结合中国的国情遵循基本的原则，积极探索管理创新模式，并发挥员工的作用，积极为组织发展提供更多的可行性建议和方法，推动经济管理实践取得更大成效。

第三节 经济管理的作用、地位与原则

一、经济管理的作用和地位

(一) 经济管理的作用

1. 经济管理的"有序化"作用

近代物理学、化学、生物学和社会科学的研究不约而同地对准了"秩序"。系统论、信息论、协同论、耗散结构理论等分别从不同角度研究系统的"有序化"运动。"有序化"是组织生命的根本,"有序化"程度越高,则该组织的生命力越强。热力学第二定律指出,系统的自发过程总是"熵增"和"无序"的。也就是说,在没有外力作用的前提下,系统自发过程的结果只能是熵值的增加、混乱程度的加剧和系统生命力的衰减。系统的维持和趋向"有序"都离不开经济管理。换言之,有效的经济管理可以促使系统"熵减"和"有序",是维持和增强系统生命力的根本。通过有效的经济管理,实现人、物、精神和行为等多方面的有序。值得强调的是,经济管理的有序化作用还表现为不断改革和创新,以克服组织的惰性,从而增强组织的生存和发展能力。

2. 经济管理的整体推动作用

一项新技术、新发明的作用主要发挥在某一个点、某一条线或某一个面上,或者使某项操作的效率得以提高,或者使某个行业得到长足发展。而对经济管理来讲,即使在某一点上时,其作用的发挥也会达到一个特定的面。如果考虑到发展的过程,经济管理便具有立体的整体推动作用,因为经济管理首先是一种思想、观念和意识,如果它能被组织中多数人掌握,则每个人都可以在其所处的点或线上发挥作用,从而对整个组织产生推动作用。而经济管理的本质作用就是通过经济管理人员、决策、机制等来调动所有人的积极性,从而使每个处于某一点或线上的人创造出更多的成果,推动组织与社会的全面进步和发展。

换言之，经济管理就是造势。通过经济管理，在组织内创造一种气氛、一种态势，使组织中的每一个成员都为某种共同目标而努力。当然，这种共同目标客观上应是组织目标和组织内个体目标的协调结果。经济管理的作用就是要通过经济管理者及其所制定的政策和所建立的机制，调动所有人的积极性来创造出一种气氛、态势。在这种态势下，组织的思想、观念和意识等可以较容易地为大多数人，甚至全部人所接受。这样，每个人（至少是大多数人）都可在其所处的点或线上充分发挥作用，从而发挥对组织的整体推动作用。

3. 经济管理的放大作用

经济管理的放大作用，即人们常说的"1+1>2"。它主要表现在两个方面。

（1）经济管理可以扩大人类的能力范围

个人单独劳动的效果是十分有限的。随着社会的进步和发展，越来越多的劳动对象和领域（如高新技术、大型项目等）单靠个人的劳动需要很长时间才可能完成，甚至有时根本无法完成。经济管理就是由一个或多个人来协调其他人的活动，扩大人类的能力范围，从而取得个人单独劳动所不能取得的效果。[①]

（2）经济管理可以使系统的产出倍增

从某种意义上说，所有的组织都是一个投入—产出系统，其功能在于使各种投入要素（人力、物力、资金、信息）得以转换，以新的面貌产出。经济管理的重要作用在于科学地配置资源、科学地组织系统的转换过程，保证其产出大于投入。这就是经济管理的放大作用，也被称为倍增作用。

（二）经济管理的地位

1. 经济管理是一种"基础国力"

当今世界，尽管资源和其他方面的基础对一个国家的繁荣与否有很大的影响，但并不是决定性的。事实上，一个国家是否繁荣取决于该国生产率的状况，即该国是怎样有效地利用其人力、土地、机器、原材料和其他资源的。或者说，一个国家的发达与否取决于其经济管理的效率。企业的情况也一样，经理的能力

[①] 赵钧. 探究柔性管理在现代企业管理中的作用 [J]. 中国管理信息化，2020，23（1）：115-116.

差、效率低，该企业经济管理的效率必然也低，哪怕企业的设备多么精良、员工多么优秀。

许多国家、民族、企业或者家庭由强变弱或者由弱变强的原因，归根结底，很大程度是经济管理水平的高低。

事实上，在讨论人类社会赖以发展的资源及其发展活动的组织时，无法脱离经济管理。尽管好的经济管理并不直接创造自然资源，但它可以有效利用自然资源，对于技术、信息等资源的利用也是如此。经济管理是人力和技术资源中的重要组成部分，好的经济管理可以丰富这些资源的有效利用，使人类社会经济活动更有成效。

经济管理不仅是一种基础国力，而且是一种投资小、收效大，有时还是见效最快的国力。各级经济管理者从工作中可以深刻体会到这一点，应该充分重视这一基础国力的提高。无论是一个国家还是一个企业，若要谋求发展，都必须在经济管理上狠下功夫。

2. 经济管理是"摸得着的手"

在市场经济中，人们的行为以及整个社会的生产和消费通过"看不见的手"来引导和协调。当市场机制失灵时，人们提出让政府伸出"看得见的手"进行干预。但是由于诸多原因，"看得见的手"同样也会失灵，甚至有人认为"看得见的手"失灵的后果更严重，所以不如没有它。但绝大部分人还是认为"看得见的手"对经济和社会发展功不可没。

事实上，在现实经济社会活动中，除了上述两只分别在"背后"和在"空中"的"手"，还需要一只实实在在的、"摸得着的手"来具体操作。

经济学更多关注的是"前两只手"，经济管理研究则重在探讨这只"摸得着的手"如何运作。"看不见的手"研究的是一般规律和普遍现象，"看得见的手"是按照政府的意愿引导市场和人们的行为。但现实正是由普遍的"最后一只手"的特殊来体现其色彩的，"上有政策下有对策"才是活生生的事实。

规律、政策无疑对现实复杂活动的经济管理有指导意义，但具体的经济管理操作则更具有其复杂特性。"摸得着的手"更注重经济社会活动的现实性和问题的特殊性，它更关心每个经济社会活动主体在每一天里的活动。这只手在各个层次、各个方面不停地具体运作着。

从某种意义上讲,"摸得着的手"可以减少"看不见的手"和"看得见的手"失灵所造成的问题,或在一定程度上弥补这"两只手"的不足。

要使越来越复杂的社会经济活动的经济管理更为有效,"看不见的手""看得见的手"和"摸得着的手"联合行动是必由之路。实际上,三者之间的关系本身就是相互补充和完善的。这也启示经济管理应该多角度地审视所面临的问题,从而找到更加全面、透彻和综合解决问题的可行方案。

二、经济管理原则

所谓经济管理的基本原则,是指在经济管理基本原理的指导下,在经济管理的实践中总结起来的,经济管理者在经济管理活动中必须遵循的行为规范,是经济管理基本原理的体现。[①]

(一) 整分合原则与相对封闭原则

整分合原则与相对封闭原则是经济管理的系统原理的具体化、规范化。

1. 经济管理的系统原理

经济管理的系统原理源于系统理论,它认为应将组织作为人造开放性系统来进行经济管理。它要求经济管理应从组织整体的系统性出发,按照系统特点的要求从整体上把握系统运行的规律,对经济管理各方面的前提做系统的分析,进行系统的优化,并依照组织活动的效果和社会环境的变化,及时调整和控制组织系统的运行,最终实现组织目标。

2. 整分合原则

整分合原则是指为了实现高效率经济管理必须整体规范明确分工,在分工基础上进行有效的综合,形成目标树,明确分工的权力范围和责任,科学、有效地组织开展计划,保证任务的完成。在整分合原则中,整体是前提,分工是基础,综合是保证。整分合原则的应用一般要经过整体目标确立、系统分解、综合协调

---

① 王艳龙. 现代企业经济管理模式探究 [J]. 开封教育学院学报, 2015, 35 (6): 247-248.

三个步骤。整分合原则要求经济管理必须有分有合，先分后合。

3. 相对封闭原则

任何社会组织都是一种开放系统，系统内部与外界环境存在物质、能量、信息的交换。但是，作为一个组织的经济管理系统，其经济管理手段和过程必须构成相对连续封闭的回路，形成螺旋式开放的循环，周而复始地进行。这种封闭式经济管理，可以使经济管理系统的内部各要素、各子系统有机衔接，相互促进，保证信息反馈，形成有效的经济管理活动。这就是经济管理的相对封闭原则。

在管理的相对封闭原则中，管理由对内和对外两部分组成。对于管理内部，各个部分、各个环节必须首尾相连，形成回路，使各个部分、各个环节的功能作用都能充分发挥；对于系统外部，任何相对封闭的系统又必须具有开放性，与相关系统有输入、输出关系。[1]

(二) 反馈原则与弹性原则

反馈原则与弹性原则源于经济管理的动态原理。

1. 经济管理的动态原理

经济管理的动态原理有两个方面的含义：第一，经济管理组织系统内部固有的结构、功能及运行状态具有随着内部各要素及内部其他条件的变化而适时调整、变化的动态规律；第二，经济管理组织作为更大系统的子系统，具有随着大系统的运动而运动、变化而变化的规律。

经济管理的动态原理具有有序性和适应性两大基本特点。有序性要求经济管理要按照一定规律有序地进行，适应性要求经济管理必须研究内外部环境的变化并努力适应其变化。

2. 反馈原则

动态原理对经济管理组织系统提出了必须适应系统内外部环境变化的动态要求。[2] 这种要求体现在：任何一个经济管理组织必须对环境变化和行动结果追踪

---

[1] 赵霞, 蒋翔, 刘霞, 张丽君. 相对封闭原则及其在护理管理中的应用范例 [J]. 护理学杂志, 2007 (7): 65-66.
[2] 杜丹丽, 肖燕红. 动态环境下企业组织自适应控制模型研究 [J]. 科技管理研究, 2009, 29 (8): 293-295.

了解，及时掌握动态。同时，把行动结果与原来的目标进行比较，找出差距并及时纠正，以确保组织目标的实现。这种为了实现一个共同目标，把行为结果返回决策机构，使因果关系相互作用，实行动态控制的行为原则，就是经济管理的反馈原则。经济管理的反馈原则要求加强信息的接收工作、信息的分析与综合工作、信息的反馈控制工作。

3. 弹性原则

随着社会经济的发展，经济管理组织系统的环境因素日益复杂、变动日益加剧，同时组织系统与环境之间的相互依赖关系也日益密切。组织为了生存与发展，客观上需要加强组织的经济管理弹性，使各方面都留有可调节余地，在各种不确定因素发生时，能灵活机动地进行调节，具有应变适应能力。经济管理的弹性原则要求倡导"积极弹性"，并着重提高关键环节的局部弹性。

（三）能级原则与行为原则

能级原则和行为原则都是以强调发挥人的作用为核心内容，经济管理的人本原理是它们的基本原理。

1. 人本原理

所谓人本原理，是指从经济管理的角度对人的本质属性的认识和理论探讨。人本原理强调人在经济管理中的核心地位和作用，把人的因素放在首位。它要求经济管理者在一切经济管理活动中要十分重视处理人与人之间的关系，充分调动人的主动性和创造性，把做好人的工作作为经济管理根本，使经济管理对象明确组织的整体目标、自己所担负的责任，自觉并主动地为实现整体目标而努力工作。

2. 能级原则

能级原则是指经济管理的组织结构与组织成员的能级结构必须相互适应和协调，这样才能提高经济管理效率，实现组织目标。经济管理的能级原则要求经济管理必须按层次进行并具有稳定的组织形态；权力、责任和利益必须与能级相对应；同时，还要求各级必须动态对应。唯有满足这些要求，才能将具有不同责任、能力和专长的人进行科学的组合，产生最大的效应。

3. 行为原则

行为原则是指经济管理者通过对组织成员的行为进行科学的分析，探寻最有效的经济管理方法和措施，以求最大限度地调动人们为实现整体目标的积极性。经济管理行为原则要求经济管理者既要探讨人的行为共性和普遍性的一面，以求科学地归纳组织成员的共同行为规律，又要研究个体行为的差异性和特殊性的一面，以便经济管理者能开展因人而异的经济管理活动，获得经济管理实效。

第四节　经济管理方法与职能

一、经济管理方法

（一）经济管理方法的含义

经济管理方法是管理者为了达到组织预定的目标，注重经济效率，运用管理职能或要素而采取的有效的工作方式、途径或手段。需要指出的是，这里讲的经济管理方法主要侧重于经济领域的管理方法，但不完全限于经济领域，经济管理方法同样适用于其他领域。同时，经济领域的经济管理方法也不仅局限于经济方法，还包括行政方法、法律方法等。经济管理机制的功能与作用是通过具体的经济管理方法实现的。尽管经济管理机制具有客观必然性，但选择和运用不同的经济管理方法则具有主观性。经济管理方法是实现组织目标的中介和桥梁，对于提高管理功效，实现组织目标，具有非常重要的意义。

（二）经济管理方法的种类

一般来说，经济管理方法可按以下六个标准分类。

一是按作用的原理，可分为经济方法、行政方法、法律方法和社会学心理学方法。

二是按管理方法适用的普遍程度，可分为一般管理方法和具体管理方法。

三是按方法的定量化程度，可分为定性管理方法和定量管理方法。

四是按所运用技术的性质，可分为管理的软方法（主要靠管理者主观决断能力的方法）和硬方法（主要靠计算机、数学模型等的数理方法）。

五是按管理对象的范围，可分为宏观管理方法、中观管理方法和微观管理方法。

六是按管理对象的类型，可分为人事管理方法、物资管理方法、财务管理方法和信息管理方法等。

（三）经济管理的基本方法

从上述经济管理方法的种类可以看出，经济管理方法有很多，这里仅介绍其基本的方法，即按经济管理方法作用的原理分类做一简要的论述。这些基本方法几乎适用于任何组织，但要真正发挥作用，必须结合组织实际，灵活加以运用。

1. 经济方法的简述

经济方法是管理者根据客观经济运行规律，依靠利益驱动，利用各种经济杠杆，调节和影响被管理者物质利益，从而促进组织目标实现的方法。在社会主义市场经济条件下，经济方法符合"经济人"利益，体现了物质利益规律的要求，因而它是经济管理方法中最基本、最常用的方法之一。必须指出，在现代生产力迅速发展的条件下，人们除了物质方面的需要以外，还有精神和社会方面的需要，如接受教育或精神鼓励等。不能单纯依靠经济方法，必须与行政、法律、社会学心理学等方法结合使用。

（1）经济方法的特点

①利益驱动性。被管理者是在经济利益的驱使下去采取管理者所预期的行为的。经济方法符合市场经济的一般规律，是物质利益规律的基本体现。

②普遍性。经济方法被整个社会广泛采用，而且也是管理方法中最基本的方法。在一国经济处于发展阶段，物质文明程度较低时，经济方法被更加广泛地采用，在经济领域显得尤其重要。

③持久性。作为经济管理的最基本方法，经济方法被长期采用，而且，只要科学运用，其作用也是持久的。但经济方法也有其局限性，可能会产生明显的负

面作用，即使被管理者过分看重金钱。对物质利益的追求往往会超越经济发展的可能，从而影响其工作积极性、主动性和创造性的发挥。

④平等性。经济方法承认被管理的组织或个人在获取自己的经济利益上是平等的。社会按照统一的价值尺度来计算和分配经济成果，各种经济手段的运用，对于相同情况的被管理者起同样的效力，不允许有特殊。

⑤灵活性。一方面，经济方法针对不同的管理对象，可以采用不同的手段。另一方面，对于同一管理对象，在不同情况下，也可以采用不同的方式来进行管理，以适应形势的发展。例如，税收的增减能够限制或促进某一产业的发展，增减的幅度越大，作用越明显。

（2）经济方法的形式

经济方法的形式很多，主要的或常用的有价格、利率、税收、利润、工资、奖金与罚款、定额管理、经济核算、经营责任制等。

①价格。价格用于描述物质价值，是价值的具体反映，是计量和评价劳动的社会标准。商品的价格直接地、动态地反映市场中供需的状况。但在特殊情况下，国家为了一些经济目标的实现，会提出强制性的计划价格（如最低限价和最高限价等），以此调整生产者和消费者的经济利益，影响它们的生产和消费行为。

②利率。利率是国家在宏观调控中调节信贷总量最为直接、有效的经济杠杆。一般而言，降低利率可促进消费和投资，提高利率则可抑制过度消费和投资。银行以信用作担保吸收社会闲散资金，并把资金贷款给需要资金流通的生产经营单位。利率的调整直接影响到银行能吸收多少社会闲散资金、生产经营单位愿意贷多少金额。

③税收。税收是国家取得财政收入的主要形式，也是国家财政政策常用的调节手段之一。国家根据需要，按照各经济单位和个人的经济收入额、产品流转额及特定经济行为，合理制定不同的税种和税率。利用加成、减免等形式调节生产和流通，调节企业的利润水平，使社会经济的内部结构、发展趋势、活动规模等趋于合理。

④利润。利润是反映组织经济效益的综合指标。除非营利性组织外，利润决定着经济组织的发展和延续。在管理实践中，组织通常把一定的经济责任、经济

权限、经济利益和利润指标紧密结合在一起,并与部门或个人的责任和利益挂钩。

⑤工资。工资是一种基本的劳动报酬形式。这一经济手段直接涉及组织各成员的物质利益。正确使用它,对于调动成员的积极性,有着直接的促进作用。根据按劳分配原则,工资应该与劳动者的工作性质、数量、质量以及劳动贡献联系起来。

⑥奖金与罚款。奖金是组织根据成员所做贡献的大小付给成员的奖赏,是对组织成员工作的肯定和鼓励。奖金在一定程度上能起到调动员工积极性的作用。罚款是当组织成员给组织造成损害行为时所进行的经济惩罚。它可以制约或收敛某些人的不轨行为,减少对组织的损害,保证组织正常运作。奖金和罚款不能滥用,既要防止平均分配奖金的做法,又要防止用罚款代替管理工作、代替思想工作的倾向。奖励与惩罚最重要的是严明,该奖即奖、当罚则罚、激励正气、祛除邪气,只有这样,才能使奖金与罚款真正成为有效的管理手段。

此外,定额管理、经济核算、经营责任制等经济方法也是经常采用的,尤其在经济领域更是如此。

发挥各种经济杠杆的作用,要重视整体上的协调配合。如果忽视综合运用,孤立地运用单一杠杆,往往不能取得预期的效果。例如,价格杠杆对生产和消费同时有方向相反的调节作用:提高价格可以促进生产,但会抑制消费。在经济生活中有些产品具有特殊的性质,如农业用生产资料,国家既要鼓励生产,又要鼓励消费,以促进农业生产和技术进步。因而,仅凭单一的价格杠杆难以奏效,必须综合运用经济杠杆。

2. 行政管理制度的简述

行政管理制度,是指依靠组织的行政权威,运用命令、规定、指示、条例等行政手段,按照行政系统和层次,以权威和服从为前提,直接领导、指挥和协调下属工作的管理制度。行政管理制度的实质是通过组织中的行政职务和职位来进行管理。它特别强调职责、职权、职位,而并非个人的能力或特权。任何部门、单位都会建立起若干行政机构来进行管理。它们都有严格的职责和权限范围。上级指挥下级,完全是由于高一级的职位所决定的。下级服从上级是对上级所拥有的管理权限的服从。行政管理制度是通过一系列的行政措施，如表扬、晋升、降级、任务分配、工作调动及批评、警告、记过、撤职等处分直至开除等作为保证来执行的。这是任何组织应有的特权，在非经济领域显得尤其重要。当然，在经济领域，尽管行政级别在淡化，但行政管理制度却不是可有可无的。

（1）行政管理制度的特点

①强制性。行政管理制度依靠行政权威强制被管理者执行。其强制性程度仅次于法律管理制度。

②直接性。行政管理制度是采取直接干预的方式进行的，其作用明显、直接、迅速。

③垂直性。行政管理制度是通过行政系统、行政层次来实施管理活动的。行政管理制度反映了明显的上下级行政隶属关系，是完全垂直领导的。也就是说，行政指令一般都是自上而下，通过直线职能部门逐级下达、执行。

④无偿性。行政管理制度是通过行政命令方式进行的，不直接与报酬挂钩。

（2）行政管理制度的形式

行政管理制度的主要形式有命令、规定、指示、制度、纪律、计划、指挥、监督、检查、协调、仲裁、行政处分等。

（3）行政管理制度的应用

行政管理制度是组织实现经济管理功能的一个重要手段，但只有正确运用，不断克服其局限性，才能发挥它应有的作用。行政管理制度的运用有利于贯彻上级的方针政策，促进组织内部的统一协调；有利于管理活动的有效控制；有利于快速地处理、解决特殊问题。

①管理者必须充分认识行政管理的本质是服务。服务是行政管理的根本目的，这是由管理的实质、生产的社会化以及市场经济的基本特点决定的。行政管理不以服务为目的，可能会引发一些不利于社会和谐的现象。然而若没有有效的行政管理，也达不到服务的目的。

②行政管理效果为领导者水平所制约。因为它更多的是人治，而不是法治。管理效果基本上取决于领导者的指挥艺术和心理素质，取决于领导者和执行者的知识、能力，所以行政管理制度的运用对领导者各方面的素质提出了很高的

要求。

③信息在运用行政管理制度过程中是至关重要的。一方面，领导者驾驭全局、统一指挥，必须及时获取组织内外部有用的信息，并以此做出正确决策，避免指挥失误。另一方面，上级要把行政命令、规定或指示迅速而准确地下达，还要把收集到的各种反馈信息和预测信息发送给下级领导层，供下级决策时使用。总之，行政管理制度要求有一个灵敏、有效的信息管理系统。

（四）经济管理方法的综合应用

各种管理方法各有千秋，只有加以综合运用，才能在经济管理实践中发挥更好的作用。概括起来，综合运用各种管理方法应注意以下五点。

1. 加强管理方法的科学依据

在管理实践中，要不断促进管理方法的建设与完善，使管理方法更加科学有效。其中，最重要的就是要加强管理方法的科学依据，使其符合相关客观规律的要求，更好地体现管理机制的功能与作用。

2. 弄清管理方法的性质和特点

管理者若决定采用某种管理方法，就必须弄清其作用的客观依据是什么，管理方法作用于被管理者的哪个方面，能否产生明显的效果，以及管理方法本身的特点与局限性，以便正确有效地加以运用。

3. 研究管理者与管理对象的性质与特点，提高针对性

经济管理方法是管理者作用管理对象的方式或手段，其最后效果，不仅取决于方法本身的因素，还取决于管理双方的性质与特点。同时，既要研究管理对象，也要研究管理者本身，只有这样，才能使管理方法既适用于管理对象，又有利于管理者优势的发挥，从而使管理方法针对性强，成效大。

4. 了解与掌握环境因素，采取适宜的管理方法

由于环境是影响管理成效的重要因素，因此，管理者在选择与运用管理方法时，一定要认真了解与掌握环境变量，使管理方法与所处环境相协调，从而更有效地发挥其作用。

5. 注意管理方法的综合运用

不同的经济管理方法，各有长处和不足，各自在不同领域发挥其优势，没有哪种方法是绝对适用于一切场合的，也没有哪种场合是只可依靠一种方法的。要科学有效地运用经济管理方法，就必须依目标和实际需要，灵活地选择多种管理方法，综合地、系统地运用各种经济管理方法，以求实现经济管理方法的整体功效。

二、经济管理的职能

（一）经济管理的计划职能

计划职能是管理职能中最基本的职能，其主要任务是确定组织的任务和目标，拟定完成任务和目标的行动纲领。

计划是先于其他管理职能的工作，在现代社会，计划工作已成为组织生存的必要条件。对企业而言更是如此，要经营好企业，必须有计划，而且要保证计划任务能按部就班地完成，把计划作为集体行动的准绳。

1. 计划的概念及其特性

对计划的理解有动态和静态之分：从静态角度看，计划是指用文字和指标等形式所表述的，对组织以及组织内不同部门和不同成员在未来一定时间内关于行动方向、内容和方式安排的管理文件；从动态角度看，计划是指为了实现决策所确定的目标，预先进行的行动安排。即计划必须清楚地确定和描述以下内容，简称"5W1H"。

①What——做什么，即明确所进行活动的内容及要求。

②Why——为什么做，即明确计划工作的原因及目的。

③When——何时做，即规定计划中各项工作的起始和完成时间。

④Where——何地做，即规定计划的实施地点。

⑤Who——谁去做，即规定由哪些部门和人员负责实施计划。

⑥How——如何做，即规定实施计划的手段和措施。

2. 计划的特征

计划工作的特征可以概括为以下四个方面。

①目的性。任何组织都是通过有意识地合作来完成群体的目标而得以生存的。具体地说，一方面，计划工作要确定目标；另一方面，组织要围绕目标开展各种行动，并预测哪些行动有利于达到目标，哪些行动不利于达到目标，从而指导今后的行动朝着目标的方向迈进。

②主导性。计划的主导性体现在两个方面：第一，管理过程中的其他职能只有在计划工作确定了以后才能进行；第二，管理者通过制订计划，可以了解需要什么样的组织结构、需要什么样的人员、按照什么样的方式来领导下属，以及采用什么样的控制方法。

③普遍性。虽然各级管理人员的职能和权限不同，但是他们在工作中始终要不断决策，也就是说，计划工作存在于各级管理人员的工作中。

④效率性。计划的效率是指对组织目标所做贡献扣除制订和执行计划所需要的费用及其他因素后的差额。如果一个计划能够达到目标，但在计划的实施过程中付出了太高的代价或不必要的代价，那么这个计划的效率就很低。如果一个计划按合理的代价实现了目标，这样的计划就是有效率的。在衡量代价时，不仅要用时间、金钱来衡量，而且要用集体和个人的满意程度来衡量。

2. 计划的表现形式

计划的表现形式很多，计划通常可表现为宗旨或目的、目标、战略或策略、政策、程序、规则、规划、预算等几种形式。

①宗旨或目的。它明确地指出了一定的组织机构在社会上应起的作用及所处的地位。例如，工商企业的目的就是生产和分配商品或服务，大学的目的就是培养人才，等等。

②目标。它具体规定了组织及各个部门的经营管理活动在一定的时期内所要完成的具体任务。目标不仅是计划工作的终点，而且是组织工作、人员配备及控制等活动所要达到的结果。

③战略或策略。它指出了组织为实现自己的目标而确定的主攻方向，是所拥有的人力、物力、财力部署的基本依据。

④政策。它是指在决定和处理问题时，指导与沟通思想活动的方针和一般规定，政策能明确组织活动的方针和范围，鼓励什么和限制什么，以保证行动和目

标一致。

⑤程序。通俗地讲，程序就是办事手续，是对所要进行的行动规定的时间顺序以及处理例行问题的方法和步骤。

⑥规则。它是对具体场合和在具体情况下，允许和不允许采取某种特定行动的规定。

⑦规划。规划是综合性计划，它是为实现既定目标、政策、程序、规则、任务分配、执行手续、使用资源以及其他要素的复合体。

⑧预算。它既是一种数量化的财务计划，也是一种重要的控制手段。

3. 计划工作的作用

虽然各种计划的形式和规模都不同，但它们的作用基本相同。

(1) 提供方向

未来的不确定性和环境的变化要求行动保持正确的方向。计划作为未来的一种筹划，它能使所有行动保持同一方向，促使目标的实现。

(2) 力求经济合理

实现目标有许多途径，需要选择尽可能好的方法，以最低的费用取得预期的成果，避免不必要的损失。计划强调协调和节约，其重大安排都经过经济和技术的可行性分析，可以使付出的代价尽可能合理。

(3) 发现机会和危险

未来的不确定性不可能完全消除，但应力求把它降到最低限度。计划工作能够及时发现机会，也能及时预见危险，可以早做准备，以防万一。

(4) 统一工作标准

组织中所有部门都在为了一个目标工作，这就需要计划来协调。

4. 计划工作的程序

一项计划的制订，一般包括四个方面的工作：分析环境并进行预测，制订实现目标的行动方案并择优，计划方案的细化，计划的执行。具体而言，计划工作可分为以下七个步骤。

(1) 估量机会

估量机会是计划工作的起点，其目的是发现将来可能出现的机会，包括对计划的内外部环境进行评估分析，评估企业把握机会的能力。

（2）建立目标

计划工作的目标是指组织在一定的时期内所要达到的效果。它指明组织所要做的工作有哪些，重点放在哪里，以及通过策略、政策、程序、预算和规划这个系统要完成的是什么任务。目标一旦建立，以后一切行动和工作均须以此为标准。

（3）确定计划的前提

计划的前提是计划制订时的假定条件，即执行计划的预期环境，它包括说明事实的预测资料、可行的基本政策和当前的计划。由于计划执行的未来环境相当复杂，此计划前提的确定一般只限于对计划执行有较大影响的那些条件。

（4）制订可供选择的方案

一个计划没有几个可供选择方案的情况是很少的，计划制订者的初步工作就是要考察大量可供选择的方案，并从中选出有希望成功的几个方案，以便对之进行评价和择优。

（5）评价各种方案并择优

在找出了各种可供选择的方案并分析了它们的优缺点后，下一步就是根据计划目标和前提来权衡各种因素，以此对各个方案进行评价和择优。由于可供选择的方案有着大量的变数和限定条件，评价工作可能相当复杂，以各种方案的行为过程和结果来择优是计划的关键一步。

（6）制订派生计划及相应的预算

派生计划和预算是基本计划的具体化与分支，基本计划的执行是通过执行派生计划和预算而得以实现的。

（7）计划的执行

在执行计划的过程中，管理者要不断地检查进度和成效，并针对发生的各种变化和问题调整计划方案。只有当一项计划执行后取得了预定的效果，完成了预定的目标，才可以说计划是成功的。

5. 计划编制的方法

计划工作的效率高低在很大程度上取决于计划编制质量的好坏。过去的计划编制方法是综合平衡法，现在来看，它已经难以适应组织所面临的复杂而多变的外部环境。[①] 现代计划编制方法大量采用数学、计算机科学的成果，不仅大幅度提高了计划工作的质量，而且大大加快了计划工作的进度。现代计划技术和方法很多，被广泛应用的有滚动计划法、网络计划技术、线性规划法等。

（1）滚动计划法

滚动计划法是一种动态编制计划的方法。它不像静态分析法那样，等计划全部执行完了以后再重新编制下一个计划，而是在每次编制或调整计划时，均将计划时间顺序向前推进一个计划期，即向前滚动一次。对距离现在时期较远的计划编制比较粗略，只是概括性的，在以后可根据计划因素的变化而进行调整和修正，而对距离现在时期较近的计划则编制得比较详细和具体。[②]

（2）网络计划技术

网络计划技术即计划评审术，又叫关键路线法，在中国也称统筹法。它是利用网络理论制订计划并对计划进行评价、审定的技术方法。它的基本原理是：用网络图来表示计划任务的进度安排，并且反映出组成计划任务的各项活动（或各道工序）之间的相互关系。

网络计划技术的步骤如下。首先，绘制网络图。网络图由活动、事项和路线三部分组成，绘制规则是有向性、无回路、首尾有节点、两点一线及事项编号从大到小。其次，进行网络分析，计算网络时间，确定关键线路和关键工序。在网络图中，关键路线是由总时差为零的关键工序连接起来的路线。时差是指某事件的最迟完工时间和最早完工时间之差。最后，利用时差，不断改善网络计划，求得工期、资源与成本的综合优化方案。网络计划技术适用于单件小批量生产类型的企业，特别适用于一次性的生产或工程项目，其优点是能缩短工期、降低成本、提高经济效益。

（3）线性规划法

为了不断提高组织的效益，组织在编制计划时经常需要解决两个问题：一是

[①] 潘文骏. 现代项目管理计划方法在滇池医院建设项目中的应用 [D]. 昆明理工大学, 2007.

[②] 赵周岐. 多品种、小批量生产模式下滚动计划法的生产计划编制 [J]. 商场现代化, 2013 (14)：55-56.

当计划任务已经确定时，应如何安排才能做到以最少的资源去完成任务；二是在资源有一定限制时，如何合理地分配与使用，才能使计划任务完成得最多。

这就需要运用线性规划法。应用线性规划法时，应注意以下五点。

①要有一个明确的目标，这个目标被称为目标函数。

②要确定可利用的资源，包括原材料供应量、设备台数、劳动工时等几个因素。

③根据各种产品的资源利用定额和预计达到目标函数的产量，确定约束条件，这是实现目标函数的限制因素。

④把目标函数、资源条件、实现目标函数的产量及各种产品资源利用定额之间的数量关系，用数学方程式来表示，形成线性规划的数学模型。

⑤采用一定方法求出最优解。

（二）经济管理的组织职能

在计划工作确定了组织的目标和实现目标的方案之后，管理者就要将本组织中拥有的各项资源按最有利于实现目标的形式组织起来。

1. 组织的概述

（1）组织的含义和特征

①组织的含义。组织的原义是指和谐、协调。从管理学的角度看，"组织"一词可以从静态和动态两个方面进行理解。从静态方面看，组织是指组织结构，即组织是由人组成的，是有明确的目的和系统性结构的实体；从动态方面看，组织是指发挥管理的组织职能，即指维持与变革组织结构，完成组织目标的过程。[1]

②组织的特征。一个实体之所以成为组织，是因为它具备以下四个共同特征。

特征一：组织是一个人为的系统。这里所谓"人为"的系统是指以人为主体组成的、有特定功能的整体。

---

[1] 张祖英. 管理职能（三）——组织职能（下）[J]. 中国妇运，2000（8）：44-46.

特征二：组织必须有特定的目标。目标是组织存在的前提，不管目标是明确的还是含糊的，组织都是为这一特定目标而存在的。组织目标反映了组织的性质及其存在的价值。

特征三：组织必须有分工合作。组织的本质在于协作，正是由于人们聚集在一起，协同完成某项活动才产生了组织。

特征四：组织必须有不同层次的权力与责任制度。权责关系的统一，使组织内部形成有机联系的不同管理层次。这种联系是在分工协作基础上形成的，既是实现合理分工协作的保障，也是实现企业目标的保障。

（2）组织的类型

组织可以根据不同的标准进行分类，最常见的是以满足心理要求为标准，将组织分为正式组织和非正式组织。

①正式组织。正式组织一般是指组织中体现组织目标所规定的成员之间职责的组织体系。在正式组织中，其成员保持着形式上的协作关系，以完成组织目标为行动的出发点和归宿点。这个组织具有正式和稳定的结构、明确的职责关系和协作关系等特征。

②非正式组织。非正式组织是在共同的工作中自发产生的，是有共同情感的团体。非正式组织一般没有自觉的共同目标，也没有正式的组织结构，但是有共同的利益、观点、习惯或准则。

下面我们来看正式组织与非正式组织的关系。无论什么地方都存在与正式组织有关的非正式组织。正式组织是以组织的目标为基础建立起来的，强调效率原则，非正式组织是以共同价值观为基础，强调感情关系，两者具有较大的区别。但是，两者又有密切的关系，它们互为基础、互为条件。非正式组织有以下三个方面的作用。

第一，一些不适宜通过正式组织解决的问题，通过非正式组织比较容易解决。

第二，利用非正式组织的感情交流渠道，能维持组织成员的稳定与团结。

第三，非正式组织的存在能为员工提供表达思想的机会，减少工作厌恶感，加强相互协作。

2. 组织结构

组织结构是组织正常运行和提高经济效益的支撑或载体。现代组织如果缺乏良好的组织结构，没有一整套分工明确、权责清晰、协作配合、合理有效的组织结构，其内在机制的作用就不可能充分发挥出来。一个组织如果不能根据外部环境的变化及时调整、创新和优化组织结构，就会影响管理效能和组织效率的提高。因此，建立合理高效的组织结构是十分必要的。

（1）组织结构设计的任务依据和原则

所谓组织结构是指组织的基本架构，是对完成组织目标的人员、工作、技术和信息所做的制度性安排。组织设计是指对组织结构进行创建、变更和再设计。[①]

①组织设计的任务。组织设计的任务是设计清晰的组织结构，规划和设计组织中各部门的职能和职权，确定组织中职能职权、参谋职权、直线职权的活动范围并编制职务说明书，即提供组织结构系统图和编制职务说明书。

组织结构系统图表明了各种管理职务或部门在组织中的地位以及它们之间的相互关系。职务说明书要求能够简单而明确地指出该管理职务的工作内容、职责和权力，与组织中其他部门和职务的关系，要求担当该职务者所必备的基本素质、技术知识、工作经验和处理问题的能力等条件。

②组织设计的影响因素。组织设计是为了合理组织管理人员的劳动，而需要管理的组织活动总是在一定的环境中，利用一定的技术条件，并在组织的总体战略指导下进行的。组织设计时也会考虑环境、战略、技术、规模与组织所处的发展阶段等一系列因素。

环境：任何一个组织都存在于一定的环境中，组织的外部环境必然对内部的结构形式产生一定的影响。这种影响主要表现在以下两个方面：一是对职务和部门设计的影响。组织是社会大系统中的一个子系统，社会分工的不同决定了组织内部工作内容的不同，各种组织所需完成的任务、所需设立的职务和部门也不同。二是对组织结构总体特征的影响。外部环境是否稳定，对组织结构的要求也是不一样的。稳定环境中的经营，要求设计出被称为"机械式管理系统"的稳

[①] 张晔. 中小型企业经济管理水平与组织绩效关系探究 [J]. 山西农经，2018（2）：48-49.

固结构，管理部门与人员职责界限分明，工作程序和内容经过仔细的规定，各部门的权责关系需要经常做出适应性调整，等级结构非常严密，组织设计中强调的是部门间的横向沟通，而不是等级控制。

战略：战略在两个层次上影响组织结构：一是不同战略要求不同的业务活动，从而影响管理职务的设计；二是战略重点的改变，会引起组织的工作重点改变，从而引起部门与职务在组织中重要程度的改变，这就要求各管理职务以及部门之间的关系做出相应的调整。

技术：组织的活动要利用一定技术水平的物质手段进行。技术设备的水平不仅会影响组织活动的效果和效率，而且会影响组织活动的内容划分、职务的数量和工作人员的素质要求，加强信息处理的计算机化必将改变组织中的会计、文书等部门的工作形式和性质。

规模与组织所处的发展阶段：规模是影响组织结构中一个不可忽视的因素。组织的规模往往与组织的发展阶段相联系，伴随组织的发展，组织活动的内容会日趋复杂，人数会日趋增多，活动的规模越来越大，组织的结构也需随之而经常调整。

③组织设计的原则。组织所处的环境、采用的技术、制定的战略、发展的规模不同，所需的职务和部门及其相互关系也不同，但任何组织在进行机构和结构设计时，都需要遵守一些共同原则。

第一，目标任务原则。组织设计的根本目的就是实现组织的战略任务和经营目标，组织结构的全部设计工作必须以此作为出发点和归宿点。组织结构及其每一部分构成，都应当有特定任务和目标，并且这些任务和目标应当服从实现组织整体目标的要求。

第二，责、权、利相结合的原则。责任、权力、利益三者之间是不可分割的，它们必须是协调的、平衡的和统一的。权力是责任的基础，责任是权力的约束。有了责任，权力拥有者在运用权力时就必须考虑可能产生的后果，不敢滥用权力；利益的大小，决定了管理者是否愿意接受权力和担负责任的程度。有责无权，有权无责，或者责权不对等，或者权责不协调、不统一，都会使组织结构不能有效运行，难以完成自己的目标任务。总之，责任、权力、利益必须相统一，这一原理适用于组织中的任何一个层次，特别是高层管理。

第三，分工协作原则及精干高效原则。完成组织的任务目标，离不开企业内部的专业化分工和协作。因为现代组织的管理工作量大、专业性强，分别设置不同的专业部门，有利于提高管理工作的效率。在合理分工的基础上，为保证各项专业管理工作的顺利展开，以实现组织的整体目标，各专业部门必须加强协作和配合。但由于随着分工的深入，会增加管理组织机构的单位和人员，增加管理组织的横向幅度，使管理的协调任务加重、协调难度加大，因此在设置组织结构时，既要有分工，又要有协作。

第四，管理幅度原则。管理幅度是指一个主管能够有效地指挥下属成员的数目。受个人精力、知识、经验条件的限制，一个上级主管所管辖的人数是有限的。同时，从管理的效率角度出发，不同组织的管理层次和管理幅度也不相同。法国一位管理顾问丘纳斯（Chunus）根据上下级关系的分析，得出如下结论：在向经理汇报的人数以算术级数增加时，他们之间的最大关系数是以几何级数增加的。其计算公式如下。

$$C = N[2^{N-1} + (N-1)] \tag{1-1}$$

式中：C 表示关系数，N 表示下属人数。

通过上式可以看出，随着下级人数的增加，关系数急剧增加，管理人员之间的协调工作越来越复杂。同时，作为一个主管不仅要处理同下级的关系，还要处理同上级以及同级之间的横向关系。一般来说，管理幅度不宜太宽，以4~6人较为适宜。

总之，由于管理中幅度的大小同管理层次的多少呈反比例的关系，在确定企业的管理层次时，必须考虑到有效管理幅度的制约。

第五，统一领导和权力制衡的原则。统一领导是指无论对哪一种工作来说，一个下属人员只应该接受一个领导人的命令。权力制衡是指无论哪一个领导人，其权力运用必须受到监督，一旦发现某个机构或者职务在运用权力时有严重损害组织的行为，可以通过合法程序，制止其权力的运用。

统一领导和权力制衡原则要求在组织设计或调整时，要特别注意处理好以下三种关系。一是正确处理直线经理与职能经理的关系。对直线经理管辖范围内的某项业务，职能经理必然拥有部分管理权，这时很可能出现双重领导。为避免多头领导和无人负责的现象，应实行首长负责制。二是在同一层次领导班子中，必须明确主辅关系，副职必须服从正职，正副职之间是上下级关系。三是一级管一级。即各个管理层次应实行每级领导和逐级负责。一般情况下不应越级领导，否则会影响下级领导人的威信，挫伤他们的积极性。此外，在组织的高层中还必须形成权力制衡机制。因为在组织的中下层，其上级自然形成权力制衡。但在企业这一类经营组织中，其最高层没有上级，必须设立专门机构，如公司中的股东大会、董事会、监事会。

第六，集权与分权相结合的原则。在进行组织设计和调整时，既要有必要的权力集中，又要有必要的权力分散，两者不可偏废。集权是社会化大生产的客观要求，它有利于保护企业的统一领导和指挥，有利于人力、物力、财力的合理分配和使用。而分权则是调动下属积极性、主动性的必要条件，既有利于基层根据实际情况迅速而准确地做出决策，也有利于上层领导摆脱日常事务，集中力量办大事。集权与分权是相辅相成的。

（2）组织结构的形式

从传统管理到现代管理，企业组织结构有多种模式。了解这些模式的特点，有利于选择适宜的组织结构形式，建立具有本企业特点的组织结构框架。

①直线制结构（又称"军队行"结构）。直线制是组织发展初期一种简单的组织结构模式。直线制组织结构的特点是没有管理的职能，企业依照由上至下的权力划分实施指挥。这种形式的优点是结构简单，权责明确，指挥统一，工作效率高。其缺点是没有专业管理分工，要求领导者具有多方面的能力，且领导者每日忙于日常工作，无法集中精力研究战略问题。[1]

②职能制组织结构（又称"U型"结构）。职能制是科学管理之父泰勒首先提出的，其特点是按专业分工设置管理职能部门，各部门在其业务范围内有权向

---

[1] 周发全. 浅析直线职能制组织结构下的归口管理 [J]. 现代商业，2010（23）：168-169.

下级发布命令。每一级组织既要服从上级指挥,也要听从几个职能部门的指挥。①

③事业部制。事业部制又称 M 型组织结构,它是美国管理学家斯隆(Slone)在 20 世纪 20 年代初针对企业实行多样化经营所带来的复杂管理问题而提出的,后经不断完善,最终形成目前相对标准的结构模式。

M 型结构与 U 型结构的关键区别在于:M 型结构是一种分权式结构,即事业部是在总公司领导下按产品、地区或市场划分统一进行产品设计、采购、生产和销售的相对独立经营、单独核算的分权结构,事业部是总公司控制下的利润中心,拥有很大的生产经营权,能够像独立的企业那样根据市场特征自主经营。在各事业部之上的公司总部机构除了对各事业部的人事、财务等主要经营活动进行监督、评价和协调,并通过利润指标进行控制外,主要致力于研究制定重大方针、政策和战略性计划。这就克服了 U 型结构中高层管理人员深陷于日常经营活动而不能自拔的重大缺陷。但需要特别指出的是,事业部制并非完美无瑕,它也存在许多问题。

3. 人员配备

组织设计仅为系统提供了可供依托的框架,这一框架要发挥作用,还需由人来操作,在设计了合理的组织机构和结构基础上,还需为这些机构的不同岗位选配合适的人,只有通过人来操作,这一框架才能发挥自身的作用。

(1) 人员配备的任务

人员配备是为每个岗位配备适合的人,其任务可以从组织和个人两个角度考察。

①从组织需要的角度考察。设计合理的组织系统不仅要能有效地运转,而且要不断发展。为每个岗位配备合适的人员不仅能保证系统正常运转,而且也能维持人员对组织的忠诚,从而为组织的发展准备后备人才。

②从组织成员需要的角度考虑。留住人才,不仅要留住其身,还要留住其心。人员配备一方面可以使每个人的知识和能力得到公正的评价、承认和运用;

---

① 钱黎春,黄碧涛. 关于职能制组织结构再造的几点思考 [J]. 安徽工业大学学报(社会科学版),2008(2):66-67.

另一方面，可以使每个人的知识和能力不断发展，素质不断提高。知识和能力能否得到公正的评价将影响个人工作的积极性、主动性，知识与技能的提高不仅可以满足人们较高层次的心理需要，而且往往是通向职务晋升的阶梯。

（2）人员配备工作的程序

人们要合理地进行人员配备，通常要做好以下三项工作。

①确定人员需用量。人员配备是在组织设计的基础上进行的。人员需用量的确定主要以设计出的职务数量和类型为依据。职务类型提出了需要什么样的人，职务数量则告诉人们每种类型的职务需要多少人。

②配备人员。职务设计和分析指出了组织中需要具备哪些素质的人。为了保证提供职务的人员具备职务要求的知识和技能，必须对组织内外的候选人进行筛选，做出最恰当的选择。

③制订和实施人员培训计划。人的发展有一个过程，组织成员在明天工作的表现需要在今天培训；组织发展所需要的干部要求现在就开始培训，维持组织成员忠诚的一个重要方面就是使他们看到在组织中发展的前途。管理人员培训无疑是人员配备中一项重要的工作。

（3）人员配备的原则

人员配备过程中必须遵循以下四个原则。

①经济效益原则。组织中人员配备计划的拟订要以组织需要为依据，以保证经济效益提高为前提，它不仅不能盲目扩大职工队伍，更不能单纯为了解决职工就业，而是要以保证组织的正常运营为目的。当组织发展感到人员不足时，应该首先挖掘内部的潜力，提高劳动生产率，通过人员余缺调剂来解决。

②因事择人的原则。因事择人就是员工的选聘应以职位空缺和实际工作的需要为出发点，以职位对人员的实际要求为目标，选拔、录用各类人员。因为人事任用的目的是谋求人和事之间的有效配合，因此，只有从实际的职位需要去选拔合理人才才能实现这一目标，否则必然导致机构臃肿、人浮于事、工作效率低下。

③量才使用的原则。简单地说，量才使用就是根据每个人的能力大小而安排合适的岗位。行为科学关于个别差别的原则告诉人们，人的差异是客观存在的，一个人只有处在能发挥其才能的岗位上，才能干得最好。量才使用的原则要求管

理者充分掌握每位员工的基本条件，尽量把每个人安排到适合的工作岗位上，使其聪明才智得到充分发挥。

④程序化、规范化的原则。员工的选拔必须遵循一定的标准和程序。科学合理地确定员工的选拔标准是聘任优秀人才的重要保证。只有严格按照规定的程序和标准办事，才能真正选聘到愿为组织发展做出贡献的人才。

第二章 工商管理

第一节 管理学与市场营销学

一、管理学

（一）管理学的含义

管理学也是管理科学。管理科学是研究管理理论、方法和管理实践活动的一般规律的科学。管理科学的初创阶段始于19世纪末至20世纪初。首先，由美国工程师费雷德里克·泰罗（Frederick Taylor）创造出"标准劳动方法"和劳动定额，被称为"泰罗制"，并于20世纪前十年发表了他的代表作《科学管理原理》，泰罗被誉为"科学管理之父"。与"科学管理理论"同期问世的还有亨利·法约尔（Henri Fayol）的"管理过程理论"和马克斯·韦伯（Max Weber）的"行政组织理论"。这三种理论统称为"古典管理理论"。管理科学的第二个里程碑是"行为科学理论"，它产生于20世纪20年代，创始人是美国哈佛大学教授乔治·梅奥（George Mayo）和费里茨·罗特利斯伯格（Fritz Rottenberg）等。后来，行为科学在其发展过程中，又形成一些新的理论分支。现代管理理论是以"系统理论""决策理论""管理科学理论"等学派为代表，其特征是以系统论、信息论、控制论为理论基础，应用数学模型和电子计算机手段来研究和解决各种管理问题。

20世纪50年代以后，管理科学在广泛应用过程中，同许多种社会科学学科和自然科学学科交叉、渗透，产生了各种管理学分支。例如，管理社会学、行政管理学、军事管理学、教育管理学、卫生管理学、技术管理学、城市管理学、国民经济管理学等。今天，管理科学已经扩展到各个领域，形成了内容广泛、门类齐全的独立学科体系，管理科学已经成为同社会科学、自然科学并列的第三类科学。管理现代化是应用现代科学的理论和要求、方法，提高计划、组织和控制的能力，以适应生产力发展的需要，使管理水平达到当代国际先进水平的过程，也是由经验型的传统管理转变为科学型的现代管理的过程。

一般认为，从20世纪50年代开始，很多国家在高度工业化的同时实现了管理现代化。管理现代化所包含的内容极其广泛，主要有管理思想的现代化、管理组织的现代化、管理方法和手段的现代化等几个方面。管理现代化是一个国家现代化程度的重要标志。工业、农业、科学技术乃至整个国民经济的现代化，都离不开现代化管理。

现代化管理能够有效地组织生产力要素，充分合理地利用各种资源，大大提高各种经济和社会活动的效率，从而成为推进现代化事业的强大动力。管理有自然属性和社会属性。管理的自然属性反映了社会劳动过程本身的要求，在分工协作条件下的社会劳动，需要通过一系列管理活动把人力、资金、物质等各种要素按照一定方式有效地组织起来，才能顺利进行；管理的社会属性则体现了统治阶级的利益和要求，在一定的生产方式下，需要通过管理活动来维护一定的生产关系，实现一定的经济和社会目标。在经济管理中，管理的自然属性表现为科学合理地组织生产力要素，处理和解决经济活动中物与物、人与物之间的技术联系。例如，生产中的配料问题、生产力布局、规划，以及机器设备的技术性能对操作者的技术水平和熟练程度的要求等，都体现出自然规律和技术规律的要求，不受社会的经济基础和上层建筑的影响。而经济管理的社会属性则表现为调和并完善生产关系，调整人与人之间的经济利益关系，如分配体制、管理体制等，都由社会、经济规律支配。在现代经济的发展中，科学管理起着越来越重要的作用，科学管理直接带来了经济效益，在物质资源有限的情况下，管理资源的作用显得尤其重要。

(二) 管理学的学科地位

管理学是一门研究人类社会管理活动中各种现象及规律的学科，是在近代社会化大生产条件下和自然科学与社会科学日益发展的基础上形成的。

管理学是在自然科学和社会科学两大领域的交叉点上建立起来的一门综合性交叉学科，涉及数学（概率论、统计学、运筹学等），社会科学（政治学、经济学、社会学、心理学、人类学、生理学、伦理学、哲学、法学），技术科学（计算机科学、工业技术等），新兴科学（系统论、信息科学、控制论、耗散结构论、协同论、突变论）以及领导学、决策科学、未来学、预测学、创造学、战略学、科学学等。

（三）管理学的特征和内容

1. 管理学的特征

管理学的特征主要表现在一般性、多科性或综合性、实践性、社会性和历史性上。

①一般性：管理学是从一般原理、一般情况的角度对管理活动和管理规律进行研究，不涉及管理分支学科的业务与方法的研究；管理学是研究所有管理活动中的共性原理的基础理论科学，无论是"宏观原理"还是"微观原理"，都需要以管理学的原理作为基础加以学习和研究；管理学是各门具体的或专门的管理学科的共同基础。

②多科性或综合性：从管理内容上看，管理学涉及的领域十分广阔，它需要从不同类型的管理实践中抽象概括出具有普遍意义的管理思想、管理原理和管理方法；从影响管理活动的各种因素上看，除了生产力、生产关系、上层建筑这些基本因素，还有自然因素、社会因素等；从管理学科与其他学科的相关性上看，它与经济学、社会学、心理学、数学、计算机科学等都有密切关系，是一门非常综合的学科。

③实践性：也称实用性，管理学所提供的理论与方法都是实践经验的总结与提炼，同时管理的理论与方法又必须为实践服务，才能显示出管理理论与方法的强大生命力。

④社会性：构成管理过程主要因素的管理主体与管理客体，都是社会最有生命力的人，这就决定了管理的社会性；同时管理在很大程度上带有生产关系的特

征，因此没有超阶级的管理学，这也体现了管理的社会性。

⑤历史性：管理学是对前人的管理实践、管理思想和管理理论的总结、扬弃和发展，不了解前人对管理经验的理论总结和管理历史，就难以很好地理解、把握和运用管理学。

2. 管理学的内容

管理学的研究内容有以下三个侧重点。

①从管理的二重性出发，着重从以下三个方面研究管理学。

第一，从生产力方面：研究如何合理配置组织中的人、财、物，使各要素充分发挥作用的问题；研究如何根据组织目标的要求和社会的需要，合理地使用各种资源，以求得最佳的经济效益和社会效益的问题。

第二，从生产关系方面：研究如何正确处理组织中人与人之间的相互关系问题；研究如何建立和完善组织机构以及各种管理体制等问题；研究如何激励组织内成员，从而最大限度地调动各方面的积极性和创造性，为实现组织目标而服务。

第三，从上层建筑方面：研究如何使组织内部环境与其外部环境相适应的问题；研究如何使组织的规章制度与社会的政治、经济、法律、道德等上层建筑保持一致的问题，从而维持正常的生产关系，促进生产力的发展。

②着重从历史的方面研究管理实践、思想、理论的形成、演变、发展，知古鉴今。

③着重从管理者出发研究管理过程，主要有：其一，管理活动中有哪些职能；其二，职能涉及哪些要素；其三，执行职能应遵循哪些原理，采取哪些方法、程序、技术；其四，执行职能会遇到哪些困难，如何克服等。

二、市场营销学

（一）市场营销的基本概念

第一，市场营销分为宏观和微观两个层次。宏观市场营销是反映社会的经济活动，其目的是满足社会需要，实现社会目标。微观市场营销是一种企业的经济活动过程，它是根据目标顾客的要求，生产适销对路的产品，从生产者流转到目标顾客，其目的在于满足目标顾客的需要，实现企业的目标。

第二，市场营销活动的核心是交换，但其范围不仅限于商品交换的流通过程，而且包括产前和产后的活动。产品的市场营销活动往往比产品的流通过程要长。现代社会的交易范围很广泛，已突破了时间和空间的壁垒，形成了普遍联系的市场体系。

第三，市场营销与推销、销售的内涵不同。市场营销包括市场研究、产品开发、定价、促销、服务等一系列经营活动。而推销、销售仅是企业营销活动的一个环节或部分，是市场营销的职能之一，不是最重要的职能。

"市场"一词有多种内涵。定义一：最原始的内涵是买卖双方用以交换商品与服务的实际场所。定义二：对经济学家来说，市场指对商品或服务进行交易的所有买卖双方。定义三：对营销者来说，市场由产品的所有实际和潜在的购买者所组成。因此，营销者所谓的"市场"指买方，而卖方则称为产业。

现代营销学对市场的定义，是指市场由那些具有特征的需要或欲望，而且愿意并能通过交换来满足这种需要或欲望的全部潜在顾客所组成，即市场=潜在顾客=消费者人口+购买力+购买欲望。市场里所有的人具备三个特征：兴趣、收入和购买途径。

市场的构成三要素：消费者人口、购买力和购买欲望。

①消费者人口：是构成市场的基本要素。消费者人口的多少，决定着市场的规模和容量，而消费者人口的构成及其变化则影响着市场需求的构成和变化。

②购买力：是指消费者支付货币以购买商品或劳务的能力，是构成现实市场的物质基础。购买力的高低是由消费者的收入水平决定的。

③购买欲望：是指消费者购买商品或劳务的动机、愿望和要求。它是使消费者的潜在购买力转化为现实购买力的必要条件。

(二) 市场营销学的研究对象与特征

1. 市场营销学的研究对象

市场营销学是一门以经济科学、行为科学、现代管理理论和现代科学技术为基础，研究以满足消费者需求为中心的企业营销活动及其规律性的综合性应用科学。

市场营销学的研究对象是以满足消费者需求为中心的企业营销活动过程及其规律。探讨在生产领域、流通领域和消费领域内运用一整套开发原理、方法、策略，不断拓展市场的全部营销活动以及相应的科学管理。

2. 市场营销学的特征

①市场营销学是一门科学。第一种观点认为，市场营销学不是一门科学，而是一门艺术。他们认为，工商管理（包括市场营销学在内）不是科学而是一种教会人们如何做营销决策的艺术。第二种观点认为，市场营销学既是一种科学，又是一种行为和一种艺术。这种观点认为，管理（包括市场营销学）不完全是科学，也不完全是艺术，有时偏向科学，有时偏向艺术。市场营销是一种活动过程、一种策略，因而是一种艺术。市场营销学是对市场营销活动规律的概括，因而是一门科学。第三种观点认为，市场营销学是一门科学。这是因为市场营销学是对现代化大生产及商品经济条件下工商企业营销活动经验的总结和概括，它阐明了一系列概念、原理和方法。市场营销理论与方法一直指导着国内外企业营销活动的发展。[①]

②市场营销学是一门应用科学。学术界对此存在两种观点：一种是少数学者认为，市场营销学是一门经济科学，是研究商品流通、供求关系及价值规律的科学。另一种观点认为，市场营销学是一门应用科学。无疑，市场营销学是于20世纪初从经济学的"母体"中脱胎出来的，但经过几十年的演变，它已不是经济科学，而是建立在多种学科基础上的应用科学。

③市场营销学既包括宏观营销学又包括微观营销学。美国著名市场营销学家麦卡锡（McCarthy）在其代表作《基础市场学》中明确指出，任何商品经济社会的市场营销均存在两个方面：一方面是宏观市场营销，另一方面是微观市场营销。宏观市场营销是把市场营销活动与社会联系起来，着重阐述市场营销与满足社会需要、提高社会经济福利的关系，它是一种重要的社会过程。微观市场营

---

① 李晶，杨轶然，刘威达. 市场营销渠道建设与工商管理 [M]. 吉林人民出版社，2021.

是指企业活动或企业职能,是研究如何从顾客需求出发,将产品或劳务从生产者手中转到消费者手中,实现企业营利目标,是一种企业经济活动的过程。

第二节 人力资源管理

在人才竞争趋于全球化的今天,人力资源开发与管理的工作显得格外重要,做好人的工作已经成为赢得整个世界的前提。只有一个国家的人力资源得到了充分的开发和有效的管理,一个国家才能繁荣,一个民族才能振兴。在一个组织中,只有求得有用人才、合理使用人才、科学管理人才、有效开发人才等,才能促进组织目标的达成和个人价值的实现。针对个人,有潜能开发、技能提高、适应社会、融入组织、创造价值、奉献社会的问题,这都有赖于人力资源的管理。人是知识的载体,为了有效运用知识,将知识发挥最大的效用,便需要妥善进行人力资源管理,如此才能够发挥人力资源的最佳效用。人力资源管理是在经济学与人本思想指导下,通过招聘、甄选、培训、报酬等管理形式对组织内外相关人力资源进行有效运用,满足组织当前及未来发展的需要,保证组织目标实现与成员发展的最大化。人力资源管理就是预测组织人力资源需求并做出人力需求计划,招聘选择人员并进行有效组织、考核绩效、支付报酬并进行有效激励,结合组织与个人需要进行有效开发以实现最优组织绩效的全过程。

一、人力资源管理的内涵

人力资源管理是在一定的时间和空间条件下,现实和潜在的劳动力的数量和质量的总和。人力资源管理是指根据组织发展战略的要求,有计划地对人力资源进行合理配置,通过对组织中员工的招聘、培训、使用、考核、激励、调整等一系列过程,调动员工的积极性,发挥员工的潜能,为组织创造价值,确保组织战略目标的实现。人力资源管理是组织的一系列人力资源政策以及相应的管理活动。这些活动主要包括组织人力资源战略的制定、员工的招募与选拔、培训与开发、绩效管理、薪酬管理、员工流动管理、员工关系管理、员工安全与健康管理等，即组织运用现代化的科学方法，对与一定物力相结合的人力进行合理培训、组织和调配，使人力、物力经常保持最佳比例，同时对人的思想、心理和行为进行恰当的诱导、控制和协调，充分发挥人的主观能动性，使人尽其才、事得其人、人事相宜，实现组织目标。

根据其定义，可以从以下两个方面理解人力资源管理。

①对人力资源外在要素——量的管理。对人力资源进行量的管理，就是根据人力和物力及其变化，对人力进行恰当的培训、组织和协调，使二者经常保持最佳比例和有机结合，使人和物都充分发挥出最佳效应。

②对人力资源内在要素——质的管理。主要是指采用现代化的科学方法，对人的思想、心理和行为进行有效的管理（包括对个体和群体的思想、心理和行为的协调、控制和管理），充分发挥人的主观能动性，以达到组织目标。

二、人力资源管理的目标任务和内容

（一）人力资源管理的目标任务

人力资源管理目标是指组织人力资源管理需要完成的职责和需要达到的绩效。人力资源管理既要考虑组织目标的实现，又要考虑员工个人的发展，强调在实现组织目标的同时实现个人的全面发展。

人力资源管理目标包括全体管理人员在人力资源管理方面的目标任务与专门的人力资源部门的目标任务。显然两者有所不同，属于专业的人力资源部门的目标任务不一定是全体管理人员的人力资源管理目标任务，而属于全体管理人员承担的人力资源管理目标任务，一般都是专业的人力资源部门应该完成的目标任务。

人力资源管理的目标任务主要包括以下五个方面。

①通过规划、组织、调配、招聘等方式，确保组织对人力资源的需求得到最大限度的满足。

②通过各种方式和途径，有计划地加强对现有员工的培训，不断提高他们的文化水平和技术业务水平。

③最大限度地开发与管理组织内外的人力资源，促进组织的持续发展。

④维护与激励组织内部人力资源，使其潜能得到最大限度的发挥，使其人力资本得到应有的提升与扩充。

⑤组织要根据现代组织制度的要求，做好工资、福利、安全、健康方面的工作，协调劳资关系。

(二) 人力资源管理的内容

人力资源管理关心的是"人的问题"，其核心是认识人性、尊重人性，强调现代人力资源管理要"以人为本"。在一个组织中，围绕人主要关心人本身、人与人的关系、人与工作的关系、人与环境的关系、人与组织的关系等。目前比较公认的观点是：现代人力资源管理就是一个人力资源的获取、整合、保持激励、控制调整及开发的过程。通俗地说，现代人力资源管理主要包括求才、用才、育才、激才、留才等内容和工作任务。

一般说来，现代人力资源管理主要包括以下十大系统：①人力资源的战略规划、决策系统；②人力资源的成本核算与管理系统；③人力资源的招聘、选拔与录用系统；④人力资源的教育培训系统；⑤人力资源的工作绩效考评系统；⑥人力资源的薪酬福利管理与激励系统；⑦人力资源的保障系统；⑧人力资源的职业发展设计系统；⑨人力资源管理的政策、法规系统；⑩人力资源管理的诊断系统。

为了科学、有效地实施现代人力资源管理各大系统的职能，从事人力资源管理工作的人员必须掌握三方面的知识：关于人的心理、行为及其本性的一些认识；心理、行为测评及其分析技术，即测什么、怎么测、效果如何等；职务分析技术，即了解工作内容、责任者、工作岗位、工作时间、怎么操作、为什么做等方面的技术。

对一个组织、一个单位来说，人力资源管理的内容主要包括员工招聘、录用、选拔、任用、调配、考核、培训、奖惩、晋升、薪酬、福利、社会保障以及劳动关系的处理。如果是一个国家或一个地区的宏观人力资源管理，还应包括人力资源的预测、人事监督、人事信息、人员分布、人员流动的控制等。具体来说，人力资源管理主要内容可以归结为以下十类。

1. 人力资源规划

根据组织的发展战略和经营计划，评估组织的人力资源现状及发展趋势，收集和分析人力资源供给与需求方面的信息和资料，预测人力资源供给和需求的发展趋势，制定人力资源招聘、调配、培训、开发及发展计划等政策和措施。通过制定人力规划，一方面保证人力资源管理活动与组织的战略目标一致；另一方面保证人力资源管理活动的各个环节互相协调，避免冲突。

2. 人力资源成本会计工作

人力资源管理部门应与财务等部门合作，建立人力资源会计体系，开展人力资源投入成本与产出效益的核算工作。人力资源会计工作不仅可以改进人力资源管理工作本身，而且可以为决策部门提供准确和量化的依据。

3. 岗位分析和工作设计

对组织中的各个工作和岗位进行分析，确定每一项工作和岗位对员工的具体要求，包括技术及种类、范围和熟悉程度，学习、工作与生活经验，身体健康状况，工作的责任、权利与义务等方面的情况。这种具体要求必须形成书面材料，这就是工作岗位职责说明书。这种说明书不仅是招聘工作的依据，也是对员工的工作表现进行评价的标准，是进行员工培训、调配、晋升等工作的依据。

4. 人力资源的招聘与选拔

根据组织内的岗位需要及工作岗位职责说明书，利用各种方法和手段，如接受推荐、刊登广告、举办人才交流会、到职业介绍所登记等从组织内部或外部吸引应聘人员以及委托知名的"猎头"公司。并且经过资格审查，如接受教育程度、工作经历、年龄、健康状况等方面的审查，从应聘人员中初选出一定数量的候选人，再经过严格的考试，如笔试、面试、评价中心、情景模拟等方法进行筛选，确定最后录用人选。人力资源的选拔，应遵循平等就业、双向选择、择优录用等原则。

5. 雇佣管理与劳资关系

员工一旦被组织聘用，就与组织形成了一种雇佣与被雇佣的、相互依存的劳资关系，为了保护双方的合法权益，有必要就员工的工资、福利、工作条件和环境等事宜达成一定的协议，并签订劳动合同。

6. 教育、培训和开发

任何应聘进入一个组织的新员工，都必须接受入厂教育，这是帮助新员工了解和适应组织、接受组织文化的有效手段。入厂教育的主要内容包括组织的历史发展状况和未来发展规划、职业道德和组织纪律、劳动安全卫生、社会保障和质量管理知识与要求、岗位职责、员工权益及工资福利状况等。

为了提高广大员工的工作能力和技能，有必要开展富有针对性的岗位技能培训。通过培训和开发提高员工的工作能力、端正员工的工作态度，提高员工和组织整体的工作绩效，进一步挖掘员工的潜能。对于管理人员，尤其是对即将晋升者，有必要开展提高性的培训和教育，目的是促使他们尽快具有在更高一级职位上工作的全面知识、熟练技能、管理技巧和应变能力。

7. 绩效考核

绩效考核，就是对照工作岗位职责说明书和工作任务，对员工的业务能力、工作表现及工作态度等进行评价，并给予量化处理的过程。这种评价既可以是自我总结式，也可以是他人的评价，或者是综合评价。考核结果是员工晋升、接受奖惩、发放工资、接受培训等的有效依据，它有利于调动员工的积极性和创造性，检查和改进人力资源管理工作。

8. 帮助员工的职业生涯发展

人力资源管理部门和管理人员有责任鼓励和关心员工的个人发展，帮助其制订个人发展计划，并及时进行监督和考察。这样做有利于促进组织的发展，使员工有归属感，进而激发其工作积极性和创造性，提高组织效益。人力资源管理部门在帮助员工制订其个人发展计划时，有必要考虑它与组织发展计划的协调性或一致性。也只有这样，人力资源管理部门才能对员工实施有效的帮助和指导，促使个人发展计划顺利实施并取得成效。

9. 薪酬与福利保障设计

合理、科学的工资报酬福利体系关系到组织中员工队伍的稳定与否。人力资源管理部门要从员工的资历、职级、岗位及实际表现和工作成绩等方面，来为员工制定相应的、具有吸引力的工资报酬福利标准和制度。工资报酬应随着员工的工作职务升降、工作岗位的变换、工作表现的好坏与工作成绩进行相应的调整，不能只升不降。

员工福利是社会和组织保障的一部分，是工资报酬的补充或延续。它主要包括政府规定的退休金或养老保险、医疗保险、失业保险、工伤保险、节假日，并且为了保障员工的劳动安全卫生，应提供必要的安全培训教育、良好的劳动工作条件等。

10. 保管员工档案

人力资源管理部门有责任保管员工入厂时的简历以及入厂后关于工作主动性、工作表现、工作成绩、工资报酬、职务升降、奖惩、接受培训和教育等方面的书面记录材料。

三、人力资源管理的功能

现代组织人力资源管理，具有以下五种基本功能。

①获取。根据组织目标确定的所需员工条件，通过规划、招聘、考试、测评、选拔、获取组织所需人员。

②整合。通过企业文化、信息沟通、人际关系和谐、矛盾冲突的化解等有效整合，使组织内部的个体、群众的目标、行为、态度趋向组织的要求和理念，使之形成高度的合作与协调，发挥集体优势，提高组织的生产力和效益。

③保持。通过薪酬、考核、晋升等一系列管理活动，保持员工的积极性、主动性、创造性，维护劳动者的合法权益，保证员工在工作场所的安全、健康、舒适，以增进员工满意感，使之安心满意地工作。

④评价。对员工工作成果、劳动态度、技能水平以及其他方面做出全面考核、鉴定和评价，为做出相应的奖惩、升降、去留等决策提供依据。

⑤发展。通过员工培训、工作丰富化、职业生涯规划与开发，促进员工知识、技巧和其他方面素质的提高，使其劳动能力得到增强和发挥，最大限度地实现其个人价值和对组织的贡献率，达到员工个人和组织共同发展的目的。

第三节 市场营销、调查与预测

一、市场营销环境

(一) 市场营销环境的定义

聪明的营销人员在规划营销活动之前,必须先收集、分析"营销气候"的状况,也就是要了解营销环境。那么什么是市场营销环境呢？它包括哪些内容？市场营销环境泛指一切影响和制约企业市场营销决策和实施的内部条件和外部环境的总和,即指企业在开展营销活动中受其影响和冲击的不可控行动者和社会力量,如供应商、顾客、文化和法律环境等。

(二) 市场环境分析

企业作为一个系统,在其内部以及在其之外的环境要素之间都发生着物质和信息的交换,企业活动必然要受其外部环境和内部条件的影响与制约。企业如果要在市场竞争中构建战略优势,就必须正确地确定其目标和正确制订达成其目标的营销战略方案,而做好此事的前提是必须对企业的营销环境与条件进行认真的分析,做到对环境提供的机遇与威胁、企业自身优势与劣势的了解与掌握[1]。

1. 市场环境分析的分析内容

所谓市场营销环境与条件分析,是指企业为了构建营销优势,以利于自身的生存与发展,而对企业所处环境和内部条件中的那些关键性影响因素,形成一个清晰认识的过程。一个成功的分析,必须正确地回答以下问题：

①企业当前所处的市场地位在什么层次上？企业面临的宏观环境和行业环境的现状如何,正在和将要发生哪些变化？这些变化会对企业的现在和将来产生哪

---

[1] 吴思卓. 考虑不同市场需求环境下捆绑销售产品供应链博弈分析 [D]. 合肥工业大学, 2020.

些影响？

②对环境的现状与变化，企业具有哪些优势和劣势？

③企业所有者（股东）及其联盟和企业管理者的期望是什么？

④以上这些情况怎样影响着企业当前的地位？将来又会发生怎样的变化？正确回答上述问题即构成企业营销环境与条件分析的内容，包含下面五大方面的分析：

第一，宏观分析。每个企业都处在复杂的政治、经济、科技和社会环境中，宏观环境分析主要是分析这些环境因素对企业的影响。

第二，行业环境分析。对企业所处的行业或即将进入的行业的结构、竞争状况和发展趋势进行详细的分析。

第三，企业能力分析。即企业自身能力的分析，以了解自身的优势和劣势所在。

第四，所有者期望分析。了解企业所有者的期望会影响企业对哪些东西可以被接受。

第五，企业文化分析。面对相同的环境与资源，不同企业文化背景的企业会得出不同的结论。

这五大方面构成三个层次，即宏观环境分析、行业环境分析和企业内部条件分析。

2. 市场环境分析的基本原则

市场营销环境与条件分析为制定科学合理的营销战略提供了基础，经过分析所得出的结果将直接导致营销战略的取向。但是，企业内外环境与条件的客观存在是要通过人们对其的感知才能被认识的。同样的客观存在，其分析者在观念、方法和自身背景等方面的差别会导致最后对其分析结论上的差别，甚至可能得出完全相反的结论。为了保证分析的相对准确性，使其真正成为市场营销战略制定与选择的基础，必须坚持以下基本原则。

①相对性原则。企业外部环境的机会与威胁、企业自身的优势与劣势都是相对的。客观存在的外部环境必须结合企业自身的情况才能正确识别，某些客观环境因素对某些企业可能是威胁，而对另一些企业则可能是机会。同一环境对一个

企业，可能既有威胁的一面，又有机会的一面，这又取决于企业如何利用自身条件来发挥优势。另外，企业自身的优势又是相对竞争者而言的，而不是自己与自己的比较。这一切都要求人们在分析中要进行认真的相互比较，坚持相对性原则，才能使分析相对正确。

②综合性原则。根据上述的相对性原则，人们在分析中必须针对企业外部环境、自身条件和竞争者的情况，结合所有者的期望及企业文化特点进行综合性的分析，而不是孤立地分析某一个要素，否则就会形成片面性而造成分析结论的失真。

③连续性原则。市场营销环境与条件分析不是一次性的活动，而是一个连续的过程。外部环境与企业自身情况都在不断变化，这就要求人们也要随时地进行连续的分析。

④前瞻性原则。要根据过去和现在的信息，结合事物发展的基本规律，来研究外部环境因素及企业自身情况因素等的变化趋势，预测其在未来若干年内的可能变化。

（三）宏观环境分析

宏观环境因素由政治环境、经济环境、社会文化环境和技术环境四大类构成。人们把通过对这四大类因素的分析来了解和把握企业宏观环境的现状、变化趋势及对企业营销的影响的分析方法称为"PEST分析法"。

1. 政治环境分析

政治环境是指对企业的经营活动具有一定制约作用的各种政治与法律因素的总和，其主要内容有以下五点。

①企业所在地（或国家）的政治制度和政局形势。一个国家或地区的政治制度和政局稳定程度是企业生存与发展的最基本的环境因素。

②政府推行的政策及其连续性和稳定性。这些政策包括产业政策、税收政策、政府订货及补贴政策，等等。任何国家的政府都要通过这类基本政策来调整产业结构，引导投资方向和保护消费者、保护环境等，以此来表明政府在一段时间内鼓励做什么和不鼓励做什么。企业营销战略目标与方向必须顺应这种大趋

向，才能适者生存。

③政府行为的影响。政府在社会经济中，还扮演着两个角色：其一，作为供应者，政府拥有不可比拟的自然资源（矿产、森林、土地等）和国家储备等，其决定和偏好极大地影响着企业营销的走向；其二，作为购买者，政府也很容易培育、维持、增强或消除许多市场机会，如政府订货就对军事、航空航天等工业有重大影响，同时也间接地影响到其他行业的消费走向。

④法律的影响。法律是政府用来管理企业的一种手段，这里所说的法律包括国家和地方制定的各种法律、法规、法令等，它规定了企业可以做什么和不可以做什么，可理解为国家为企业活动制定的宏观游戏规则。

⑤各种政治利益集团的影响。包括各种社会团体、大财团等。一方面，这些集团会通过议员或代表来影响政府的政策乃至法律的走向；另一方面，这些集团还可能通过法律诉讼、传播媒介等直接对企业施加影响，企业必须对他们的态度及思维走向有一定的了解和掌握。

此外，国际形势及其变化、重大政治事件或社会事件都可能给企业带来机会和威胁。

作为一个企业，应事先对上述各因素进行全面的分析与了解，以尽可能把握机遇，降低风险。

2. 经济环境分析

经济环境因素是指影响企业生存与发展的社会经济状况和经济政策。包括所在国家或地区的经济体制、经济结构、经济政策、经济发展状况、国民消费水平等方面。宏观经济运行状况可通过一系列的指标来反映，如经济增长率、就业水平、物价水平、通货膨胀率、汇率、国际收支情况、利息率等。

另外，经济环境因素中还包括居民收入支出因素（这可进一步细分为名义收入、实际收入、可支配收入、可随意支配收入、消费支出模式、生活费用等）、经济体制、金融制度等。

企业的经济环境分析就是要对以上各个要素进行分析，运用各种指标，准确地分析宏观经济环境对企业的影响，从而制定出正确的企业经营战略。

3. 社会文化环境分析

社会文化环境包括一个国家或地区的社会性质、人们共有的价值观、文化传统、生活方式及人口状况、教育程度、风俗习惯等各个方面。这些因素是人类在长期的生活和成长过程中逐渐形成的,人们总是自觉或不自觉地接受这些准则的行动指南。

4. 科技环境分析

①科技环境及其给企业经营带来的影响。企业的科技环境指的是企业所处的环境中的科技要素及与该要素直接相关的各种社会现象的集合。科学技术是最引人注目的一个因素,新技术革命的兴起影响到社会经济的各个方面,人类社会的每一次重大进步都离不开重大的科技革命。一种新技术的出现和成熟可能会导致一个新兴行业的产生。

科学技术迅猛发展给企业带来的影响表现在六个方面:其一,科学技术的迅猛发展,使商品从适销到成熟的时间距离不断缩短,大部分产品的市场生命周期有明显缩短的趋势;其二,技术贸易的比重加大;其三,劳动密集型产业面临的压力加大;其四,流通方式将向更加现代化的方向发展;其五,生产的增长也越来越多地依赖科技的进步;其六,对企业的领导结构及人员素质提出更高的要求,甚至是全新的要求。

②企业的科技环境因素。企业的科技环境,大体包括社会科技水平、社会科技力量、国家科技体制、国家科技政策和科技立法等基本要素。

社会科技水平是构成科技环境的首要因素,它包括科技研究的领域、科技研究成果门类分布及先进程度、科技成果的推广和应用三个方面。

在企业面临的诸多环境因素中,科学技术本身是强大的动力,科技因素对企业的影响是双重的。一方面,它可能给某些企业带来机遇;另一方面,科技因素会导致社会结构发生变化,从而给某些企业甚至整个行业带来威胁。

科技的发展,新技术、新工艺、新材料的推广使用,对企业产品的成本、定价等也有重要影响,这种影响就其本质而言,是不可避免和难以控制的。企业要想取得经营上的成功,就必须预测科学技术发展可能引起的后果和问题,可能带来的机遇和威胁;必须十分注意本行业产品的技术状况及科技发展趋势;必须透彻地了解与所研究的技术项目有关的历史、当前发展和未来趋势，进行准确的分析与预测。

（四）行业环境分析

相对于宏观环境来说，行业环境因素对企业的影响更为直接与具体。企业也应更加重视行业环境的分析。

行业是由具有众多相同或相近属性的产品的企业所构成的一个群体，这个群体由于其产品在很大程度上的可相互替代性而处于一种彼此紧密联系的状态，并由于产品及可替代性的差异而与其他群体相区别。当企业创造了某种新的产品并能够满足一部分消费者的需要的时候，市场就产生了。人们将对某类产品有需求的消费者的集合称为市场，而将提供这类产品来满足这种需求的企业的集合称为行业。行业中，企业为争夺一个相同的买方群体会产生竞争与合作。

理解和分析行业环境，要注意三个关键点：一是行业竞争状况分析（包括行业的五种竞争力量分析、行业竞合互动关系分析）；二是行业的演变分析（包括行业演变阶段与模式分析、影响行业兴衰的主要因素分析）；三是行业吸引力评价。

1. 行业的五种竞争力量分析

哈佛商学院大学教授迈克尔·波特（Michael E. Porter）及众多学者经过深入的研究实践，认为行业的竞争性质和强度由五种竞争力量所决定，即潜在厂商的威胁力、消费者的讨价还价能力、替代品产商的威胁力、供应商的讨价还价能力、同行业企业的竞争力。作为企业营销管理者，应充分分析这五种力量对行业竞争状况的影响及其因素构成，以便了解本企业所处的市场竞争地位，进而制定相应的营销战略与策略。

任何行业中，企业都要面对这五种力量的影响，作为企业来说，无论是现处于或即将进入某行业，都必须识别并分析清楚这五种力量及其强弱，并结合自身的优劣势，制定相应的战略，以便在现有的或即将进入的行业中取得市场竞争优势。

2. 行业竞合互动关系分析

行业内企业并不都是竞争对手，通常情况下是既有竞争又有合作。且这种竞合关系还必然涉及买方（顾客）、卖方（供应商）、替代品厂商、潜在进入者、互补品厂商等多种市场力量。企业与这些市场力量之间形成一种竞合互动关系。从合作关系角度看，企业与同行业企业、顾客、供应商、替代品厂商、互补厂商、潜在进入者之间均存在合作的可能。能否合作的关键在于各主体之间是否存在优势互补和是否能提升共同利益。同时人们也可以看到，合作的真实目的是取得更大范围上的竞争优势。

从竞争关系角度看，由于社会总资源和总购买力稀缺的制约，必然会导致对关键资源、营销渠道与最终顾客的激烈争夺，特别在一个进入成熟阶段的行业（市场饱和或接近饱和）中，这种竞争表现得更为激烈。

总之，在任何一个行业中，企业与其他主体之间均存在竞争与合作。但要知道竞争是永恒的，合作的目的是更好地竞争，上述几大主体中任何两方或多方的合作均是提高其相对于其他各方的竞争力量的途径。而对企业来说，合作与竞争都是为实现其目标的手段，企业可尽力寻找通过合作达到共赢的模式以取得在更大范围上的竞争优势，从而更好地实现企业目标。

3. 行业演变阶段与模式分析

①行业演变阶段。任何一个行业，如果忽略其行业具体的产品和技术等差异，从其出现到完全退出社会经济活动，一般主要经历四个阶段，即初创阶段、成长阶段、成熟阶段和衰退阶段。这种阶段的演化是由社会对该行业产品的需求状况所决定的，长者需要一百年、几百年甚至数千年（如纺织服装行业，经历了几千年，现仍未退出社会经济），短者也需几十年。

企业为了营销战略上的需要，必须识别一个行业目前处在哪个阶段。行业在各阶段的主要特征如表2-1所示。

表2-1　行业各生命阶段的主要特征

阶段指标	初创阶段	成长阶段	成熟阶段	衰退阶段
市场增长率	高：较国内生产总值增长更快	很高：高于国内生产总值	不高：等于或低于国内生产总值	下降：增长为零或负增长
市场占有率分布	无统一规律，较分散	逐渐趋向集中	稳定	高度集中或高度分散

续表

阶段指标	初创阶段	成长阶段	成熟阶段	衰退阶段
市场占有率稳定性	不稳定	趋向稳定	稳定	很稳定
产品线范围	窄：很少品种	宽：多样化	宽：标准化	窄：大幅减少
竞争者数量	少：无竞争	增多：竞争开始激烈	多：竞争激烈，逐步趋于稳定	减少：竞争者开始退出
进入壁垒	低：容易进入	提高：进入难度增加	高：很难进入	没人进入
技术变革	快：已知技术少	变化中：技术发展快	稳定：技术成熟	转向
用户购买行为	不积极	积极	挑剔	转向

事实上，行业演变阶段是复杂的，简单地用上述四个阶段很难真正描述，同时，有些行业由于技术的进步进入成熟或衰退阶段后又步入一个新的旺盛时期。在一些情况下，要准确确定行业所处的阶段是困难的，这种阶段划分只是提供给人们一种思维模式，具体应用时必须将其与各行业的具体情况结合起来分析，否则很容易陷入片面性而导致战略上的失误。

②行业演变模式。行业演变是由行业内各要素的变化和行业外各相关因素的影响而渐渐进行的，但这种变化和影响不是孤立的，行业作为一个有机的系统，其任何一个要素的变化都会对其他要素产生一系列作用进而影响整个系统的演变。也正是这些不断的变化导致整个行业的演变。渴望成功的企业就必须对这种演变做出相应的战略反应。但行业演变的过程与模式由于不同行业的特点与结构而呈现多样化，不可能用同一种模式来解释不同行业演变的具体过程与途径，必须具体行业具体分析。根据企业营销及其战略的需要，这里重点分析一下在行业演变方式上的一个重要问题——行业的集中与分散。

当前在行业演变模式上，似乎有一种说法能被大家所认可，那就是行业的演变从这个行业出现后，都会经历从少数企业创业到众多企业加入形成群雄争霸（分散）再经过市场竞争进入几大巨头垄断（集中）的过程。

事实上，这种说法带有片面性，对部分行业如彩电、冰箱等家电行业，轿车行业等行业来说，确实遵循这一从分散走向集中的模式。但也有很多行业，如农产品行业、纺织服装行业等是很难集中的。

行业的分散与集中及其走向是企业营销必须关注的重要问题，它会直接影响企业的营销定位与决策。

当然，随着社会需求水平的提高，科技的高速进步和社会经济发展的不平衡性，越来越多的行业会走向从分散到集中这一演变模式。因为随着消费者对产品的功能、质量、服务等需求水平的越来越高，新技术的不断出现，企业研发力量与水平和资源拥有的不一致性，必然导致行业内只有少部分企业能跟上发展，自然地迫使弱小企业退出行业或被兼并、合并而形成较高的进入壁垒，从而形成行业集中。

4. 行业吸引力评价

行业吸引力是企业决定是否进入某行业或在该行业采取何种营销战略的关键因素之一。应该说，前述的行业竞争与合作状态、行业演变所处的阶段与演变模式、行业的兴衰程度、政府干预程度等都直接影响到行业的吸引力。作为一项指标，人们对其的评价一般从市场规模、市场增长率和行业盈利率这三个因素来进行分析。

评价的方式可以按照这三大因素，并结合对行业的整体分析，采用集体讨论、评价打分（满分为5分），再加权计算的方法得出一个量化的指标，供战略决策参考。

需要说明的是，行业是否有吸引力是相对的，这种相对性表现在如下两个方面：①不同行业的相对性。在评价行业的吸引力时，对不同因素的评分，是通过对不同行业的比较来进行相对的打分的。②本企业的相对性。企业根据自己的角度来进行评价，同一个因素，对业外人没有吸引力却可能对业内人有吸引力；对弱小竞争厂商没有吸引力却可能对强大的竞争厂商有吸引力。行业外的公司对某一个行业进行审查之后，可能认为这是一项不值得他们进入的业务，对他们来说由于他们具有特定的资源和能力，可能在其他行业更具有盈利的机会。但是，一个在本行业已经处于有利地位的公司在对同一个商业环境进行审查之后，却可能认为该行业是具有吸引力的。一切都取决于企业将外部环境与自身内部资源能力组合后去取得最佳收益。

二、市场调查与预测

（一）市场调查

在企业的营销管理过程中，营销决策者经常需要通过专门性的调查研究收集有关的信息。例如，某企业准备生产一种新产品，在做出决策之前，有必要对该产品的市场潜力进行准确的预测。对此，无论是内部报告系统还是营销情报系统，都难以提供足够的信息以完成这一预测，这就需要市场调查。

1. 市场调查的定义

市场调查是指运用科学的方法系统地客观地辨别、收集、分析和传递为有关市场营销决策提供的重要依据的过程。

2. 市场调查的类型

市场调查按调查目的可分为探测性调查、描述性调查、因果性调查和预测性调查。

（1）探测性调查

当企业对所要调查的问题和范围尚不清楚，无法确定应当调查什么问题、调查哪些内容时，可采用探测性调查。探测性调查的目的是确定调查的问题和范围。至于问题如何解决，尚需进行其他调查。

（2）描述性调查

描述性调查是指通过收集与市场有关的各种历史资料和现实资料，并通过对这些资料的分析，来揭示市场发展变化的趋势，从而为企业的市场营销决策提供科学的依据。多数的市场调查是属于描述性的。与探测性调查相比，描述性调查要深入一步。

（3）因果性调查

进行因果性调查目的是要揭示和鉴别某个因变量的变化究竟受哪些因素的影响以及各种影响因素的变化对因变量产生影响的程度。因果性调查主要解决"为什么"的问题。

(4) 预测性调查

预测性调查是根据前三种调查所提供的各种市场情报资料,运用定性或定量的方法,推断市场在未来一定时期内对某种产品的需求情况及变化趋势。

3. 市场调查的步骤

市场调查六个具体步骤如下:①确定调查目的;②编制调查计划;③设计调查表格;④实施调查,收集资料;⑤整理、分析调查资料;⑥撰写市场调研报告。

4. 市场调查的方法

市场调查的方法主要有以下三种。

(1) 文案调查法

利用公开资料进行市场调查的方法称为文案调查法。文案调查法的调查对象是各种文献、档案中包含的信息资料。

(2) 观察调查法

观察调查法是指调查者在现场对调查对象的情况进行直接观察,以取得市场信息的方法。

(3) 访问调查法

访问调查法是指调查人员通过询问的方式向调查对象了解、收集信息资料的调查方法。访问调查法主要有以下两种类型:

①邮寄调查法。邮寄调查法是指调查人员将设计印刷好的调查问卷通过邮政系统寄给已选定的调查对象,由调查对象按要求填写后再寄回来,调查者根据对调查问卷的整理分析,得到市场信息的方法。

②留置调查法。留置调查法是调查人员将调查问卷当面交给调查对象,并详细说明调查目的和填写要求,留下问卷,由被调查者自行填写,再由调查人员定期收回问卷的一种调查方法。

(二) 市场预测

1. 市场预测的定义

市场预测是指根据市场营销的历史和现状,凭借以往的经验和知识,运用科学的方法和技术，对影响市场供求变化的诸因素进行调查研究，分析并预见、测算、判断其未来发展趋势，得出合乎逻辑的结论，为确定营销决策提供可靠依据的活动和过程[①]。

2. 市场预测的步骤

市场预测一般包括以下步骤：确定预测目标；制订预测计划；收集预测资料；选择预测方法；分析预测结论；确定预测结论。

3. 市场预测的方法

（1）定性预测方法

定性预测法也被称为直观判断法，是市场预测中经常使用的方法。定性预测主要依靠预测人员所掌握的信息、经验和综合判断能力，预测市场未来的状况和发展趋势。这类预测方法简单易行，特别适用于那些难以获取全面的资料进行统计分析的问题。主要包括以下三种具体方法：

①集合意见法。集合意见法是指企业内部经营管理人员、业务人员凭自己的经验判断，对市场未来需求趋势提出个人预测意见，再集合大家意见做出市场预测的方法。

②德尔菲法。德尔菲法是指采用背对背的信函方式征询专家小组成员的预测意见，经过几轮征询，使专家小组预测意见趋于集中，最后做出符合市场未来发展趋势的预测性结论的方法。

③购买者意向调查法。购买者意向调查法是通过一定的调查方式（如抽样调查、典型调查等）选择一部分或全部的潜在购买者，直接向他们了解未来某一时期（即预测期）购买商品的意向，并在此基础上对商品需求或销售做出预测的方法。在缺乏历史统计数据的情况下，运用这种方法可以取得数据资料，做出市场预测。

（2）定量预测方法

定量预测是指利用比较完备的历史资料，运用数学模型和计量方法预测未来的市场需求的预测方法。定量预测法包括以下三种方法：

---

① 邓晖飞. 基于市场预测的生产计划优化研究 [D]. 广东工业大学, 2014.

①趋势预测法。趋势预测法又被称为时间序列预测法或趋势分析预测法，是运用商品供求的历史资料和数据，将大量的统计数据按照时间先后排列，从中找出经济发展过程中具有共同倾向的变动过程、方向和趋势，并将时间序列延伸，运用适当的数学模型来预测下期市场的商品供求数量或经济发展可能达到的水平的方法。

②点数预测法。点数预测法类似于现场观察，即通过在某一特定的地方如购买现场、交通要道甚至是公共场所，观察消费者对于一些时尚用品的购买和使用，以点数的方式记录消费者的需求与爱好，借以判断商品销售趋势的一种调查方法。

③回归分析预测法。回归分析预测法是指在分析市场现象自变量和因变量之间相关关系的基础上，建立变量之间的回归方程，并将回归方程作为预测模型，根据自变量在预测期的数量变化来预测因变量变化的预测方法。它是一种具体的、行之有效的、实用价值很高的市场预测方法。

第四节　创新管理

一、企业创新概述

(一) 企业创新的概念

1. 企业创新的含义

企业创新是指从构想新概念开始，到渗透到具体的生产、操作，形成真正的生产力，从而进入市场，最终获得经济效益的全过程。创新不同于发明、创造，也不仅仅是高、精、尖、奇。创新是以市场为导向，以提高经济效益为最终目的。

在市场经济的浪潮中，企业竞争成败的关键在于企业的创新，企业创新的关键在于企业的创新能力。企业创新能力是指企业获取先进技术和信息并结合企业内部知识进行吸收,并对知识、技术进行再加工,通过组织、生产和扩散实现经济效益的能力。企业的创新能力越强,企业创新所开辟的市场前景与利益越大,企业越有可能凸显其竞争优势,提高竞争力。

2. 企业家与企业创新的关系

企业家是企业的核心,企业家赋予企业不断开拓创新的进取精神,给予企业以持久创新动力;企业家具有强烈的责任感,对企业创新行为予以正面的激励;企业家的本质在于创新,并决定了企业的创新能力。美籍奥地利经济学家熊彼特(Schumpeter)在他著名的《经济增长理论》一书中,首次把企业家的创新能力描述为五个方面:采用一种新产品,采用一种新的生产方式,开辟一个新市场,掠夺或控制原材料或半制成品的一种新的供应来源,实现任何一种工业的新的组织。今天的中国,众多企业家面对的是由计划经济体制向社会主义市场经济体制转变的深刻革命,在这特定的条件下,对企业家所要求的创新意义更加深远。

在中国由计划经济向市场经济转轨的过程中,因为资本所有者与职业经理人之间的委托代理关系,需要较长的时间才能建立起来。所以,一个真正的企业家应不同于只具备管理能力的职业经理人,也不同于只重视投资收益的资本所有者,而应该是职业经理人和资本所有者的结合体。真正的企业家,应具有冒险精神,富有创造性,具有发现新市场的眼力,具有获取顾客需求的洞察力。要成为一个真正的企业家,需要具备超凡的个人魅力,在对企业的发展和事物的发展趋向上具有一定的预见性,行动和语言要具有感染力、富有激情、具有理性和韧性,更重要的是具有良好的信用,敢于承诺与兑现,勇于承担责任。

(二) 企业创新的作用

20世纪前十年,美籍奥地利经济学家熊彼特提出了创新的概念,他认为创新是企业家对生产要素的重新组合。创新与发明不同,创新是根据客观的需要,把已有的生产要素、已有的条件和技术组合起来产生一个新的飞跃,创新不一定是发明,但它必须能够组合起来产生一个新的东西,能够提高效率。熊彼特试图通过创新来描述出企业发展的动力,由此得到了社会的广泛承认,还使更多的人认识到创新不但是企业深层次的竞争,也是企业发展的核心动力。

当今世界最大的特点就是变化速度快，经济全球化的趋势日益高涨，企业的内外经营环境不断变化，企业是否具有变革能力决定着企业的命运。以往企业都是按一条较平滑的生命曲线发展，生命周期也相对较长，而现在企业基本上是沿着一条波浪线发展，随时须以创新为支撑，将企业推向新的一浪，而随时又可能被竞争对手的创新浪潮所吞噬，迅速衰落下去。当今企业随时处在立体创新竞争的包围和追赶中，如果企业躺在成果的摇篮里享受曾经创新的美梦，可能很快就会被竞争对手采用更高的创新所超越，因为创新竞争已成为公司竞争的焦点，市场竞争只不过是创新竞争的变现。随着信息技术的发展和世界经济一体化进程的加快，给创新传播带来了更大的便利，使创新竞争在世界范围内展开，对敢于创新的企业提供了前所未有的机遇，对因循守旧的企业提出了更为严峻的挑战。

企业永远是适者生存，勇者发展，无数个企业倒下去，又有无数个企业在诞生。纵观世界企业发展历程，有的企业历经磨难，却能保持几百年长盛不衰，而有的企业的寿命却不超过 20 年。有的企业从无名小卒成为超级巨人，而有的企业却盛极而衰。究其原因在于企业发展战略的创新性选择。合理的发展战略和企业与之相适应的创新能力不仅能使一个企业获得超常规的飞速发展，而且可以使病入膏肓的企业起死回生，不合理的发展战略及墨守成规很可能使优势企业很快变为劣势企业。

（三）企业创新的环节

企业创新包括多个环节，这些环节既可单方面实现创新，也可以整体创新（如图 2-1）。

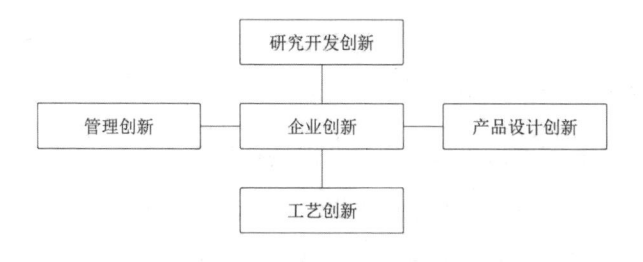

图 2-1 企业创新的环节

1. 研究开发创新

企业依据现有技术能力，有条件地以各种形式进行研究开发，增强企业研发力量，注重产、学、研相结合，加强组织学习，在此基础上创造或产生新的生产技术与产品。

2. 产品设计创新

通过发明、构思产品设计，提高产品的技术含量和性能差异。产品设计创新是指以符合科技、社会、生活发展趋势的且区别于市场上已有产品的新产品来使顾客产生新的需求。其实这种方法就是通常所说的"人无我有，人有我新"。

实现产品创新的方式有很多，如在20世纪的美国市场，几乎所有厂商们都在热衷于生产大型影印机时，日本厂商却把小型影印机推向市场，占领了这片市场，这是产品设计的一个典型范例。

3. 工艺创新

通过研究和采用新的生产方法，或对原有的生产方法进行改进，从而改进现有产品的生产或提高产品的生产效率。工艺创新对开发新产品、改进原有产品以及提高原有产品的产量和质量都具有重要作用。

4. 管理创新

改革陈旧的管理体制，引进吸收如知识管理、生态系统理论、企业整体策略理论等适合本企业的管理新理念，或根据企业实际创造出新的管理理论与管理模式。

二、企业创新战略

企业的系统创新战略是由四个创新子系统组成的，分别是观念创新、制度创新、组织创新和技术创新。观念创新是企业系统创新战略的先导，对企业的发展方向起到至关重要的定位作用，是企业创新的发源地；制度创新是系统创新战略的基础，是企业创新的动力源泉，使企业内部各种要素进行合理配置，发挥最大效能；组织创新是系统创新战略中的关键，是企业改革的突破口；技术创新是企业系统创新战略得以正确实施的保证，是效益提高的物质基础。企业的系统创新战略解决了企业想生产什么、为谁生产、如何生产、用什么生产的问题。

①观念创新。观念创新的精髓是永远不存在固定的思维模式。世界著名管理大师彼得·德鲁克（Peter F. Drucker）曾经指出："当今社会不是一场技术也不是软件、速度的革命，而是一场观念的革命。"华人管理大师石滋宜博士同样指出："现在是人们的想法、观念必须完全改变的时代。"① 过去最有价值的东西是看得见的，而现在，最有价值的东西是看不见的，如知识、智慧。过去是企业利益优先，一切以利润最大化作为企业行为标准，而现在要改为顾客利益优先，一切为顾客着想，让顾客满意；过去看重的是实物财产，现在更重视商品品牌、企业形象等无形资产。

②制度创新。制造创新从社会经济角度来分析企业各成员间的正式关系的调整和变革，主要包括产权制度、经营制度和管理制度。

产权制度：产权制度是决定企业其他制度的根本性制度，它规定着企业最重要的生产要素的所有者对企业的权利、利益和责任。不同的时期，企业各种生产要素的相对重要性是不一样的。在主流经济学的分析中，生产要素是企业生产的首要因素，因此产权制度主要指企业生产要素的所有制。目前存在两大生产资料所有制：私有制和公有制，这两种所有制在实践中都不是纯粹的。企业产权制度的创新也许应朝着寻求生产资料的社会成员"个人所有"与"共同所有"的最适度组合的方向发展。

中国企业发展中的一个敏感而又十分重要的问题，是产权明晰问题。因为产权问题不解决，将严重影响企业的持续发展。对于在企业发展中做出突出贡献的人员，应当而且必须按照他们贡献的大小，给予他们相应的产权。一个科学家可能把毕生的精力都贡献给了一个企业的发展，而科学家迟早会有退休的时候，只有给予他应得的产权，才能符合公平的分配政策，而绝不能简单地将科学家逐出企业。

经营制度：经营制度是有关经营权的归属及其行使条件、范围、限制等方面的原则规定。它表明企业的经营方式，确定谁是经营者，谁来组织企业生产资料的占有权、使用权和处置权的行使，谁来确定企业的生产方向、生产内容、生产形式，

---

① 耿殿明. 对企业创新的系统思考 [J]. 经济论坛, 1999 (18): 13.

谁来保证企业生产资料的完整性及其增值，谁来向企业生产资料的所有者负责以及负何种责任。经营制度的创新应是不断寻求企业生产资料最有效利用的方式。

管理制度：管理制度是行使经营权、组织企业日常经营的各种具体规则的总称，包括对材料、设备、人员及资金等各种要素的取得和使用的规定。在管理制度的众多内容中，分配制度是极重要的内容之一。分配制度的创新在于不断地追求和实现报酬与贡献的更高层次上的平衡。

企业制度创新的方向是不断调整和优化企业所有者、经营者、劳动者三者之间的关系，使各个方面的权力和利益得到充分的体现，使组织中的各种成员的作用得到充分的发挥。

③组织创新。企业系统的正常运行，既要求具有符合企业及其环境特点的运行制度，又要求具有与之相应的运行载体，即合理的组织形式。因此，企业制度创新必然要求组织形式的变革和发展。

从组织理论的角度来考虑，企业系统是由不同的成员担任的不同职务和岗位的结合体。这个结合体可以从结构和机构这两个不同层次去考查。所谓机构，是指在构建组织时，根据一定的标准，将那些类似的或为实现同一目标有密切关系的职务或岗位归并到一起，形成不同的管理部门。它主要涉及管理劳动的横向分工的问题；而结构则与各管理部门之间，特别是与不同层次的管理部门之间的关系有关，它主要涉及管理劳动的纵向分工问题，即所谓的集权与分权问题。不同的机构设置，要求不同的结构形式；组织机构完全相同，但机构之间的关系不一样，也会形成不同的结构形式。组织创新的目的在于更合理地组织企业人员，提高劳动的效率。

④技术创新。技术创新是企业创新的保障，通过技术创新，企业能够更好地把握自己的竞争优势。技术创新是以市场为导向，以提高国际竞争力为目标，研究与开发新技术、新工艺、新产品，并通过市场实现其商品化、产业化，最终在市场上检验是否成功的过程。技术创新对经济发展和增强企业竞争力有着重要的推动作用，伴随新技术革命浪潮的兴起，其已在很大程度上代表着一个企业乃至一个国家的产品和产业在国际经济舞台上的地位和竞争实力。这也正是技术创新成为当今世界范围内研究热点之一的重要原因。技术创新具有知识性、创造性、

高投入、高效益和高风险等特点。它需要政府行为的推动，但其主体是企业自身。在技术创新中，产品创新占有十分重要的地位。因为市场经济条件下企业之间的竞争往往都是通过产品展开的，产品是市场需求的物质体现，产品是企业竞争实力的物化，因此，根据市场需要，按照消费者需求开发和生产产品，并通过市场获得企业所追求的回报必然成为企业产品创新的出发点和归宿。

三、技术跨越战略

企业要进行技术创新，必须选择合适的技术创新战略。技术创新战略是企业在市场竞争中利用技术创新获取竞争力的方式。制定技术创新战略，就是为了探索适合中国国情的技术创新之路。就中国目前的情况来看，人们应当抓住有利时机，充分利用自己的优势，实现技术跨越。这就决定了中国企业技术创新的战略，应围绕技术跨越这个中心来制定。中国的技术创新战略可以概括为：立足国情，有所为，有所不为，集中优势实施技术跨越。

所谓技术跨越，就是跨越技术发展的某些阶段，直接开发、应用新技术、新产品，进而提高产品竞争力的过程。技术跨越是相对于中国企业目前的技术水平而言的，所以，它有两层含义：①在某些领域，依靠自己的各种优势，通过实施巧妙的创新战略，使技术水平真正达到国际领先或国际先进水平，也就是说直接从较低的技术水平跨越到世界领先水平，这里把这种跨越称为"绝对跨越"；②相对于目前的技术水平，通过努力，跳过发展的几个阶段，直接上升到较高的水平，这种水平也可能只是接近世界的平均水平，但是依靠人力资源、自然资源的优势，照样可以提供在国际上具有强大竞争力的产品，也就是从较低的技术水平跨越到相对自己较高的技术水平，这里把这种跨越称为"相对跨越"。对于中国来说，"相对跨越"更不能忽视，因为传统的制造业、流通业、服务业，以及许多其他劳动密集型行业，是整个国民经济的重要组成部分，这些企业实现技术跨越，必然伴随着企业的跨越式发展，这对整个国家经济的影响将是巨大的。

立足国情，就是要根据中国企业的发展状况，制定符合现实的、具有可操作性的对策；有所为，有所不为，就是人们应该在具有优势的领域"为"，在具有劣势的领域"不为"，即必须"集中优势兵力打歼灭战"。

第三章 供需与消费者行为理论

第一节 需求与供给理论

一、需求理论

价格理论是微观经济学的中心理论。在市场经济中，价格是由供求关系决定的，所以，供给与需求就是最重要的概念。

（一）需求的概念

需求是指在某一特定的时期内，消费者在每一价格水平下愿意并且能够购买的商品数量。这种需求也叫有效需求，是指具有购买意愿和支付能力的需求。它是消费者购买欲望和购买能力的统一，缺少任何一个条件都不能成为需求。

（二）影响需求的因素

如上所述，需求是购买欲望与购买能力的统一，所以，影响需求的因素包括影响购买欲望与购买能力的各种经济与社会因素。这些因素主要是：价格、收入、消费者偏好与预期。价格既影响购买能力，又影响购买欲望。收入主要影响着购买能力，消费者偏好与预期更多地影响着购买欲望。

①商品本身价格。一般而言，商品的价格与需求量呈反方向变动，即价格越高，需求量越少；价格越低，需求量越多。

②相关商品的价格。当一种商品本身价格不变，而其他相关商品价格发生变化时，这种商品的需求也会发生变化。商品之间的关系有两种：一种是互补关

系，另一种是替代关系。互补关系是指两种商品互相补充，共同满足人们的同一种欲望。替代关系是指两种商品可以相互替代来满足同一欲望，它们的功能相同或相近。

③消费者的收入水平和社会收入分配的平等程度。在一般情况下，当消费者的收入提高，收入分配趋向平等时，会增加商品的需求，反之亦然。

④消费者的偏好。随着社会生活水平的提高，消费不仅满足人们的基本生理需求，还要满足种种心理和社会需求，这样消费偏好就成了影响需求的明显因素。例如，某人喜欢素食，即使猪肉的价格再低，他也不会多买一些。消费者偏好不是单纯的经济因素，还包括历史和心理因素。随着社会风尚的变化，在价格没有变动的情况下，将会影响消费者增加或者减少对某种商品的需求。消费者偏好的变化受到许多因素的影响，其中广告在一定程度上影响偏好的形成，这就是为什么许多厂家不惜花重金大做广告的原因。

⑤消费者对未来的预期。消费者对未来的预期包括对自己收入水平和商品价格变动水平的预期，如果消费者预期未来收入或某种商品的价格即将上升时，就会增加现在的需求，因为理性人会在价格上升以前购买产品。反之，就会减少现在的需求。

⑥人口数量与结构的变动。人口数量的增减会使需求发生同方向变动，人口结构的变动主要影响需求的构成，从而影响某些商品的需求。

⑦政府的消费政策。例如，政府提高利息率的政策会减少消费，而实行消费信贷制度则会鼓励消费。

(三) 需求定理

根据上述分析，可以把商品价格与需求量的关系概括如下：在其他条件不变的情况下，某种商品的需求量与价格呈反方向变化，即商品的价格越低，需求量越大；商品的价格越高，需求量越小，这就是需求定理。在理解需求定理时要注意以下三点。

一是其他条件不变这一假设前提。其他条件不变主要是指收入、相关商品的性质等其他影响需求的因素不变，也就是说，需求定理是在这一假设前提下，研究商品本身价格与需求量之间的关系。离开这一假设前提,需求定理无法存在。例如,如果收入增加,商品本身的价格与需求量就不一定呈反方向变动。

二是需求定理反映了商品价格与其需求量之间的反方向变动关系,这种变动关系是由收入效应和替代效应共同作用形成的。

三是需求定理指的是一般商品的规律,但这一定理也有例外。需求定理的例外有三种情况:第一,炫耀性的商品,其价格与需求量呈同方向变动。如首饰、豪华轿车等,只有在高价时才能显示人们的社会身份和地位,价格下降时,高档消费品的需求量反而下降。第二,低档生活必需品(通常称为吉芬商品),其价格与需求量呈反方向变动。在某些特定条件下,这种商品具有价格上升时需求量反而增加的特点。第三,投机性商品,如股票、债券、黄金、邮票等,其价格发生变动时需求呈不规则变化,受心理预期影响大,有时会出现价格上涨反而抢购,价格下跌反而抛出的现象,这与人们对未来价格的预期和投机的需要相关。

(四)需求量的变动与需求的变动

1. 需求量的变动

需求量的变动是指在其他条件不变的情况下,商品本身价格变动所引起的需求量的变动。它表现为同一条需求曲线上各个点的移动,如图3-1所示。

在图3-1中,当价格由 P_0 上升为 P_1 时,需求量从 Q_0 减少到 Q_1,在需求曲线上则是从点 b 向上方移动到点 a。当价格由 P_0 下降到 P_2 时,需求量从 Q_0 增加到 Q_2,在需求曲线上则是从点 b 向下方移动到点 c。在同一条曲线上,向上方移动是需求量减少,向下方移动是需求量增加。

2. 需求的变动

需求的变动是指在商品本身的价格不变的情况下,其他因素变动所引起的需求的变动。它表现为需求曲线的整体平行移动,如图3-2所示。

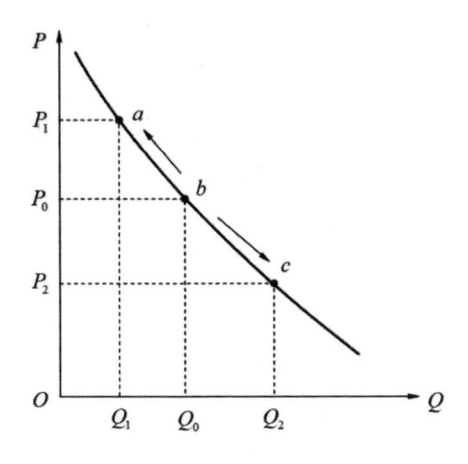

图 3-1 需求量的变动

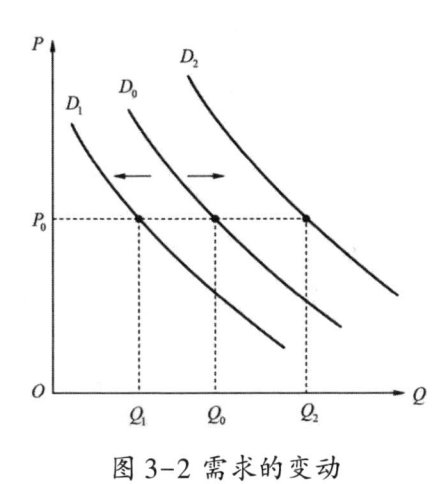

图 3-2 需求的变动

在图 3-2 中，价格 P_0 不变，由于其他因素变动而引起的需求曲线的移动是需求的变动。例如，收入减少了，在同样的价格水平时，需求从 Q_0 减少到 Q_1，则需求曲线由 D_0 移动到 D_1。收入增加了，在同样的价格水平时，需求从 Q_0 增加到 Q_2，则需求曲线由 D_0 移动到 D_2。当需求曲线向右上方平行移动时，则表明需求增加。当需求曲线向左下方平行移动时，则表明需求下降。

需求的变化都会引起需求量的变化。例如，当需求增加的时候，在各个价格下的需求量都增加了。但是，需求量的变化不一定引起需求的变化，如当需求量随着价格的上升而减少时，需求可以不变。

二、供给理论

(一) 供给的概念

供给与需求是相对应的概念，需求的实现与满足来源于供给。供给是指厂商在某一特定时期内，在每一价格水平时愿意并且能够供应的商品数量。供给是供给欲望和供给能力的统一，也可以说供给是厂商根据自身的供给欲望和供给能力计划提供的商品量。

(二) 影响供给的因素

影响供给的因素包括影响企业供给欲望与供给能力的各种经济与社会因素。这些因素包括：价格、生产要素的数量与价格、技术以及预期。价格既影响供给欲望，又影响供给能力。生产要素的数量与价格主要影响供给能力，预期更多地影响供给欲望。

①商品本身的价格。一般而言，一种商品的价格越高，生产者提供的数量就越大，相反，商品的价格越低，生产者提供的数量就越小。

②相关商品的价格。两种互补商品，如汽车和汽油，当一种商品（汽车）价格上升时，对另一种商品（汽油）的需求就减少，从而汽油的价格就下降，供给就减少。反之，当一种商品价格下降时，对另一种商品的需求就增加，从而这种商品的价格上升，供给增加。两种互补商品之间价格与供给呈反方向变动。两种替代商品之间，如大米和面粉，当一种商品（大米）价格上升时，对另一种商品（面粉）的需求就增加，从而面粉的价格就上升，供给就增加。反之，当一种商品价格下降时，对另一种商品的需求就减少，从而这种商品的价格下降，供给减少。两种替代商品之间价格与供给呈同方向变动。此外，两种没有关系的商品，一种商品价格的变动也会影响另一种商品的供给。例如，同一个厂商既生产军用品，又生产民用品，如果军用品的价格上升，厂商会把资源用于生产更多的军用品，从而减少民用品的生产。当一种商品的价格不变，而其生产者能生产的其他商品的价格发生变化时，该商品的供给量也会发生变化，又如在玉米

价格不变小麦价格上升时，农户就可能多生产小麦而减少玉米的供给量。

③生产要素的数量与价格。商品是用劳动力、资本等各种生产要素生产出来的，生产某种商品的生产要素越多，价格就越低。同时，生产要素的费用直接构成生产成本，在商品价格不变的条件下，生产要素价格下降，生产成本降低，生产成本的降低会增加利润，从而使得商品生产者愿意扩大生产，进而增加商品的供给量。相反，生产要素价格上升，生产成本增加，利润就会减少，供给数量也会减少。

④技术。技术可以提高生产效率，使企业在同样的资源条件下生产出更多的产品，从而增加供给。新材料、新能源的发明与利用，都可以使供给增加。

⑤预期。预期主要是指生产者对未来商品的价格预计。如果生产者对未来的预期看好，如价格上升，则制订生产计划时就会增加产品供给；反之，如果生产者对未来的预期是悲观的，在制订生产计划时，就会减少产品供给。

⑥政府的政策。政府采用鼓励投资与生产的政策，可以刺激生产，增加供给，反之，政府采用限制投资与生产的政策，则会抑制生产，减少供给。

(三) 供给定理

通过上述分析，可以把商品价格与供给量的关系概括如下：在其他条件不变的情况下，某商品的供给量与价格之间呈同方向变动，即供给量随着商品本身价格的上升而增加，随着商品本身价格的下降而减少，这就是供给定理。在理解供给定理时要注意以下两点。

一是其他条件不变这一假设条件。供给定理是在假定影响供给的其他因素不变的前提下，说明商品本身价格与供给量之间的关系。离开了这个前提，供给定理就无法成立。例如，如果厂商生产某种产品的目的不是为了利润最大化，而是为了人道而生产的特殊用品，那么，商品本身的价格与供给量就不呈同方向变动。

二是供给定理指的是一般商品的供给规律，这一规律也有例外。第一，有些商品的供给量是固定的，价格上升，供给也无法增加，如土地、文物、艺术品就属于这种情况。第二，劳动力的供给也是个例外，在开始阶段，提高工资，工人愿意增加工作时数，但当工资水平上升到一定程度后，劳动者的一般生活需要得到了满足，他就希望多一点休息和娱乐的时间。这时，工资越高，他用于劳动的时间反而逐渐减少，因此，劳动力供给曲线先是随着工资的上升而向右上方延伸，然后向左弯曲成为向左上方倾斜的供给曲线。第三，某些商品小幅度升降价时，供给按供给定理正常变动，而大幅度升降价时，供给则会出现不规则的变化。证券、黄金市场通常就是如此。以股票为例，当市场上某种股票价格大幅度下降时，股票持有者害怕其进一步贬值，会抛售这种股票，使股票的供给不仅不会随着其价格的下跌而减少，反而会增加，其他有价证券的供给也是如此。第四，有些商品在正常时期，供给量按供给定理正常变化；在非正常时期，则会出现不规则的变化。比如粮食歉收年份，粮价上涨，并不能立即引起粮食供给量的增加，甚至会因生产者囤积居奇而减少；粮食丰收年份，粮价下降也不能立即引起供给量的减少。

（四）供给量的变动与供给的变动

1. 供给量的变动

供给量的变动是指在其他条件不变的情况下，商品本身价格变动所引起的供给量的变动。它表现为同一条供给曲线上点的移动，如图3-3所示。

在图3-3中，当价格由P_0上升为P_1时，供给量从Q_0增加到Q_1，在供给曲线上则是从a点向上方移动到b点。当价格由P_0下降到P_2时，供给量从Q_0减少到Q_2，在供给曲线上则是从a点向下方移动到c点。在同一条曲线上，向上方移动是供给量增加，向下方移动是供给量减少。

2. 供给的变动

供给的变动是指商品本身价格不变的情况下，其他因素变动所引起的供给的变动。它表现为供给曲线的整体平行移动，如图3-4所示。

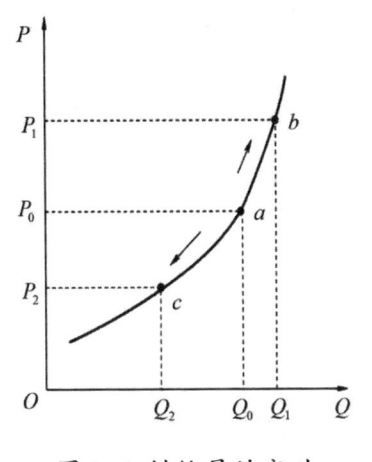

图 3-3 供给量的变动

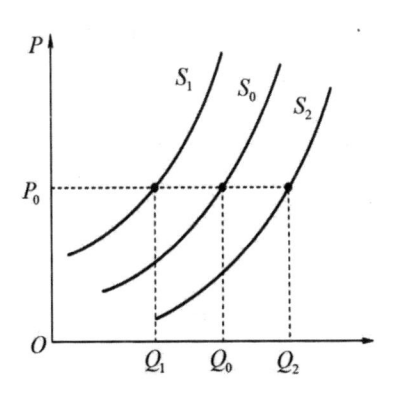

图 3-4 供给的变动

在图 3-4 中,价格 P_0 不变,由于其他因素变动而引起的供给曲线的移动是供给的变动。例如,生产要素价格下降了,在同样的价格水平时,企业所得到的利润增加,从而产量增加,供给从 Q_0 增加到 Q_2,则供给曲线由 S_0 移动到 S_2。生产要素价格上升了,在同样的价格水平时,企业所得到的利润减少,从而产量减少,供给从 Q_0 减少到 Q_1,则供给曲线由 S_0 移动到 S_1。当供给曲线向左上方平行移动时,则表明供给减少。当供给曲线向右下方平行移动时,则表明供给增加。

第二节 市场均衡与弹性理论

一、市场均衡与实现

(一) 市场均衡与均衡价格

1. 市场均衡

均衡是指经济中各种对立的、变动着的力量处于一种力量相当、相对静止、不再变动的状态。均衡一旦形成之后，如果有另外的力量使它离开原来均衡的位置，就会有其他力量使之恢复到均衡。所以，市场均衡是指市场供求达到平衡时的状态。

2. 均衡价格

需求与供给是市场中两种相反的力量，市场上的需求方和供给方对市场价格变化做出的反应是相反的。所以，大多数情况下，需求量与供给量是不相等的，或者供过于求，或者供不应求。

当供过于求时，市场价格会下降，从而导致供给量减少而需求量增加。当供不应求时，市场价格会上升，从而导致供给量增加而需求量减少；供给与需求相互作用最终会使商品的需求量和供给量在某一价格上正好相等。这时既没有过剩（供过于求）也没有短缺（供不应求），市场刚好出清，这种需求量与供给量在某一价格水平上正好相等的情况，即为市场均衡状态，此时的价格为均衡价格，此时的供给量和需求量正好一致，称为均衡产量。

3. 均衡价格的形成

均衡价格是在市场上供求双方相互竞争的自发作用过程中形成的，是需求和供给两种力量的作用使价格处在一种相对静止和稳定的状态。当需求和供给其中的任何一种力量发生变化时，价格就会发生变动，在新的条件下，会形成新的均衡价格。

4. 均衡价格的形成与竞争

均衡价格的形成是与竞争分不开的。当某种商品供不应求时，会出现买者的竞争，买者会竞相抬价，使卖者处于有利的地位，结果商品价格上升；当某种商品供过于求时，会出现卖者的竞争，卖者会竞相降价，使买者处于有利的地位，结果商品价格下降；当某种商品供求均衡时，买卖双方势均力敌，价格趋于不变，从而决定了均衡价格和均衡产量。

(二) 均衡的变动与供求定理

均衡价格是由需求与供给决定的，所以，需求和供给任何一方的变动都会引起均衡价格的变动。

1. 需求变动对均衡价格的影响

需求变动表现为需求曲线的整体平行移动。可以用图3-5来说明需求变动对场均衡的变化均衡价格（均衡数量）的影响。

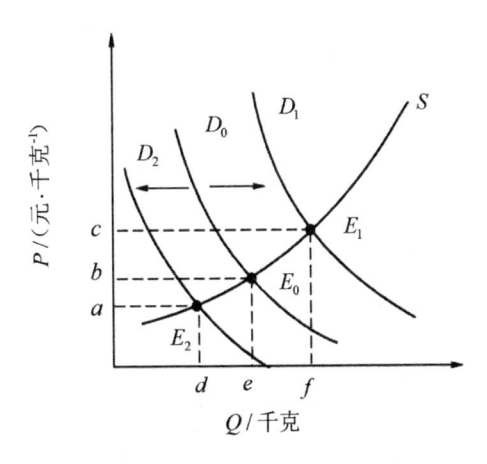

图3-5 需求变动对均衡价格的影响

在图3-5中，D_0、D_1、D_2分别是需求曲线，S是供给曲线。D_0与供给曲线S相交于E_0，决定了均衡价格为每千克b元，均衡数量为e千克。

假如居民收入增加，需求增加，需求曲线向右上方移动，即由D_0移动到D_1，与S相交于E_1，决定了均衡价格为c元，均衡数量为f千克。这表明由于需求增加，均衡价格上升了，均衡数量增加了。

相反，由于收入降低，需求减少，需求曲线向左下方移动，即由 D_0 移动到 D_2，与 S 相交于 E_2，决定了均衡价格为 a 元，均衡数量为 d 千克。这表明由于需求减少，均衡价格下降了，均衡数量减少了。即需求的变动引起均衡价格与均衡数量同方向变动。

2. 供给变动对市场均衡的影响

供给变动表现为供给曲线的整体平行移动。可以用图 3-6 来说明供给变动对均衡价格（均衡数量）的影响。

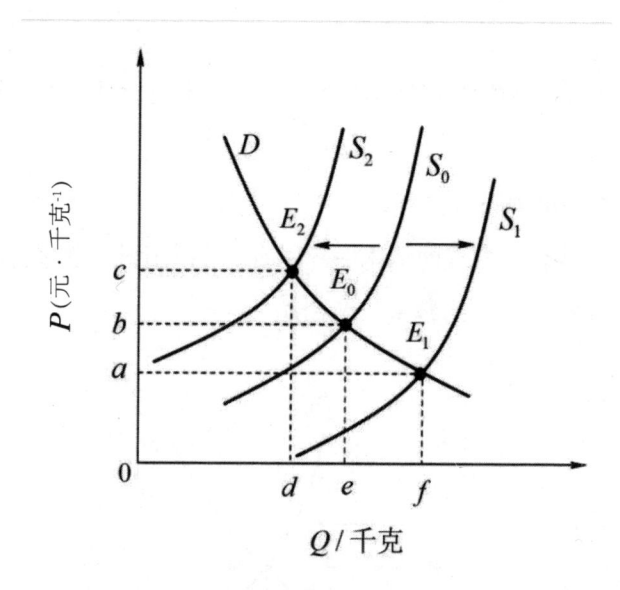

图 3-6 供给变动对均衡价格的影响

在图 3-6 中，S_0、S_1、S_2 分别是供给曲线，D 是需求曲线。S_0 与需求曲线 D 相交于 E_0，决定了均衡价格为每千克 b 元，均衡数量为 e 千克。

假如原料价格下降，供给增加，供给曲线向右下方移动，即由 S_0 移动到 S_1，与 D 相交于 E_1，决定了均衡价格为 a 元，均衡数量为 f 千克。这表明由于供给增加，均衡价格下降了，均衡数量增加了。

相反，由于原料价格上涨，供给减少，供给曲线向左上方移动，即由 S_0 移动到 S_2，与 D 相交于 E_2，决定了均衡价格为 c 元，均衡数量为 d 千克。这表明由于供给减少，均衡价格上升了，均衡数量减少了。即供给的变动引起均衡价格反方向变动和均衡数量同方向变动。

3. 供求定理

从以上关于需求和供给变动对均衡影响的分析中，可以得出这样的结论：需求的变动引起均衡价格与均衡数量同方向变动。即需求增加引起均衡价格上升和均衡数量增加，需求减少引起均衡价格下降和均衡数量减少。供给的变动引起均衡价格反方向变动和均衡数量同方向变动。供给增加引起均衡价格下降和均衡数量的增加，供给减少引起均衡价格上升和均衡数量的减少，这就是供求定理。

（三）市场机制与价格机制

市场机制是价格机制、供求机制、竞争机制、风险机制调节社会经济运行方式和规律的体系总和。在市场经济中，经济运行是由价格这只"看不见的手"来进行调节的，也就是说，价格调节机制是整个社会经济运行的中心机制，是市场经济配置资源的决定手段。价格机制包括价格调节经济的条件、作用过程以及价格调节方式。

1. 价格机制调节经济必须具备的条件

①存在市场。市场是进行商品交易的场所和交换关系的总和，是各个经济单位发生关系进行交易的制度框架。只有在存在供求关系的市场中，才能发挥价格机制的调节作用。

②各个经济单位都是独立的经济实体。

③市场竞争的公平性与完全性。即市场竞争不受任何限制和干扰，价格可以自发地发挥调节经济运行的作用。

2. 价格机制的调节作用

①作为指示器反映市场的价格变化、供求变化以及竞争状况变化。

②可以自发调节市场供求关系的变化。当一种商品供不应求时，价格就会上涨；反之，当一种商品供过于求时，价格就会下降。当一种商品的价格上涨时，需求量就会减少，而供给量就会增加；反之，当一种商品的价格下降时，需求量就会上升，供给量就会减少。

③价格调节作用可以使资源配置达到最优状态。即通过价格的变动，调节市场供求关系的变化，最终会使供给等于需求。这时，消费者的欲望得到了满足，

生产者的资源得到了充分利用，其结果是消费者的效用最大化和生产者的利润最大化都得到了实现，从而使资源达到了最优配置。

当供不应求时，价格上涨，就会抑制需求和消费，刺激生产和供给；反之，当供过于求时，价格下降，就会抑制生产和供给，刺激消费和需求，并最终使供求达到均衡。

（四）均衡价格理论的简单运用

运用均衡价格理论来调节经济活动，政府通常采用支持价格和限制价格等形式。

1. 支持价格

支持价格又称最低价格，是指政府为了支持某一行业和某种商品的生产，专门制定的一种高于均衡价格的最低市场价格。

支持价格会对经济产生很大的影响。在支持价格的条件下，市场将出现超额供给现象。长期以来一些国家对农产品实行这种价格，使这些国家的农业非常发达。中国对农业实行的"保护价敞开收购"政策，实际上就是一种支持价格。

2. 限制价格

限制价格又称最高限价，是指政府为了限制某一行业和某种商品的生产，而专门制定的一种低于均衡价格的最高市场价格。限制价格常常是一项不符合经济规律的制度安排，经济学家不主张利用限制价格，因此，它最终被设计者放弃也是必不可免的。

二、弹性理论

（一）需求弹性

"弹性"是一个物理学名词，是指物体对外部力量的反应程度。在经济学中，弹性指经济变量之间存在函数关系时，因变量对自变量变化的反应敏感程度。弹性的大小可用弹性系数来衡量。

1. 需求价格弹性

(1) 需求价格弹性的含义

需求价格弹性是指需求量变动对价格变动的反应敏感程度，即价格变动的百分比所引起的需求量变动的百分比。各种商品的需求弹性是不同的，一般用需求价格弹性的弹性系数来表示弹性的大小。

如果用 E_d 表示需求价格弹性系数，Q 表示商品的需求量，P 表示该商品的价格，$\Delta Q/Q$ 表示需求量变动的百分比；$\Delta P/P$ 表示价格变动的百分比。则需求价格弹性的弹性系数的计算公式是：

$$E_d = \frac{需求量变动的百分比}{价格变动的百分比} = \frac{\Delta Q/Q}{\Delta P/P} = \frac{\Delta Q}{\Delta P} \cdot \frac{P}{Q}$$

一般而言，由于需求量与价格呈反方向变动，所以，E_d 为负值。但在实际运用中，为了计算和分析方便，一般取其绝对值。

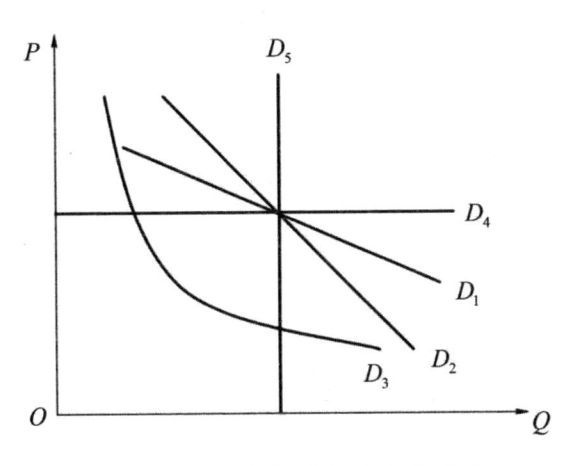

图 3-7 不同需求弹性的需求曲线

(2) 需求价格弹性的分类

不同商品的需求弹性是有差异的。根据商品的需求对价格变动的反应程度，可将商品的需求弹性分为以下五种。

①需求富有弹性，即 $E_d>1$。它是指需求量变动的比率大于价格变动的比率，奢侈品，如名车、珠宝、境外旅游等商品和服务都属于这种情况。这时的需求曲线是一条平缓的线，如图 3-7 中的 D_1。

②需求缺乏弹性，即 $0< E_d <1$。它是指需求量变动的比率小于价格变动的比

率，生活必需品，如粮食、蔬菜等商品都属于这种情况。这时的需求曲线是一条陡峭的线，如图 3-7 中的 D_2。

③需求单位弹性，即 $E_d=1$。它是指需求量变动的比率与价格变动的比率相等，这时的需求曲线是一条正曲线，如图 3-7 中的 D_3。

④需求无限弹性，即 $E_d \to \infty$。在这种情况下，当价格既定时，需求量是无限大。这时的需求曲线是一条与横轴平行的线，如图 3-7 中的 D_4。

⑤需求完全无弹性，即 $E_d=0$。它是指无论价格如何变化，需求量都不会单位弹性变化。这时的需求曲线是一条与横轴垂直的线，如图 3-7 中的 D_5。

后三种情况都是需求弹性的特例，在现实生活中很少见。

（3）影响需求价格弹性的因素

①商品本身的性质和用途。一般而言，生活必需品的需求弹性较小，奢侈品需求弹性较大。

②商品可替代程度。一种商品越容易被替代，其需求弹性就越大，反之，则越小。

③商品用途的广泛性。如果一种商品的用途很广泛，当商品的价格提高之后消费者在各种用途上可以适当地减少需求量，从而需求价格弹性就大，反之，需求价格弹性就小。

④商品消费支出在消费者预算支出中所占的比重。当一种商品在消费者预算支出中占很小的部分时，消费者并不太注意其价格的变化，如买一包口香糖，你可能不太会注意价格的变动。所以，支出比重越小的商品，其需求价格弹性就越小，反之，需求价格弹性就越大。

⑤商品的耐用程度。一般而言，耐用品的需求价格弹性大，而非耐用品的需求价格弹性就小。例如，家用汽车和家用空调的弹性往往大于报刊这类印刷品的需求价格弹性。

⑥消费者调整需求量的时间也与需求弹性有关。一般而言，消费者调整需求的时间越短，需求的价格弹性越小；相反，调整时间越长，需求的价格弹性越大。如汽油价格上升，短期内不会影响其需求量，但长期持续这种情况人们可能会寻找替代品，从而对需求量产生重大影响。

2. 需求收入弹性

(1) 需求收入弹性的含义

需求收入弹性是指需求量变动对收入变动的反应敏感程度,即收入变动的百分比所引起的需求量变动的百分比。如果 E_I 表示需求收入弹性系数;Q 表示商品的需求量;I 表示该商品的价格;$\Delta Q/Q$ 表示需求量变动的百分比;$\Delta I/I$ 表示收入变动的百分比。需求收入弹性系数可以表示为:

$$E_I = \frac{需求量变动的百分比}{收入变动的百分比} = \frac{\Delta Q/Q}{\Delta I/I} = \frac{\Delta Q}{\Delta I} \cdot \frac{I}{Q}$$

一般而言,由于需求量与收入呈同方向变动,所以,E_I 为正值。

(2) 需求收入弹性的分类

需求收入弹性与需求价格弹性一样,同样也有五种类型。在这里主要介绍 E_I 在实际经济生活中运用的分类。

①如果一种商品的 $E_I>0$,则该商品为正常商品。

②如果一种商品的 $E_I<0$,表明需求量随收入增加而减少,则该商品为低档品或劣质品。

③如果一种商品的 $E_I>1$,表明需求量随收入的增加而大幅度地增加,则该商品为奢侈品。

④如果一种商品的 $0<E_I<1$,表明需求量增加的幅度小于收入增加的幅度,则该商品为生活必需品。恩格尔定律所反映的商品就是这类商品。

3. 需求交叉弹性

需求的交叉弹性表示在一定时期内,两种相关商品中一种商品价格变动的比率对另一种商品需求量变动比率的反应敏感程度。

E_{YX} 表示需求交叉弹性系数,$\Delta Q_X/Q_X$ 表示 X 商品需求量变动的百分比,$\Delta P_Y/P_Y$ 表示 Y 商品价格变动的百分比。其需求交叉弹性的计算公式为:

$$E_{YX} = \frac{\Delta Q_X/Q_X}{\Delta P_Y/P_Y} = \frac{\Delta Q_X}{\Delta P_Y} \cdot \frac{P_Y}{Q_X}$$

如果 $E_{YX}>0$,则两种商品 X、Y 为替代品。如果 $E_{YX}<0$,则两种商品 X、Y 为互补品。如果 $E_{YX}=0$,则两种商品 X、Y 互不相干。

(二) 供给弹性

1. 供给价格弹性的含义

供给价格弹性是指供给量变动对价格变动的反应敏感程度，即价格变动的百分比所引起的供给量变动的百分比。

如果 E_s 表示供给价格弹性系数；Q 表示商品的供给量；P 表示该商品的价格；$\Delta Q/Q$ 表示供给量变动的百分比；$\Delta P/P$ 表示价格变动的百分比，则供给价格弹性系数的计算公式为：

$$E_s = \frac{\text{供给量变动的百分比}}{\text{价格变动的百分比}} = \frac{\frac{\Delta Q}{Q}}{\frac{\Delta P}{P}}$$

一般而言，由于供给量与价格呈同方向变动，所以，E_s 为正值。

2. 供给价格弹性的分类

①供给完全无弹性 $E_s = 0$，即价格无论怎样变动，供给量都不会变动，所以，其供给曲线为一条垂直直线。例如，土地和一些文物古董就具有这种属性。

②供给无限弹性 $E_s \to \infty$，即价格既定时，供给量无限增长。所以，其供给曲线为一条与横轴平行的直线。

③供给单位弹性 $E_s = 1$，在这种情况下，供给量变动的百分比与价格变动的百分比是相等的，所以，其供给曲线是一条向右上方倾斜的45°线。

④供给缺乏弹性 $0 < E_s < 1$，在这种情况下，供给量变动的百分比小于价格变动的百分比，所以，其供给曲线是一条向右上方倾斜且比较陡峭的曲线。

⑤供给富有弹性 $1 < E_s \to \infty$，在这种情况下，供给量变动的百分比大于价格变动的百分比，所以，其供给曲线是一条比较平缓的曲线。

3. 影响供给价格弹性的因素

①生产技术类型。一般而言，生产技术越复杂、越先进，固定资本所占据份额越大，生产周期就相对越长，供给弹性越小。因为在价格下降时，这类生产要素不能迅速、方便地转移。

②生产能力的利用程度。对拥有相同技术的生产者而言，拥有多余生产能力

的生产者的供给会更具有弹性，因为它在价格变动时，特别是价格升高时，更容易调整产量。

③生产成本的因素。当产量增加时，成本迅速增大，供给弹性就小，反之，生产扩大时成本增长慢，供给弹性就大。

④生产者调整供给量的时间（生产时间）。当商品的价格发生变化，生产者对供给量进行调整需要一定时间，时间越短，生产者越来不及调整供给量。如在一个月内，考察西瓜的供给，它可能缺乏弹性，但如果考察跨年度西瓜供给量的变化，则其供给弹性可能很大。

第三节 基数效用论与序数效用论

一、基数效用论和边际效用分析

（一）效用

效用是消费者对商品满足自己欲望的能力的主观心理评价。一种物品，必须有满足人们欲望的性能，人们又有对它的欲望，才能产生效用。效用和欲望一样是一种主观心理感受。

理解效用概念需要注意以下四点。

第一，效用的主观性。效用是一种主观心理感受，某种物品效用的大小没有客观标准，完全取决于消费者在消费某种物品时的主观判断。而对不同的人而言，同样的物品所带来的效用是不同的。甚至对同一个人而言，同一物品在不同的时间和地点的效用也是不同的。例如，同一件棉衣，在冬天或寒冷地区给人们带来的效用很大，但是在夏天或热带地区也许只能带来负效用。

第二，效用与物品本身的使用价值不同。使用价值是物品本身所具有的属性，它由物品本身的物理或化学性质所决定。使用价值是客观存在的，不以人的感受为转移。例如馒头，无论对饥饿者还是不饥饿者，它都具有使用价值。而效用是基于使用价值的心理满足感，是主观的、多元的。当然，效用取决于使用价值。

第三，效用不含伦理学的观点。效用是对欲望的一种满足，只要物品能够满足人的某种欲望，它就具有效用，而与这种欲望本身是否符合社会道德规范没有关系。

第四，效用可正可负。如果物品能够给消费者带来舒服的感觉，就是正效用，如果带给消费者痛苦或难受的感觉，就是负效用。

（二）基数效用论

在度量效用的问题上，经济学家先后提出了基数效用和序数效用的概念。在此基础上，形成了分析消费者行为的两种方法：基数效用论的边际效用分析法和序数效用论的无差异曲线分析法。

基数效用论是19世纪和20世纪初经济学中普遍使用的概念。作为研究消费者行为的一种理论，基数效用论的基本观点是，效用的大小可以用基数（1、2、3、……）来表示和衡量，可以加总求和和进行效用量之间的比较。表示效用大小的计量单位被称作效用单位，正如长度单位可以用米来表示一样。例如，对某消费者而言，看一场精彩电影的效用为10个效用单位，吃一顿麦当劳的效用为8个效用单位，则这两种消费的效用之和为18个效用单位。基数效用论采用边际效用分析法，商品的效用呈现边际效用递减规律。

（三）边际效用分析

1. 总效用和边际效用

总效用指消费者在一定时间内从一定数量的商品的消费中所得到的总的满足边际效用与总效用程度。假定消费者对一种商品的消费数量为 Q，则总效用 TU 的函数表达式为：

$$TU = f(Q)$$

边际效用指消费者在一定时间内增加一单位的商品或劳务的消费量所得到的效用的增量。边际效用 MU 的函数表达式为：

$$MU = \frac{\Delta TU(Q)}{\Delta Q}$$

当商品的增加量趋于无穷小，则有：

$$MU = \lim_{\Delta Q \to 0} \frac{\Delta TU(Q)}{\Delta Q} = \frac{dTU(Q)}{dQ}$$

总效用和边际效用如表 3-1 所示。

表 3-1 总效用和边际效用

商品的数量	总效用	边际效用
0	0	0
1	10	10
2	18	8
3	24	6
4	28	4
5	30	2
6	30	0
7	28	−2

2. 总效用曲线和边际效用曲线

根据表 3-1 的数值，可以绘制出总效用曲线和边际效用曲线，如图 3-8 所示，由此可以进一步讨论两种曲线之间的关系。

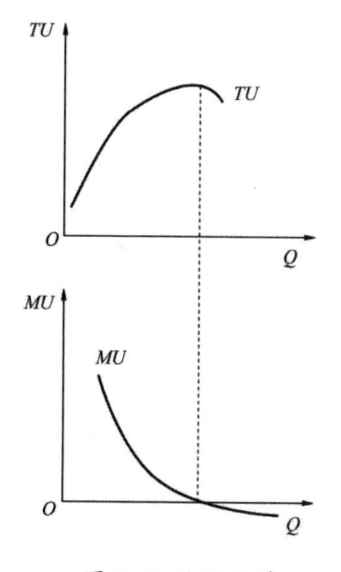

图 3-8 效用曲线

图 3-8 中，TU 曲线是以递减的速率先上升后下降，MU 曲线向右下方倾斜。当边际效用为正值时，总效用曲线呈上升趋势；当边际效用递减为零时，总效用曲线达最高点；当边际效用继续递减为负值时，总效用曲线呈下降趋势。从数学意义上讲，如果效用曲线是连续的，则每一消费量上的边际效用值是总效用曲线上相应的点的斜率。

3. 边际效用递减规律

边际效用递减规律是指，一定时间内，在其他商品的消费数量保持不变的条件下，随着消费者对某种商品消费量的增加，消费者从该商品连续增加的每一消费单位中所得到的效用增量减少，即边际效用是递减的。

在分析表 3-1 的过程中，可以观察到边际效用递减规律。这种情况普遍存在，它是揭示人们在消费过程中的一条基本规律。边际效用递减规律可以从两个方面来解释。

①生理或心理的原因。消费者消费一种物品的数量越多，即某种刺激的反复，会使人在生理上的满足或心理上的反应减弱，从而满足程度就会减少。消费者在消费同一种物品，如连续吃巧克力时，就会有这种感觉。

②物品本身用途的多样性。每一种物品都有多种用途，这些用途的重要性不同。消费者总是先把物品用于最重要的用途，而后用于次要的用途。当他有若干个这种物品时，把第一单位用于最重要的用途，其边际效用就大，把第二单位用于次重要的用途，边际效用就递减了。例如，在仅有少量水的情况下（如在沙漠或航海中），人们十分珍惜地饮用，以维持生命，水的边际效用很大。随着水量增加，除满足饮用外，还可以用来洗脸、洗澡和洗衣，水的重要性就相对降低，边际效用也就相应减小。

从上面的分析可以看到边际效用递减规律具有以下四个特点。

①边际效用的大小，与欲望的强弱成正比。当一个人非常渴时，想喝水的欲望最强，因而第一杯水的边际效用最大，随着口渴的消解，想喝水的欲望将逐步减弱，因此后来几杯水的边际效用也将迅速减小。

②边际效用的大小，与消费量的多少成反比。由于欲望程度有限，并随着满足的增加而递减，因此，消费数量越多，边际效用越小。

③边际效用是特定时间的效用。由于欲望具有再生性、反复性，边际效用的递减也是具有时间性的。当这一次口渴得到消解，体内所需要的水分得到补充，致使边际效用下降到零，但是经过一段消耗之后，就会因口渴重新产生想喝水的欲望，这时水的边际效用又会上升。

④边际效用实际上永远为正值。虽然从理论上分析，边际效用可能为负值。但实际上，作为一个正常和理性的消费者，绝不会去消费给自己带来负效用的消费品。

（四）边际效用递减规律与消费者均衡

1. 消费者均衡的概念

消费者均衡是研究单个消费者如何把有限的货币收入分配在各种商品的购买中以获得最大的效用。这里的均衡是指消费者实现最大效用时既不想再增加，也不想再减少任何商品购买数量的一种相对静止的状态。

消费者均衡的研究基于以下三个假设：第一，消费者的偏好是既定的。也就是说，消费者对各种商品的效用、边际效用的评价是既定的。第二，消费者的收入是既定的，货币的边际效用是不变的。第三，商品的价格是既定的。消费者均衡正是要说明在上述假设条件下，消费者如何把有限的货币收入分配在各种商品的购买中以获得最大的效用。

2. 消费者均衡的条件

在基数效用论中，消费者实现效用最大化的均衡条件是：消费者用全部的收入所购买的各种商品所带来的边际效用与该商品价格之比相等，或者说消费者应使花在每一种商品上的最后一单位货币所提供的边际效用都相等。

假定：消费者用既定收入 I 购买 n 种商品，P_1、P_2、$\cdots$、P_n 分别为 n 种商品的既定价格，λ 为不变的货币边际效用。X_1、X_2、$\cdots$、X_n 分别为 n 种商品的数量，MU_1、MU_2、$\cdots$、MU_n 分别为 n 种商品的边际效用，则消费者均衡的条件为：

$$P_1 X_1 + P_2 X_2 + \cdots + P_n X_n = I \text{（限制条件）} \tag{3-1}$$

$$\frac{MU_1}{P_1} = \frac{MU_2}{P_2} = \cdots = \frac{MU_n}{P_n} = \lambda \text{（均衡条件）} \tag{3-2}$$

其中式（3-1）是限制条件，说明收入是既定的，购买 X_1，X_2，…商品的支出既不能超过收入，也不能小于收入。超过收入的购买是无法实现的，而小于收入的购买也达不到既定收入时的效用最大化。式（3-2）是消费者均衡的条件，就是说，每一单位的货币不论用于购买 X_1 商品，还是购买 X_2 商品，所得到的边际效用都相等。即消费者应该使自己所购买的各种商品的边际效用与价格之比相等，或者使自己花费在各种商品购买上的最后一单位货币所带来的边际效用相等。

（五）边际效用递减规律与需求定理

需求定理表明，需求量和价格呈反向变动关系。这个规律的根源就在于边际效用递减规律。

消费者购买各种物品是为了从消费这些物品中获得效用，他所愿意支付的价格取决于他以这种价格所获得的物品能带来的效用。效用大，愿意付出的价格就高；效用小，愿意付出的价格就低。而边际效用递减规律说明，随着消费者购买的某物品数量的增加，该物品给消费者所带来的边际效用是递减的，这样，随着物品的增加，消费者所愿意支付的价格也在下降，即需求量和价格呈反向变动。商品的需求价格指消费者在一定时期内对一定量的某种商品所愿意支付的价格，商品的需求价格取决于商品的边际效用。由于边际效用递减，相应需求价格递减。

考虑消费者购买一种商品的情况，则消费者均衡的条件为：

$$\frac{MU}{P} = \lambda$$

上式表示：一方面，消费者对任何一种商品的最优购买量应该是使最后一单位货币购买该商品所带来的边际效用和所付出的这一单位货币的边际效用相等。另一方面，由于对任何一种商品而言，随着需求量的不断增加，边际效用 MU 是递减的，则在货币的边际效用 λ 不变的前提下，商品的需求价格 P 必然应同比例于边际效用 MU 的递减而递减，才能实现消费者均衡。这就说明了商品的需求量与商品的价格呈反方向变动。

二、序数效用论和无差异曲线分析

（一）序数效用论

自 20 世纪 30 年代至今，西方经济学中多使用序数效用概念。序数效用论的基本观点是：效用作为一种心理现象无法计量，也不能加总求和，只能表示出满足程度的高低与顺序，因此，效用只能用序数（第一、第二、第三，……）来表示。序数只表示顺序或等级，是不能加总求和的。例如，成绩排第一和第二，仅表明第一优于第二，至于第一、第二各自的具体数量是没有意义的。消费者对于不同商品的偏好程度是有差别的，这种偏好程度的差别决定了不同商品效用的大小顺序。例如，消费者消费了巧克力与唱片，他从中得到的效用是无法衡量，也是无法加总求和的，更不能用基数来表示，但他可以比较消费这两种物品所得到的效用。如果他认为消费一块巧克力所带来的效用大于消费唱片所带来的效用，那么巧克力的效用是第一，唱片的效用是第二。就分析消费者行为来说，以序数来度量效用的假定比以基数来度量效用的假定所受到的限制要少，可以减少一些被认为是值得怀疑的心理假设。序数效用论采用无差异曲线分析法。

序数效用论对消费者偏好有以下三个基本假定。

1. 次序性

次序性，也叫完备性，即指对每一种商品都能说出偏好顺序。对于任何两个商品组合 A 和 B，消费者总是可以做出判断，而且也仅仅只能做出以下三种判断中的一种：对 A 的偏好大于对 B 的偏好，对 A 的偏好小于对 B 的偏好，对 A 和 B 的偏好相同（A 和 B 是无差异的）。

2. 传递性

对于任何三个商品组合 A、B 和 C，如果某消费者已经做出判断：对 A 的偏好大于（或小于，或等于）对 B 的偏好，对 B 的偏好大于（或小于，或等于）对 C 的偏好。那么，该消费者必须做出对 A 的偏好大于（或小于，或等于）对 C 的偏好的判断。

3. 非饱和性

非饱和性，也叫不充分满足性，即消费者认为商品数量总是多一些好。消费者对每一种商品的消费都处于饱和以前的状态。如果两个商品组合的区别仅仅在于其中一种商品的数量的不同，那么，消费者总是偏好含有这种商品数量较多的那个组合。

(二) 无差异曲线

1. 无差异曲线的概念

无差异曲线是用来表示消费者偏好相同的两种商品的不同数量的各种组合。或者说，它是表示能给消费者带来同等效用水平或满足程度的两种商品的不同数量的各种组合。与无差异曲线相对应的效用函数为：

$$U = f(X_1, X_2)$$

其中，X_1 和 X_2 分别为商品 1 和商品 2 的数量；U 是常数，表示某个效用水平。这里的 U 只表示某一个效用水平，而不在乎其具体数值的大小。

假如现在有苹果（X_1）和梨（X_2）两种商品，它们有 A、B、C、D 四种消费组合方式，这四种消费组合方式能给消费者带来相同的效用，如表 3-2 所示。

表 3-2 无差异表

商品组合	苹果（X_1）	梨（X_2）
A	1	10
B	2	6
C	3	4
D	4	2.5

根据表 3-2 可以做出图 3-9。

在图 3-9 中，横轴和纵轴分别表示 X_1 商品和 X_2 商品的数量，U 是根据表 3-2 中的数据做出的无差异曲线，曲线上任何两点所代表的 X_1 和 X_2 商品的数量组合给消费者带来的效用是相同的。因此，无差异曲线 U 上的 A、B、C 和 D 点所代表的苹果和梨的不同数量的组合给该消费者带来的效用水平都是相等的。

图 3-9 是在消费者收入和价格水平既定的情况下得到的，如果消费者收入和

商品的价格水平发生变化，则可以产生若干条不同的无差异曲线。如图 3-10 所示，I_1、I_2、I_3 是三条不同的无差异曲线，代表不同的效用水平，其中 I_3 的效用水平大于 I_2，I_2 的效用水平大于 I_1。

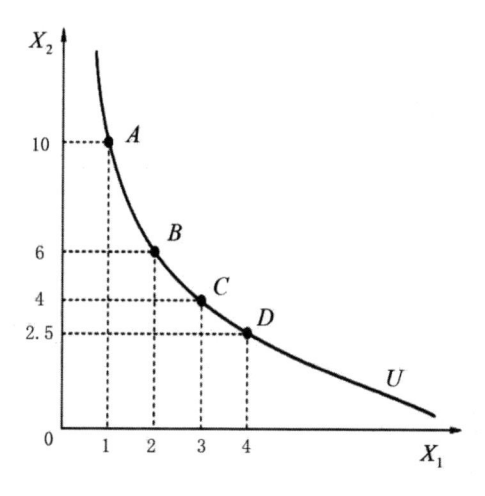

图 3-9 无差异曲线

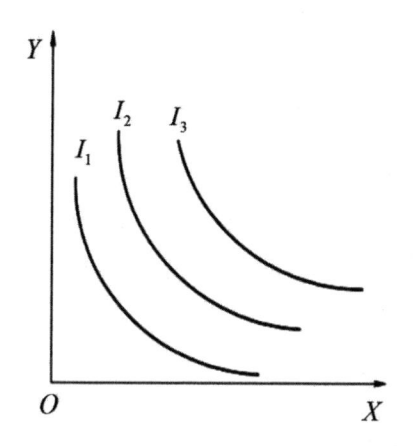

图 3-10 不同收入水平下的无差异曲线

2. 无差异曲线的特征

①无差异曲线是一条向右下方倾斜的曲线。这说明，在收入既定的情况下，消费者为了得到相同的效用，在增加一种商品的消费时，必须减少另一种商品的消费。

②在同一平面图上可以有无数条无差异曲线。同一条无差异曲线代表相同的

效用，不同的无差异曲线代表不同的效用。离原点越远的无差异曲线代表的效用越大，离原点越近的无差异曲线代表的效用越小。

③在同一平面图上，任意两条无差异曲线都不会相交。

④无差异曲线凸向原点。

(三) 边际替代率

1. 商品边际替代率的概念

商品的边际替代率即在维持效用水平或满足程度不变的前提下，消费者增加一单位的某种商品的消费时所需放弃的另一种商品的消费量。

以 RCS 代表商品的边际替代率，ΔX_1，ΔX_2 各为商品1和商品2的变化量，则商品1对商品2的边际替代率为：

$$RCS_{12} = -\frac{\Delta X_2}{\Delta X_1}$$

在通常情况下，由于商品1和商品2的变化量呈反方向变动，为使商品的边际替代率是正值以便于比较，在公式中加了一个负号。

假定商品1的变化量趋于无穷小，即当 $\Delta X_1 \to 0$ 时，则

$$RCS_{12} = \lim_{\Delta X_1 \to 0} -\frac{\Delta X_2}{\Delta X_1} = -\frac{dX_2}{dX_1}$$

上式说明无差异曲线上任一点的商品的边际替代率等于无差异曲线在该点的斜率的绝对值。

2. 商品的边际替代率递减规律

序数效用论在分析消费者行为时提出了商品的边际替代率递减规律的假定。

商品的边际替代率递减规律是指在维持效用水平不变的前提下，随着一种商品消费量的连续增加，消费者为得到每一单位的这种商品所需放弃的另一种商品的消费量是递减的。例如，在前面苹果和梨两种商品的组合消费例子中，随着消费者对苹果消费量的连续等量的增加，消费者为得到每一单位的苹果所需放弃的梨的消费量是递减的。

商品的边际替代率递减的原因可以解释为：当消费者处于商品1的数量较少

和商品 2 的数量较多的情况时，会由于拥有较少商品 1 而对每一单位的商品 1 更加偏好，由于拥有较多商品 2 而对每一单位的商品 2 偏好程度较低，即商品 1 对商品 2 的边际替代率较大。随着消费者拥有的商品 1 的数量越来越多，相应对每一单位商品 1 的偏爱程度会越来越低；同时，消费者拥有的商品 2 的数量会越来越少，相应对每一单位商品 2 的偏爱程度会越来越高。则每一单位的商品 1 所能替代的商品 2 的数量越来越少，即商品的边际替代率是递减的。

由于商品的边际替代率等于无差异曲线的斜率的绝对值，商品的边际替代率递减规律决定了无差异曲线凸向原点。

在一般情况下，商品的边际替代率递减，无差异曲线是凸向原点的。但也存在着以下特殊情况。

①完全互补品。完全互补品的无差异曲线呈直角形，与横轴平行的无差异曲线部分的 $RCS_{12}=0$，与纵轴平行的无差异曲线部分的 $RCS_{12}=0$，如图 3-11 所示。

例如，总是要按一副眼镜架和两个眼镜片的比例配合在一起，眼镜才能够被使用。只有在直角形的顶点，眼镜架和眼镜片的比例固定不变，为 1∶2，对消费者才能产生效用。

②完全替代品。完全替代品的无差异曲线为一条斜率不变的直线，RCS_{12} 为一常数，如图 3-12 所示。

例如，某消费者认为一瓶菠萝汁与一瓶柑果汁是无差异的，则菠萝汁与柑果汁的相互替代比例固定不变，为 1∶1。

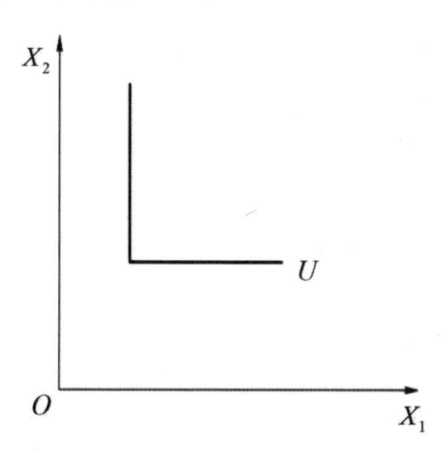

图 3-11 完全互补商品的无差异曲线

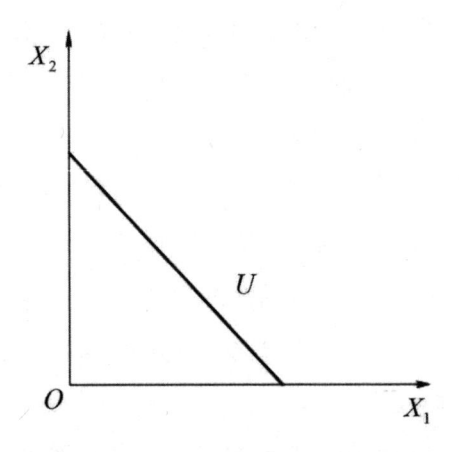

图 3-12 完全替代商品的无差异曲线

（四）消费可能线

1. 消费可能线的概念

消费可能线又称预算约束线，或等支出线，表示在消费者收入和商品价格既定的条件下，消费者所能购买到的两种商品数量的最大组合。

消费可能线的方程为：

$$I = P_1 X_1 + P_2 X_2 \text{ 或 } X_2 = -\frac{P_1}{P_2} X_1 + \frac{I}{P_2}$$

其中，I 表示消费者的既定收入，P_1 和 P_2 分别为商品1和商品2的价格，X_1 和 X_2 分别为商品1和商品2的数量。消费者的全部收入购买商品1的数量是 $\frac{I}{P_1}$ 消费可能线在横轴的截距；消费者的全部收入购买商品2的数量是 $\frac{I}{P_2}$ 消费可能线在纵轴的截距；$-\frac{P_1}{P_2}$ 为预算线的斜率，即两种商品价格之比的负值，如图3-13所示。

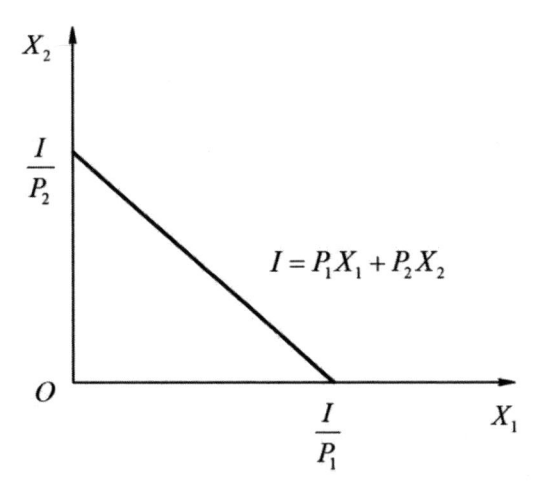

图 3-13 消费可能线

2. 消费可能线的移动

消费可能线的变动有以下两种情况。

①消费可能线与消费者收入的关系。两种商品价格不变，消费者的收入变化时，会引起消费可能线的截距变化，使消费可能线发生平移。如图 3-14 所示，消费者的收入增加，则使消费可能线 AB 向右平移至 A'B'；消费者的收入减少，则使消费可能线 AB 向左平移至 A"B"。两种商品价格和消费者的收入同比例、同方向变化时，消费可能线不变。

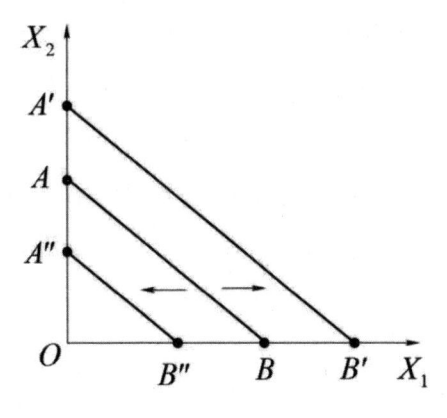

图 3-14 消费可能线的移动

②消费可能线与商品价格的关系。消费者的收入不变，两种商品价格同比例、同方向变化时，会引起消费可能线的截距变化，使消费可能线发生平移。消

费者的收入不变，一种商品价格不变而另一种商品价格变化时，会引起消费可能线的斜率及相应截距变化，如图3-15所示。

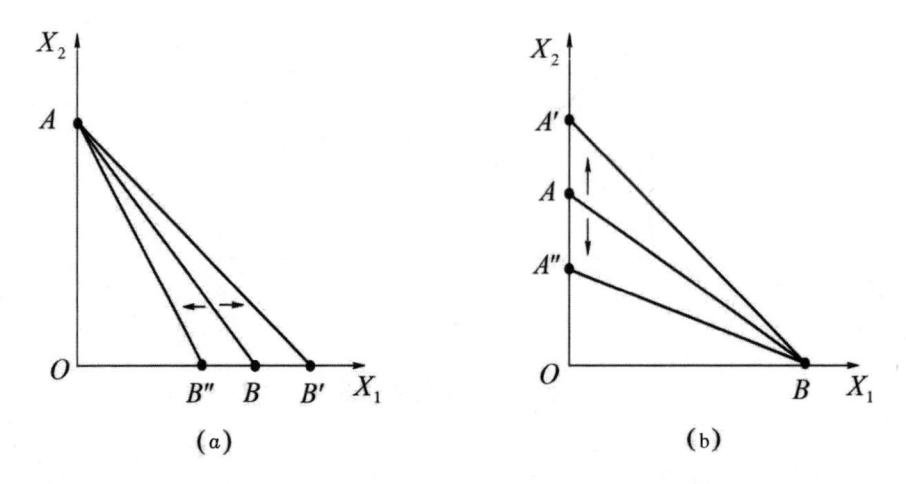

图3-15 价格变动时消费可能线的移动

在图3-15（a）中，商品X_1的价格下降，则使预算线AB移至AB'；商品X_1的价格提高，则使预算线AB移至AB''。在图3-15（b）中，商品X_2的价格下降和提高，分别使预算线AB移至$A'B$和$A''B$。

（五）无差异曲线分析与消费者均衡

序数效用论将无差异曲线和消费可能线相结合来说明消费者均衡。消费者的偏好决定了消费者的无差异曲线，一个消费者关于任何两种商品的无差异曲线有无数条；消费者的收入和商品价格决定了消费者的消费可能线，在收入和商品价格既定的条件下，一个消费者关于两种商品的消费可能线只有一条。只有既定的消费可能线与其中一条无差异曲线的相切点，才是消费者均衡点。可以用图3-16来说明。

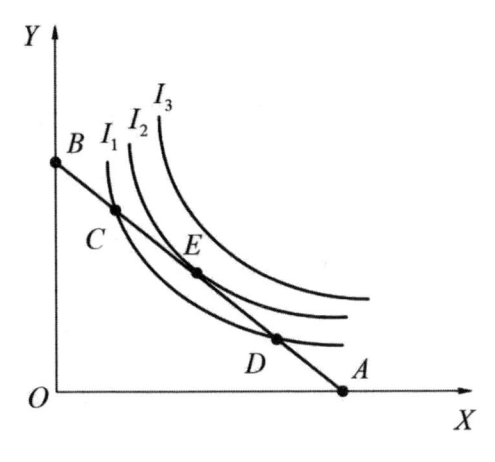

图 3-16 消费者均衡

在图 3-16 中，I_1，I_2，I_3 为三条无差异曲线，分别代表不同的效用，它们的效用大小的顺序为 $I_1 < I_2 < I_3$。AB 线为消费可能线。AB 线与 I_2 相切于 E 点，这时就实现了消费者均衡。这是因为，就无差异曲线来说，I_3 代表的效用水平高于 I_2 代表的效用水平，但是它与消费可能线既不相切又不相交，这说明消费者在既定的收入水平下无法实现对无差异曲线 I_3 上任何一点的商品组合的购买。就无差异曲线 I_1 来说，虽然它与消费可能线相交于 C、D 两点，这说明消费者利用现有的收入可以购买无差异曲线 I_1 上的 C、D 两点的商品组合。但是无差异曲线 I_1 的效用水平低于无差异曲线 I_2 的效用水平，C、D 两点的商品组合不会给消费者带来最大的满足，理性的消费者都不会在这两点组合上选择购买。由此看来，只有在 E 点上才能实现消费者均衡。

可见，虽然序数效用论和基数效用论各自运用不同的方法分析消费者行为，但二者所得出的消费者均衡条件在本质上是相同的。

第四节 收入、价格变动与消费者选择

一、收入变动与消费者选择

1. 收入—消费曲线

当商品价格不变,而消费者的货币收入发生变动时,消费可能线的斜率不会变动,但其位置将平移,导致消费者的均衡点也随之移动。

如图3-17所示,在 X 和 Y 两种商品、价格不变的条件下,由于消费者的货币收入增加,从而使预算线由 A_1B_1 平移至 A_2B_2、A_3B_3,并分别与无差异曲线相切于 E_1、E_2、E_3,由切点 E_1、E_2、E_3、⋯所连成的曲线称为收入—消费曲线(ICC)。收入—消费曲线是价格不变条件下消费者在各种收入水平下购买 X 和 Y 两种商品所形成的均衡点的轨迹。

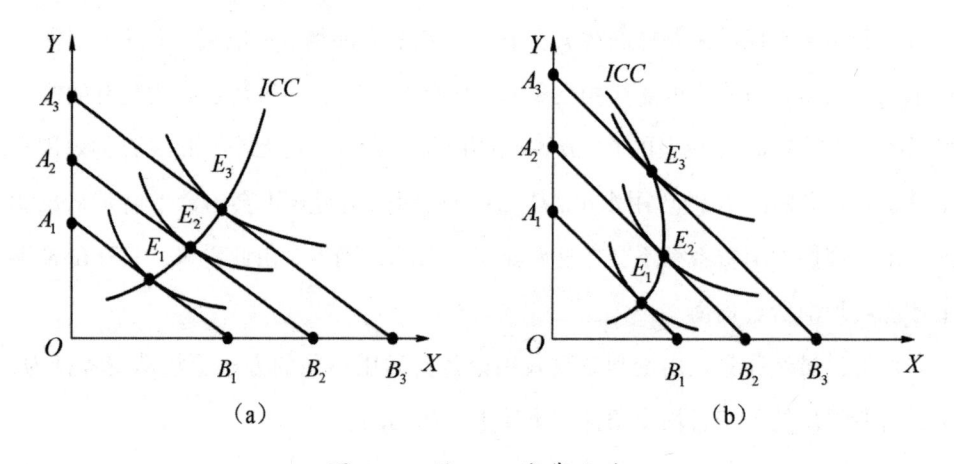

图 3-17 收入—消费曲线

收入—消费曲线不仅反映了收入变动后消费者对某种商品需求变动的情况,而且依据其走势可判断出商品类别。图3-17(a)中的 ICC 曲线向右上方倾斜,表明 X 和 Y 两种商品均属于正常商品;伴随消费者货币收入的增加,两种商品的购买数量也随之增加。而图3-17(b)中的 ICC 曲线先是向右上方倾斜接着又向左上方弯曲,表明 X 商品在一定收入水平后成为低档品,消费者的货币收入进一步增加后,购买量不但没有增加反而减少。

2. 恩格尔曲线

恩格尔曲线反映的是所购买的一种商品的均衡数量与消费者收入水平之间的关系,它是以19世纪德国著名的统计学家恩格尔(Engel)的名字命名的。恩格尔一直致力于研究家庭收入和各项支出之间的关系,在19世纪50年代,他提出了著名的恩格尔定律:随着收入的上升,食品在总支出中的比重是下降的。从统计结果来看,世界各地小到家庭、大到国家基本上都遵循这一定律。

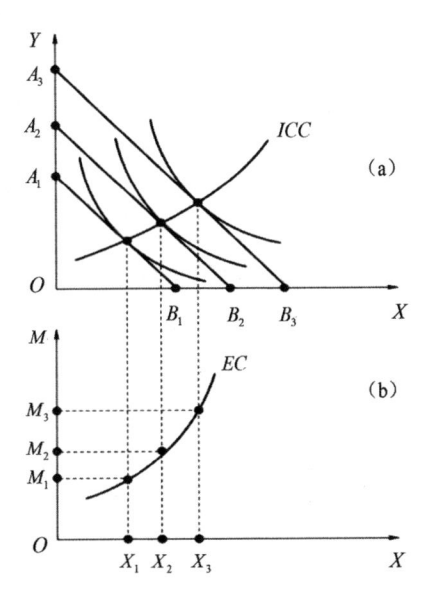

图 3-18 恩格尔曲线

正如从价格—消费曲线中可推导出需求曲线一样,利用收入—消费曲线可以很容易地推导出恩格尔曲线(EC),即从图 3-18 (a) 中的 ICC 曲线,推导出图 3-18 (b) 的 EC 曲线,即恩格尔曲线。

在图 3-18 (b) 中,横轴代表消费者在不同收入水平下对 X 商品的需求数量,纵轴代表消费者的收入水平(M),$M = P_X X + P_Y Y$。

通常,收入—消费曲线是用来反映消费者收入与其所购买的商品或劳务之间的变动关系。而恩格尔曲线是用来表示家庭收入与货币支出的关系,显然,用来显示这种关系的恩格尔曲线与用来反映消费者的收入和购买商品的数量关系的收入—消费曲线的斜率往往并不一致。

随着收入的增加，用于食品的支出部分将下降；用于住宅和衣服方面的支出将基本保持不变；而用于其他商品的支出会增加。这种分析的结果被称为恩格尔定律。由于食品支出同收入的比率会随收入的提高而下降，因此，这一比率常被用来衡量国家和地区的富裕程度。这一比率称为恩格尔系数。通常认为，恩格尔系数超过50%的经济尚处于维持温饱的生计经济，而小于30%的则是富裕经济。当然，这一指标并不是绝对的，个别经济在一定时期内可能会出现经济发展与恩格尔系数相背离的情况。恩格尔还发现，随着收入的提高，衣着、住房在总开支中的比重基本维持不变，而奢侈品、教育、娱乐、储蓄等比重是上升的。

二、价格变动与消费者选择

（一）价格—消费曲线

如前所述，在 X 和 Y 两种商品价格既定的条件下，具有一定收入的消费者必定有 AB 消费可能线，它的斜率绝对值等于两种商品的价格之比。当商品价格发生变动时，消费可能线的斜率必然发生变化，消费可能线移动，消费者的均衡点也随之变动。

如图 3-19 所示，在消费者收入和 Y 商品价格不变的前提下，由于 X 商品价格下跌，AB 线将以 A 为中心沿逆时针方向移动，由 B_1 移至 B_2、B_3、$\cdots$，并分别与无差异曲线 IC_1、IC_2、IC_3、$\cdots$ 相切于 E_1、E_2、E_3、$\cdots$，连接图中这一系列切点（均衡点）所连成的曲线被称为价格—消费曲线（PCC）。

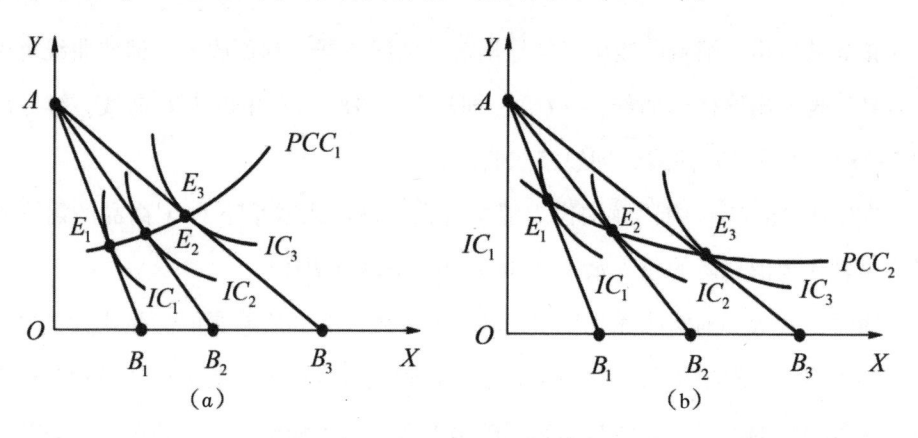

图 3-19 价格—消费曲线

价格—消费曲线是在收入、无差异曲线图中,一种商品价格维持不变的条件下,另一种商品的消费量与其价格之间关系的均衡点的轨迹。价格—消费曲线不仅反映了在消费者偏好和货币收入保持不变的情况下,由于 X 商品价格的变化所引起的均衡商品组合的变化,而且借助价格—消费曲线的走势还可以判断出两种商品的相互关系。如果 X 和 Y 两种商品是相关商品,如图 3-19(a)中向右上倾斜的 PCC_1 反映了两种商品具有互补关系,而图 3-19(b)中向右下倾斜的 PCC_2 则反映了两种商品具有替代关系。

(二)消费者的需求曲线

经济学家之所以对价格—消费曲线感兴趣,一个主要原因是它能够用来推导所论及的商品消费者个人需求曲线。因为价格—消费曲线反映商品价格变动、商品组合数量变动的情况,而个人需求曲线则表示在消费者偏好、货币收入及其他商品价格不变的情况下,消费者在某种商品的不同价格水平下将购买的该商品的具体数量,故二者存在十分密切的关系。

如图 3-20 所示,价格—消费曲线上的各个均衡点 E_1、E_2、E_3、…与纵坐标水平距离实际上代表了 X 商品在各种价格下,消费者的最佳购买数量,也就是说,当 X 商品的价格为 P_1 时,消费者将购买 X_1 数量;当价格为 P_2 时,消费者将购买 X_2 数量;当价格为 P_3 时,消费者将购买 X_3 数量……这样,将 P_1、P_2 和 P_3 相对应的消费者均衡购买量 X_1、X_2 和 X_3 分别描绘在图 3-20 中,即可得出消费者对 X 商品的个人需求曲线 D。这条需求曲线是由各种价格和与之相对应的需求量的均衡点所构成的,它表示当消费者对各种商品的支出已达到均衡状态时,在 X 商品的各种价格水平上所购买的数量。同时,它还反映了价格与需求数量的反方向变动关系,即价格下降导致消费者多购买;反之,则少购买。

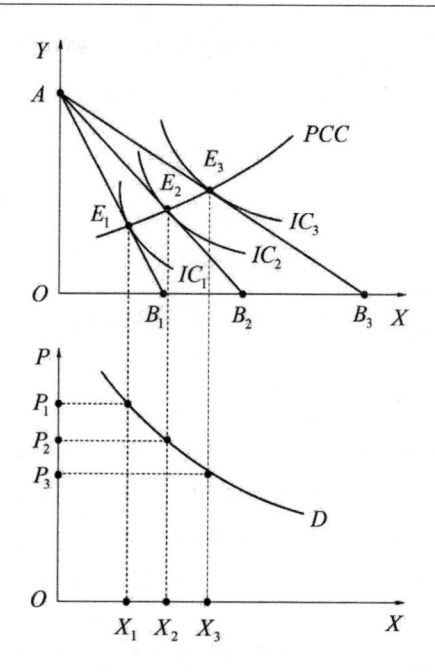

图 3-20 价格—消费曲线与个人需求曲线

此外，如果将市场上其他消费者对 X 商品的个人需求曲线水平相加，即可得到消费者对 X 商品的市场需求曲线。

三、收入效应和替代效应

（一）收入效应和替代效应的概念

需求定理说明需求量和价格呈反方向变动，其原因可以用收入效应和替代效应来解释。

收入效应是指在货币收入不变的情况下，由于商品价格变动而导致实际收入发生变动所造成的商品购买量的变动。这也就是说，如果某种商品价格上涨了，而消费者的货币收入并没有变，那么，消费者的实际收入就减少了，从而对这种商品的需求也就减少了。例如，猪肉价格上升而消费者的货币收入不变，则消费者实际收入减少，对猪肉的需求量必然减少。这种因某种商品价格上升而引起的实际收入减少，从而导致的需求量减少就是收入效应。

替代效应是指在实际收入不变的条件下，由于商品价格的变化而导致购买量的变化。这就是说，如果某种商品价格上涨了，而其他商品的价格没有发生变化，那么，其他商品的相对价格就下降了，消费者就要用其他商品来代替这种商品，从而对这种商品的需求就减少了。例如，如果大米的价格上升而面粉的价格不变，面粉相对于大米就便宜了，人们就会更多地购买面粉而减少对大米的购买。这种因某种商品价格上升而引起的其他商品对这种商品的取代就是替代效应。

一种商品价格的变化会引起该商品的需求量的变化，这种变化可以被分解为替代效应和收入效应两个部分。当一种商品的价格发生变化时，会对消费者产生两种影响：一是使消费者的实际收入水平发生变化。在这里，实际收入水平的变化被定义为效用水平的变化。二是使商品的相对价格发生变化。这两种变化都会改变消费者对该种商品的需求量。例如，在消费者购买商品 X 和商品 Y 两种商品的情况下，当商品 X 的价格下降时，一方面，对于消费者来说，虽然货币收入不变，但是现有的货币收入的购买力增强了，也就相当于实际收入水平提高了。实际收入水平的提高，会使消费者改变对这两种商品的购买量，从而达到更高的效用水平，这就是收入效应。另一方面，商品 X 价格的下降，使商品 X 相对于价格不变的商品 Y 来说，较以前便宜了。商品相对价格的这种变化，会使消费者增加对商品 X 的购买而减少对商品 Y 的购买，这就是替代效应。显然，替代效应不考虑实际收入水平变动的影响，所以，替代效应不改变消费者的效用水平。当然，也可以同样地分析商品 X 的价格提高时的替代效应和收入效应，只是情况刚好相反罢了。

综上所述，一种商品价格变动所引起的该商品需求量变动的总效应可以被分解为替代效应和收入效应两个部分，即总效应＝替代效应＋收入效应。其中，由商品的价格变动所引起的实际收入水平变动，进而由实际收入水平变动所引起的商品需求量的变动为收入效应。由商品价格变动所引起的商品相对价格的变动，进而由商品的相对价格变动所引起的商品需求量的变动为替代效应。收入效应表示消费者的效用水平发生变化，替代效应则不改变消费者的效用水平。即替代效应强调了一种商品的价格变动对其他商品相对价格水平的影响，收入效应强调了一种商品价格变动对实际收入水平的影响。需求定理表明的商品价格与需求量呈反方向变动的关系正是这两种效应共同作用的结果。

（二）不同类别商品的替代效应和收入效应

商品可以分为正常物品和低档品两大类。正常物品和低档品的区别是：正常物品的需求量与消费者的收入水平呈同方向变动，而其低档品的需求量与消费者的收入水平呈反方向变动。

下面以图3-21为例分析正常物品价格下降时的替代效应和收入效应。

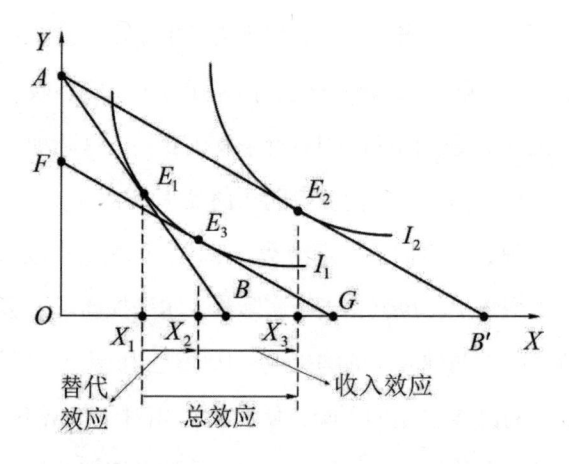

图 3-21 正常物品的替代效应和收入效应

图3-21中的横轴和纵轴分别表示商品 X 和商品 Y 的数量，其中，商品 X 是正常物品。在商品价格变化之前，消费者的消费可能线为 AB，该消费可能线与无差异曲线 I_1 相切于 E_1 点，E_1 点是消费者效用最大化的一个均衡点。在 E_1 均衡点上，相应的商品 X 的需求量为 OX_1。现假定商品 X 的价格 P_X 下降，使消费可能线的位置由 AB 移至 AB'。新的消费可能线 AB' 与另一条代表更高效用水平的无差异曲线 I_2 相切于 E_2 点，E_2 点是商品 X 的价格下降以后的消费者的效用最大化的均衡点。在 E_2 均衡点上，相应的商品 X 的需求量为 OX_3。比较 E_1、E_2 两个均衡点，商品 X 的需求量的增加量为 X_1X_3，这便是商品 X 的价格 P_X 下降所引起的总效应。这个总效应可以被分解为替代效应 X_1X_2 和收入效应 X_2X_3 两个部分。在这里，P_X 下降所引起的需求量的增加量 X_1X_2，是一个正值，即替代效应的符号为正。也就是说，正常商品的替代效应与价格呈反方向的变动。收入效应 X_2X_3 是一个正值。这是因为，当 P_X 下

降使得消费者的实际收入水平提高时,消费者必定会增加对正常商品 X 的购买。也就是说,正常商品的收入效应与价格呈反方向的变动。

综上所述,对于正常商品来说,替代效应与价格呈反方向变动,收入效应也与价格呈反方向变动,在它们的共同作用下,总效应必定与价格呈反方向变动。正因为如此,正常物品的需求曲线是向右下方倾斜的。

对于低档品来说,当某低档品的价格下降导致消费者的实际收入水平提高时,消费者会减少对低档品的需求量。即低档品的收入效应与价格呈同方向变动。而替代效应与价格呈反方向变动,因为对于任何一个理性的消费者来说,他总会选择用价格较低的商品来代替价格较高的商品的消费。总之,低档品的替代效应与价格呈反方向变动,收入效应与价格呈同方向变动,而且,在大多数的场合,收入效应的作用小于替代效应的作用,所以,总效应与价格呈反方向变动,相应的需求曲线是向右下方倾斜的(但也会出现收入效应大于替代效应的情况,就是吉芬物品。)不同商品的价格变化与替代和收入效应如表3-3所示。

表3-3 不同商品的价格变化与替代和收入效应

商品类别	替代效应与价格的关系	收入效应与价格的关系	总效应与价格的关系	需求曲线的形状
正常商品	反方向变动	反方向变动	反方向变动	向右下方倾斜
低档品	反方向变动	同方向变动	反方向变动	向右下方倾斜
吉芬商品	反方向变动	同方向变动	同方向变动	向右下方倾斜

第四章 生产、成本与市场理论

第一节 生产理论

一、生产理论中的基本范畴

(一) 生产函数

生产者又叫厂商,是从事商品生产和服务的单个经济主体。生产者从事的生产活动就是将一定的投入转化为产出的过程。这里的投入指的是生产要素,生产活动离不开生产要素,通常的生产要素包括劳动、资本、土地和企业家才能。劳动指人类在生产过程中提供的体力和智力的总和。土地不仅指土地本身,还包括地上和地下的一切自然资源,如森林、江河湖泊、海洋和矿藏等。资本可以表现为实物形态或货币形态。资本的实物形态又称为资本品或投资品,如厂房、机器设备、动力燃料、原材料等。资本的货币形态通常称为货币资本。企业家才能指企业家组织建立和经营管理企业的才能。产出就是生产活动的成果,即通过生产活动得到的实物产品或劳务。一定数量的投入对应着一定数量的产出,那么如何描述投入和产出之间的关系呢? 经济学采用生产函数来描述这种关系。假如产出数量为 Q,投入的生产要素数量分别是:资本为 K、劳动为 L、土地为 N、企业家才能为 E,则生产函数可表示为:

$$Q = F(K, L, N, E)$$

生产理论的分析是从生产函数入手的。在生产理论中,没有考虑产品的价格,而把生产要素的价格也当成是常数。所以,生产理论实际上就是从实物形态上研究投入、产出关系,要解决的问题是生产者的技术效率问题,即在投入一定的条件下,怎样使生产的产品数量最多。很显然,在生产过程中,对于一定量的投入,如果采用的生产方式不同,则技术效率不同,从而产出数量是不一样的。在经济学分析中,一般假设生产者追求利润最大化,在不考虑价格因素的情况下,利润最大化也就表现为既定投入下的产量最大化。因此,生产函数实际上是描述一定量的投入和最大数量产出之间的关系。

在理论分析中,为了简化起见,通常只考虑两种生产要素,即资本和劳动。因此,生产函数表现为:

$$Q = F(K, L)$$

(二) 短期和长期

经济学中的短期和长期不是一个时间概念,而是以生产要素是否全部可以调整作为区分的标准。即如果在某个时期内,至少有一个生产要素的投入数量是固定不变的,则即使这一时期很长,也是短期。比如,大型冶金企业固定投入很大,其生产规模一般几年都保持不变,那么,对这样的企业,长达几年也是短期。如果在某个时期内,所有的生产要素都是可以调整的,则即使这一时期很短,也是长期。比如,小型手工作坊投入很小,其生产规模的调整可以根据需要在几天内完成。那么,对这样的企业,几天的时间也是长期。

对应短期和长期的概念,分别有短期生产函数和长期生产函数。人们对生产理论的分析就是按照先短期后长期的逻辑顺序来进行的,先分析短期生产函数,再分析长期生产函数。

二、短期生产理论

(一) 总产量、平均产量和边际产量的概念

在只考虑两种要素的情况下,短期生产表现为一种要素固定,另一种

要素可变。如果以资本作为固定要素，劳动作为可变要素，则短期生产函数可表示为：

$$Q = F(L)$$

从短期生产函数出发，可引出三个重要的有关产量的概念：总产量、平均产量和边际产量。

总产量（TP）是指生产者在一定时期内生产的产品总量。在资本投入量固定的情况下，它直接表现为可变生产要素劳动投入量的函数，即 $TP = F(L)$。

平均产量（AP）是指平均每单位可变要素投入所生产的产量。其公式为：$AP = TP/L$。

边际产量（MP）是指每增加一个单位的可变要素的投入所带来的产品的增加量。其公式为：$MP = \Delta TP/\Delta L$，其中，ΔTP 和 ΔL 分别表示总产量的增加量和可变要素劳动的增加量。

（二）总产量、平均产量和边际产量的变动规律及相互关系

根据以上定义，可以编制一张关于一种可变要素生产中总产量、平均产量和边际产量随着可变要素变化而变化的列表，如表4-1所示。

表4-1 总产量、平均产量和边际产量

劳动投入量 L	总产量 TP	平均产量 AP	边际产量 MP
0	0	—	—
1	3	3	3
2	8	4	5
3	12	4	4
4	15	154	3
5	17	175	2
6	17	176	0
7	16	177	-1
8	13	138	-3

根据表4-1可以绘制出总产量、平均产量和边际产量的曲线图。如图

4-1所示，总产量、平均产量和边际产量都随着可变要素劳动投入的增加呈现先上升后下降的变动趋势。三者之间呈现以下关系：

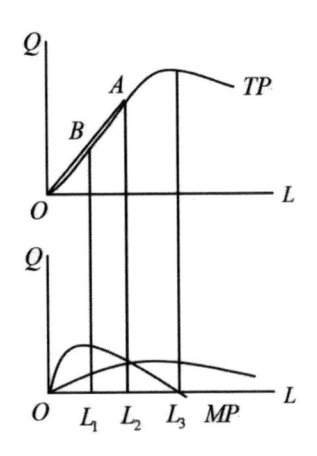

图 4-1 总产量、平均产量和边际产量之间的关系

1. 边际产量和总产量之间的关系

由图 4-1 可见，当可变要素劳动从 O 增至 L_1 时，边际产量处于递增阶段，此时，总产量以递增的速度增长；当劳动投入量由 L_1 增至 L_3 时，边际产量递减但仍然是正值，此时，总产量以递减的速度增长；当劳动投入量等于 L_3 时，边际产量为零，总产量达到最大值；当劳动投入量超过 L_3 时，边际产量变为负值，此时，总产量开始递减。

2. 总产量与平均产量之间的关系

根据平均产量的表达式可知，过总产量曲线上一点作连接原点的射线，该射线的斜率就是对应可变要素投入量上的平均产量。如图 4-1 所示，连接总产量曲线上的点 A 与原点 O 的射线的斜率为线段 AB 与线段 OB 之比值，而由图 4-1 易知，线段 AB 代表劳动投入量为 L_2 时的总产量，线段 OB 代表劳动投入量 L_2，因此线段 AB 与线段 OB 之比值正好表示当劳动投入量为 L_2 时的平均产量。由图容易看出，在连接原点与总产量曲线的点而形成的所有射线中，OA 的斜率最大，所以，A 点对应着平均产量曲线的最高点。

3. 边际产量与平均产量之间的关系

由图 4-1 可见，边际产量曲线与平均产量曲线相交于平均产量曲线的最高点。这是因为，在边际产量曲线与平均产量曲线相交之前，边际产量大于平均产量，从而使得平均产量被逐步拉高；而在两曲线相交之后，边际产量小于平均产量，从而把平均产量逐步拉低。因此，在两者的交点处，平均产量达到最大。

（三）一种可变要素的合理投入区间

由图 4-1 可见，劳动投入量可以分为三个区间，即从 O 到 L_2 为第一区间，从 L_2 到 L_3 为第二区间，L_3 以后为第三区间。在第一区间，劳动的边际产量大于平均产量，随着劳动投入量的增加，总产量和平均产量都逐步递增，所以理性的生产者不会把投入量停留在这一区间，而会继续增加可变要素劳动的投入以获得总产量的增加；而在第三区间，随着劳动投入量的增加，由于边际产量为负值，所以总产量递减，因此，理性的生产者也不会把投入停留在这一区间。如果可变要素劳动投入量处在这一区间，生产者会减少劳动投入量以增加产量。因此，合理的投入区间在第二区间，即合理的劳动投入量在 L_2 到 L_3 之间。至于具体投入量为多少，要结合产品的价格和生产要素的价格才能确定，这需要用到后面的成本收益分析。

（四）短期生产中的一般规律：边际收益递减原理

由图 4-1 可见，边际产量曲线 MP 呈现出先递增后逐步下降的变动规律。边际产量的这种变动规律实际上是生产者行为理论的理论基础——边际收益递减原理的具体体现。边际收益递减原理是指，在技术水平不变和其他投入不变的情况下，连续增加投入某种可变要素，起初随着该要素投入量的增加，每增加一单位该要素的投入所带来的产出的增加量是逐步增加的（即边际产量递增）；当投入量达到一定数量后，继续投入该要素，则每增加一单位该要素的投入所带来的产出的增加量开始逐步递减（即边际产量递减）。

边际收益递减原理是从生产实践当中提炼总结出来的一种经验性假设，在生产活动中有着普遍的适用性。比如，在农业生产中，种子作为投入要素在土地和其他要素以及技术水平不变条件下,一开始增加种子投入量会使产量增加,但当种子增加到一定数量后,继续增加种子投入量,这时产量不仅不会增加反而会减少。

引起边际收益递减的原因是:在任何的生产活动中,投入的生产要素之间有着互补性,即要素与要素之间有一个最佳的投入比例,在其他要素固定时,当某种可变要素的投入量较小而没有达到最佳投入比例时,随着该可变要素投入的增加,可变要素与固定要素之间的比例越来越接近最佳投入比例,从而使生产效率越来越高,因此可变要素的边际产量逐步递增;当可变要素投入量达到可变要素与固定要素之间的最佳比例时,生产效率最高,从而使边际产量达到最大;此时,如果继续增加可变要素的投入,则使得可变要素与固定要素之间的投入比例越来越偏离最佳投入比例,从而使生产效率越来越低,因此可变要素的边际产量逐步降低。

边际收益递减原理是进行生产者行为分析的基础和出发点,它决定了边际产量的变动规律,进而也决定了总产量和平均产量的变动规律。

三、长期生产理论

(一) 等产量线

长期生产理论需要借助等产量线及等成本线的分析工具。等产量线是指在技术水平不变的条件下,生产同一产量的两种生产要素投入量的各种不同数量的组合点的轨迹。如图 4-2 所示,在坐标平面上,以横轴表示劳动投入量,纵轴表示资本投入量,则平面中的三条曲线就是等产量线。

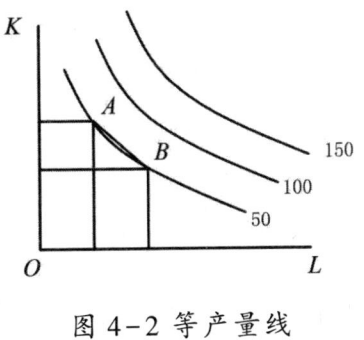

图 4-2 等产量线

等产量线作为长期生产理论的分析工具，具有以下四个特点：

①向右下方倾斜。这一特点表明，在维持原有产量不变的条件下，增加一种要素的投入，同时必须减少另一种要素的投入。

②密集分布。即在坐标平面上的等产量线不是一条而是无数条，不同的等产量线代表不同的产量水平，而且离原点越近代表产量水平越低，离原点越远代表产量水平越高。

③任意两条等产量线不相交。因为不同的等产量线代表不同的产量水平，如果两条等产量线相交，则交点处的要素组合所生产的产量既可以由第一条等产量线表示，也可以由第二条等产量线表示，而两条等产量线所代表的产量水平是不同的。

④凸向原点。等产量线向右下方倾斜表明了资本和劳动之间的交替关系，在保持产量不变的条件下，增加劳动的同时需要减少资本，这表现为劳动对资本的替代。等产量线凸向原点表明，维持原有产量不变时，随着劳动使用量的增加，劳动对资本的替代能力是逐步下降的；反之亦然。

（二）边际技术替代率递减原理

在维持原有产量水平不变的条件下，增加一单位的某种要素投入量时所减少的另一种要素的投入量，称为边际技术替代率。劳动对资本的边际技术替代率公式可写为：

$$MRTS_{LK} = \Delta K / \Delta L$$

式中，ΔK 和 ΔL 分别代表资本和劳动投入量的变化量，即边际技术替代率表现为两要素投入量的变化量之比。显然，资本和劳动的变化方向应该是相反的，因此边际技术替代率的数值应该是负值，但为了分析方便起见，一般都取其绝对值。

在图 4-2 中，当要素组合由 A 点变动到 B 点时，边际技术替代率表现为线段 AB 的斜率的绝对值。进一步地，当要素投入量的变化趋于无穷小时，A 点与 B 点重合为一点，从而在几何图形上，边际技术替代率表现为等产量线上该点的切线的斜率的绝对值。因此，一般地，边际技术替代率就可以定义为等产量线上点的切线的斜率的绝对值。

此外,边际技术替代率数量上还可以表示为两要素的边际产量之比。这是因为,边际技术替代率的概念是建立在等产量线的基础上的,所以对于任意一条给定的等产量线来说,当用劳动投入去替代资本投入时,在维持产量水平不变的前提下,由增加劳动投入量所带来的产量的增加量和由减少资本投入量所带来的产量的减少量必定是相等的,因此有:

$$|\Delta L \cdot MP_L| = |\Delta K \cdot MP_K|$$

整理得:

$$\Delta K/\Delta L = MP_L/MP_K$$

即有:

$$MRTS_{LK} = \Delta K/\Delta L = MP_L/MP_K$$

边际技术替代率是递减的,即随着劳动投入量的增加和资本投入量的相应减少,劳动对资本的替代能力是逐步下降的。形成边际技术替代率递减的原因实际上还是前面提到的边际收益递减原理,因为根据边际收益递减原理,随着劳动投入量的增加,其边际产量下降,而相应地,随着资本投入量的减少,其边际产量递增。所以,随着劳动对资本的替代,作为逐渐下降的劳动的边际产量与逐渐上升的资本的边际产量之比的边际技术替代率必然是递减的。边际技术替代率递减的现象通常也称为边际技术替代率递减原理。这一原理通过等产量线凸向原点的特点体现出来。

(三) 等成本线

等成本线是分析长期生产理论的另一个分析工具。它是指,在生产要素价格和投入总额一定的条件下,生产者可以购买到的两种生产要素的各种不同数量的组合的轨迹,如图4-3所示。

在图4-3中,C代表既定成本即投入总额,w代表劳动的价格,r代表资本的价格。横轴上的点C/w表示既定的全部成本都购买劳动时的数量,纵轴上的点C/r表示既定的全部成本都购买资本时的数量,连接这两点的线段就是等成本线。它表示既定的全部成本所能购买到的劳动和资本的各种不同数量的组合。等成本线以内区域中的任何一点，如 A 点，表示既定的成本购买了该点的劳动和资本的组合以后还有剩余；等成本线以外区域中的各点，如 B 点，表示既定成本购买该点的劳动和资本的组合是不够的；而在等成本线上的各点则表示既定成本购买该点的劳动和资本的组合是刚刚好的。

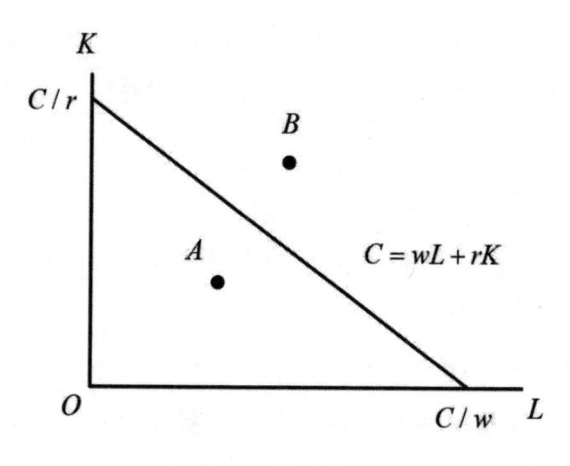

图 4-3 等成本线

等成本线的方程可表示为：

$$C = w \cdot L + r \cdot K$$

式中，C、w、r 都是常数，给定 C、w、r 的值，即确定了一条等成本线。由图 4-3 可知，等成本线在坐标平面上的纵截距与横截距之比等于等成本线的斜率的绝对值，从而可知，等成本线的斜率的绝对值等于要素的价格比，即有：

$$等成本线斜率绝对值 = \frac{w}{r}$$

由图 4-3 还可知，当 C、w、r 的值，即成本或生产要素的价格发生变化时，等成本线将发生变化。关于等成本线的变动，可以参照上一章消费者行为理论中预算线的变动来分析，这里不再赘述。

（四）最优要素组合

把等产量线和等成本线放在同一个坐标平面上，就可以确定两种要素的最优组合，在这一组合下，生产者实现了既定成本下的产量最大化或既定产量下的成本最小化，如图 4-4 所示。

第四章 生产、成本与市场理论

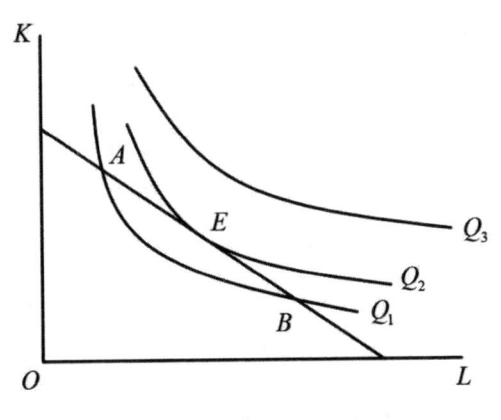

图 4-4 最优要素投入组合（一）

在图 4-4 中，既定的等成本线和密集分布的无数条等产量线有三种关系，即相交、相切和相离。图中的 Q_1、Q_2 和 Q_3 与既定等成本线之间就呈现以上三种关系。其中，Q_2 与等成本线相切于 E 点，E 点即为生产者均衡点，该点对应的劳动和资本的数量就是劳动和资本的最优组合，等产量线 Q_2 所代表的产量水平就是既定成本下的最大产量。

为什么 E 点是生产要素的最优投入组合呢？这是因为，在图 4-4 中，等产量线 Q_3 代表的产量水平高于等产量线 Q_2，但既定的等成本线与 Q_3 既不相交也不相切。这表明，在既定的成本条件下 Q_3 的产量是无法实现的。再看等产量线 Q_1，它与既定等成本线相交于 A、B 两点，这表明，Q_1 是既定成本可以达到的产量，但用同样的成本却可以生产出更多的产量 Q_2。因此，如果生产者一开始在 A 点或 B 点生产，为了在既定成本条件下实现产量最大化，其一定会沿着等成本线把生产点调整到 B 点生产，以实现更大的产量 Q_2。等产量线 Q_2 与既定等成本线相切表明，产量 Q_2 是既定成本所能生产的最大产量。所以，E 点是两种要素投入的最优组合点。

等产量线和既定等成本线相切时必定满足：等产量线的斜率与等成本线的斜率相同。由前面的分析已知，等产量线的斜率的绝对值可由边际技术替代率表示，等成本线的斜率的绝对值等于两要素的价格比。因此，在 E 点处一定满足以下条件：

$$MRTS_{LK} = w/r \text{ 即 } \Delta K/\Delta L = w/r \text{ 或 } MP_L/MP_K = w/r$$

当然，确定最优要素组合还有另外一种方法，即在既定产量条件下，当所用成本最小时的要素投入量组合就是最优要素投入组合。如图4-5所示，图中显示了三条等成本线 GF、AB 和 CD，其中 GF 代表的成本投入最低，但在既定的技术条件下利用 GF 所代表的成本投入是生产不出既定产量 Q 的；等成本线 CD 与等产量线 Q 有两个交点，说明等成本线 CD 的成本投入是能够生产出产量 Q 的，但由于它的支出水平过高，理性的生产者会在保持产出水平的基础上逐渐减少成本开支，直到降到等成本线 AB 所代表的成本为止。由此可知，生产既定产量 Q 时，与既定等产量线相切的等成本线 AB 所对应的成本为最小成本，其与既定等产量线相切的 E 点所对应的要素投入组合为最优要素投入组合。

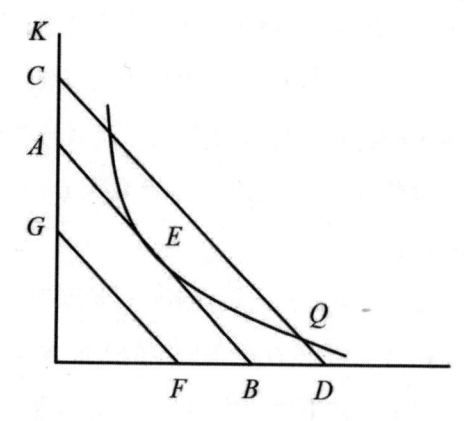

图 4-5 最优要素投入组合（二）

（五）扩展线

在其他条件不变时，当产量或成本发生变化时，生产者会重新选择最优要素投入组合，在变化了的产量条件下实现最小成本，或在变化了的成本条件下实现最大产量。扩展线就是研究这方面的问题。

在生产要素价格、技术水平和其他条件不变时，如果生产者改变成本，等成本线就会发生平移；如果生产者改变产量，等产量线也会发生平移。这些不同的等成本线与不同的等产量线相切，形成一系列不同的生产均衡点，这些均衡点的轨迹就是扩展线。如图4-6所示，连接 E_1、E_2、E_3 等均衡点的曲线 OS 就是一条扩展线。

扩展线是生产者在长期地扩张或收缩时所遵循的路线。

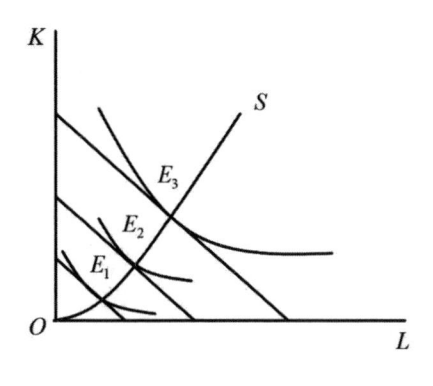

图 4-6 扩展线

(六) 规模报酬

生产者沿着扩展线改变最优生产要素组合，实际上就是对生产规模的调整。当调整生产规模时就涉及规模报酬问题，规模报酬的变化可以分为规模报酬递增、规模报酬不变和规模报酬递减三种情况。

规模报酬递增是指，产量增加的比例大于生产要素增加的比例。例如，当全部生产要素劳动和资本都增加100%，产量的增加却大于100%，这就是规模报酬递增。引起规模报酬递增的原因是规模经济，即由于企业规模扩大所带来的生产效率的提高。它主要表现在，随着企业规模的扩大，先进的技术和机器设备等生产要素的使用会更普遍；另外，规模扩大也意味着分工更细，而分工能提高生产效率。

规模报酬不变是指，产量增加的比例等于生产要素增加的比例。例如，当劳动和资本同时增加100%，产量也增加100%，这就是规模报酬不变。

规模报酬递减是指，产量增加的比例低于生产要素增加的比例。例如，当劳动和资本同时增加100%时，产量的增加却少于100%，这就是规模报酬递减。引起规模报酬递减的原因是规模不经济，即由于企业规模扩大所带来的生产效率的下降。它主要表现在，当企业规模过大时，会导致管理成本上升、浪费严重等现象发生，从而使生产效率下降。

第二节　成本理论

一、成本理论中的基本范畴

①成本。成本是指生产过程中所使用的生产要素的价格总额。根据定义，在只考虑两种投入要素的情况下，如果以 C 代表成本即投入总额，w 代表劳动的价格，r 代表资本的价格，L 和 K 分别代表劳动和资本的投入数量，则成本的计算公式可表示为：$C = w \cdot L + r \cdot K$。

②机会成本。机会成本是经济学的一个重要概念，也是经济学的一种重要的思考问题的方式，机会成本原理也是经济学的十大原理之一。那么，什么是机会成本呢？经济学是研究稀缺资源如何配置和利用的，一种经济资源往往有多种用途，当一种经济资源被用于某种用途时就不能被用于其他用途。这就是说，当经济社会用某种资源生产某种产品而获得一定数量的收入时，实际上是以放弃用同样的经济资源来生产其他产品时所能获得的收入作为代价的。由此，便产生了机会成本的概念。一般地，生产一单位的某产品的机会成本是指生产者所放弃的使用相同数量生产要素在其他用途中所能得到的最高收益。在经济学分析中，成本的概念需要从机会成本的角度去理解。

③显成本和隐成本。生产成本可以分为显成本和隐成本。

所谓显成本是指生产者在生产要素市场上购买或租用他人所拥有的生产要素的实际支出。比如，某生产者为了从事生产活动，雇佣了一定数量的工人，从银行取得了一定数量的贷款，并租用了一定数量的土地，为此，该生产者就需要向工人支付工资，向银行支付利息，向土地所有者支付地租，这些支出便是该生产者的显成本。

所谓隐成本是指生产者因使用自己所拥有的生产要素而向自己支付的自有生产要素的报酬。比如，为了进行生产，某生产者除了雇佣工人、从银行贷款以及租用土地之外，还使用了自有资金和自有土地，并且亲自管理企业。西方经济学家认为，既然借用他人资金需付利息，租用他人土地需付地租，聘请他人管理企业需付工资，那么同样的道理，生产者使用自己所拥有的生产要素时也应得到报酬。所不同的是，现在生产者是自己向自己支付生产要素的报酬。所以，向自己支付自有生产要素的报酬和向他人支付他人拥有的生产要素的报酬一样，都应计入成本之中。只不过这种支付不像显成本那样明显，因此称为隐成本。隐成本需要从机会成本的角度去理解，因为，生产者必然按照自有生产要素在其他用途中所能得到的最高收益来向自己支付报酬，否则，生产者会把自有生产要素转移出去，以获得更高的报酬。

④成本函数。成本理论主要是研究成本随产量的变化而变化的规律，进而从价值形态方面来研究投入、产出关系，进行成本收益分析，探讨生产者实现利润最大化的条件。其主要考察的是生产者的经济效率。

成本理论的分析主要是围绕成本函数来进行的。所谓成本函数是表明成本和产量之间关系的函数，它描述了成本随产量的变化而变化的规律。如果用 C 表示成本，Q 表示产量，则成本函数可表示为：

$$C = f(Q)$$

和生产函数一样，成本函数也有短期成本函数和长期成本函数之分。下面对成本理论的分析就是从成本函数入手，按照先短期后长期的顺序进行的。

二、短期成本理论

（一）短期总成本、固定成本、可变成本

如上所述，短期总成本（STC）是指生产一定数量产品所需要的成本总额，它随着产量的增加而上升。在数量上短期总成本等于固定成本加上可变成本。

固定成本（FC）是指在短期内固定不变的成本，它不随产量的变化而变化，即使产量为零也必须支付的成本。如企业的固定设备、厂房等形成的成本就是固定成本。

可变成本（VC）是指随着产量的变化而变化的成本。它包括原材料、工人工资以及燃料等的支出。

三者的关系可以表示为：

$$STC = FC + VC$$

短期总成本、固定成本和可变成本都是关于产量的函数，它们随着产量的变化而变化的规律可以通过图 4-7 相应的成本曲线来反映。

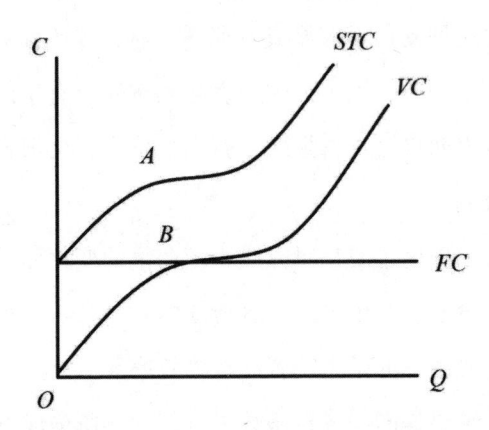

图 4-7 短期总成本、固定成本和可变成本曲线

由图 4-7 可见，固定成本曲线为一水平线，表明无论产量怎么变化，固定成本都保持不变；短期总成本和可变成本随着产量的变化都呈现出先以递减的速度增长、后以递增的速度增长的变动规律。即分别在 A 点和 B 点之前，短期总成本和可变成本分别以递减的速度增长，而在 A 点和 B 点之后，两者又分别以递增的速度增长。总成本和可变成本的这种变动规律实际上是由边际收益递减原理决定的，这一点在分析了边际成本的变动规律后将进一步解释。

（二）平均成本、平均固定成本、平均可变成本

平均成本（AC）是单位产量所形成的成本，它等于短期总成本除以总产量。其公式为：

$$AC = STC/Q$$

平均固定成本（AFC）是指每单位产量所需要的固定成本，它等于固定成本除以总产量。其公式为：

$$AFC = FC/Q$$

平均可变成本（AVC）是指每单位产量所需要的可变成本，它等于可变成

本除以总产量。其公式为：

$$AVC = VC/Q$$

平均成本、平均固定成本和平均可变成本也是关于产量的函数，它们随着产量的变化而变化的规律可以通过图4-8来反映。

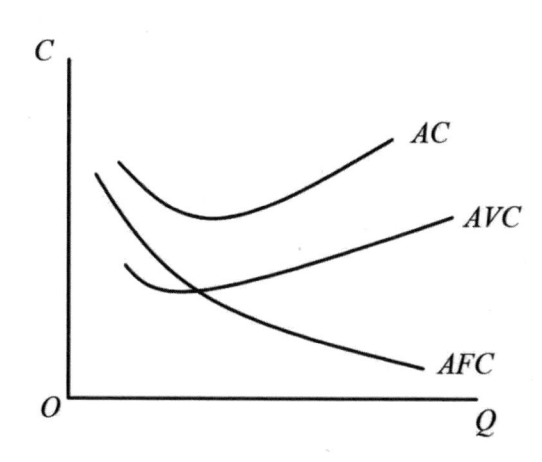

图4-8 平均成本、平均固定成本和平均可变成本

由图4-8可见，平均成本和平均可变成本都呈现出先下降后上升的变动规律，平均固定成本则呈现出递减的变动规律。这些平均成本的变动规律可以通过平均成本和总成本之间的关系而得到说明。以总平均成本为例，总平均成本等于总成本除以相应的总产量，因此，连接短期总成本曲线上一点和原点的线段，其斜率等于该点所对应的总成本除以该点所对应的总产量，根据这种关系，可以从总成本曲线中推导出平均成本曲线。同样，平均固定成本曲线和平均可变成本曲线也分别可以从固定成本曲线和可变成本曲线中推导出来。所以，知道了总成本、固定成本和可变成本的变动规律，也就可以推知平均成本、平均固定成本和平均可变成本的变动规律。

（三）边际成本

1. 边际成本的概念及变动规律

边际成本（MC）是指增加一单位产量所带来的成本的增加量。其表达式为：

$$MC = \Delta STC/\Delta Q$$

其中，ΔQ 和 ΔSTC 分别表示产量的增加量和短期总成本的增加量。

由于随着产量的增加，固定成本是不变的，因此增加一单位产量所带来的总成本的增加量也就等于可变成本的增加量。所以边际成本的表达式还可表示为：

$$MC = \Delta VC/\Delta Q$$

其中，ΔVC 表示可变成本的增加量。

边际成本的变动规律可以通过图 4-9 来反映。从图中可以看出，边际成本曲线呈现出先下降后上升的变动规律。边际成本的这种变动规律实际上是由边际收益递减原理决定的。在成本理论中，人们可以用边际成本曲线的变动规律来表示边际收益递减原理。即边际成本曲线的变动规律和边际产量曲线的变动规律都是由边际收益递减原理决定的。具体来说，由于要素与要素之间有着最佳投入比例，一开始可变要素投入量偏小，而随着可变要素投入量的增加，要素之间的投入比例越来越接近最佳比例，从而使生产效率越来越高，为了表示生产效率逐步提高。既可以用边际产量递增来说明，也可以用边际成本递减来说明，即边际成本曲线的递减段对应边际产量曲线的递增段；当可变要素投入量超过最佳投入比例而继续增加投入，则生产效率逐步下降，为了表示生产效率下降。既可以用边际产量递减来说明，也可以用边际成本递增来说明，即边际成本曲线的递增段对应边际产量曲线的递减段。

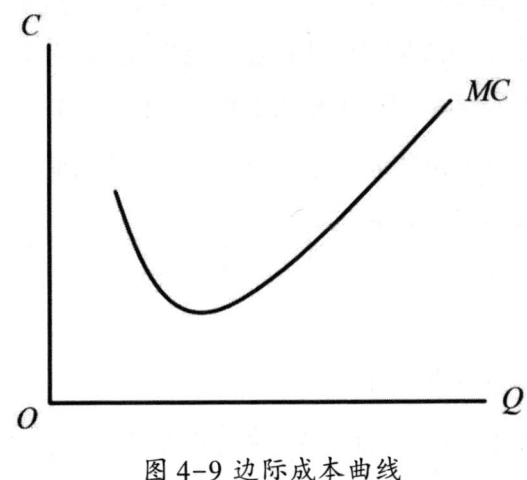

图 4-9 边际成本曲线

2. 边际成本与短期总成本和可变成本的关系

边际收益递减原理决定了边际成本曲线的变动规律，而根据边际成本和总成本以及可变成本之间的关系，边际成本实际上是过总成本曲线或可变成本曲线上的点的切线的斜率，由图4-7可见，分别在 A 点和 B 点之前，短期总成本和可变成本分别以递减的速度增长，主要因为这一阶段对应边际成本曲线的下降段；而在 A 点和 B 点之后，两者又分别以递增的速度增长，主要因为这一阶段对应边际成本的上升段。因此，边际成本的变动规律又决定了总成本和可变成本的变动规律。

3. 边际成本与平均成本和平均可变成本的关系

边际成本曲线与平均成本曲线和平均可变成本曲线分别相交于平均成本曲线和平均可变成本曲线的最低点。这一点可以联系短期生产理论中边际产量与平均产量之间的关系来理解。即当边际成本比平均成本小时，它会把平均成本逐步拉低；相反，当边际成本比平均成本高时，它会把平均成本逐步拉高。从而，边际成本曲线与平均成本曲线相交处必然在平均成本曲线的最低点，如图4-10所示。

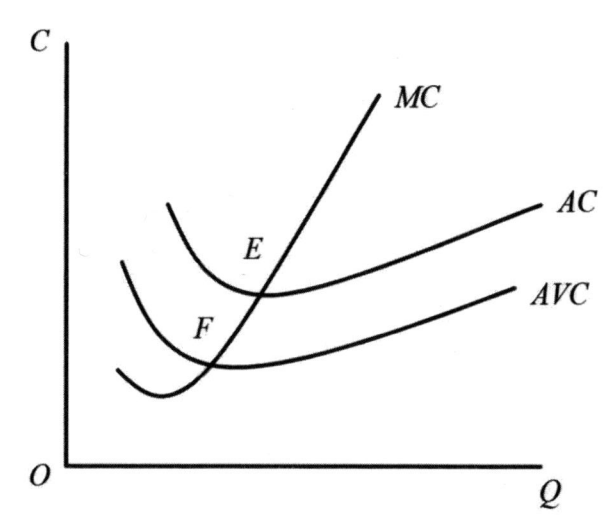

图4-10 边际成本与平均成本和平均可变成本之间的关系

由图4-10可见，MC 与 AC 和 AVC 的交点分别在 AC 的最低点 E 点和 AVC 的最低点 F 点。其中，E 点称为盈亏相抵点，因为在此处，平均收益正好等于平均成本，收支相抵，既没有盈利也没有亏损；F 点称为停止营业点，因为在此处，平均收益正好等于平均可变成本，即收益仅够弥补可变成本，如果价格再下降，则收益将连可变成本都弥补不了，所以无论如何生产者都不会再生产了。

三、长期成本理论

在长期中，生产者可以根据产量的要求调整全部的生产要素投入量，甚至进入或退出一个行业。在长期内，生产者所有的成本都是可变的，没有固定和可变之分。和短期成本一样，生产者的长期成本也可以分为三种：长期总成本、长期平均成本和长期边际成本。

（一）长期总成本（LTC）

长期总成本是指在长期中，生产者生产每一种产量的最低短期总成本。它实际上描述了在长期中每一种产量和在这一产量下的最低成本之间的函数关系。由于在长期中，生产者可以调整生产规模，从理论上说，生产某一产量时，生产者可以采用无数种生产规模来生产，既可以用较大成本的规模来生产，也可以用较小成本的规模来生产。但生产者为了追求利润最大化，一定会选择代表最小成本的最优生产规模来生产。即在每一产量水平上，生产者都会选择最小成本的生产规模，这样就得到了各种产量和对应产量下的最小成本之间的关系，这就是长期总成本。长期总成本曲线如图4-11所示。

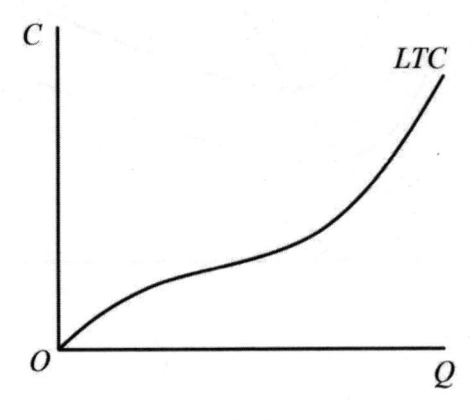

图4-11 长期总成本曲线

(二) 长期平均成本（LAC）

长期平均成本是指，在长期中，每一产量和在该产量下代表最优生产规模的较小短期平均成本之间的关系。长期平均成本曲线可以通过长期总成本曲线推导出来。由于长期平均成本和长期总成本之间存在如下关系：

$$LAC = LTC/Q$$

因此，过长期总成本曲线 LTC 上一点，连接该点和原点的线段的斜率正好等于在该点处产量水平上的长期平均成本。这一点在短期成本分析当中已经分析过，这里不再赘述。长期平均成本曲线如图 4-12 所示。

由图 4-12 可见，长期平均成本呈现出先下降而后再上升的变动规律。这一点与短期平均成本一样，但是长期平均成本变动规律与短期平均成本变动规律的形成原因是不同的。短期平均成本的变动规律是由边际收益递减原理决定的，而长期平均成本的变动规律是由规模报酬递减原理决定的。关于规模报酬递减原理在短期生产理论中已经分析过，这里不再赘述。

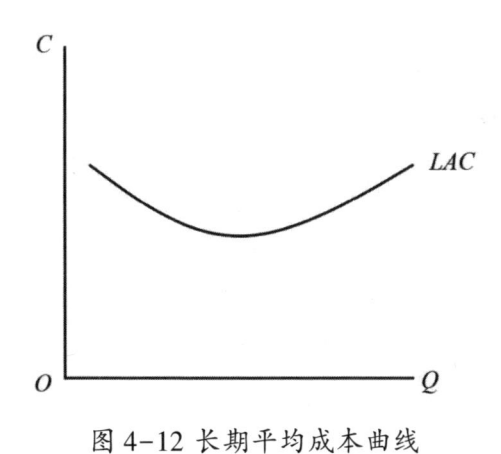

图 4-12 长期平均成本曲线

(三) 长期边际成本（LMC）

长期边际成本是指在长期中每增加一单位产量所增加的成本。其公式为：

$$LMC = \Delta LTC/\Delta Q$$

同样，由长期总成本曲线也可以推导出长期边际成本曲线。过长期总成本曲线上一点的切线,其斜率正好等于在该点处产量水平上的长期边际成本。由此可以得出长期边际成本曲线,如图 4-13 中的 LMC 所示。

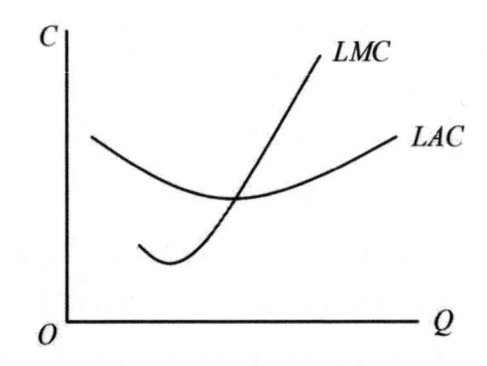

图 4-13 长期边际成本及其与长期平均成本的关系

由图 4-13 可见,长期边际成本一定相交于长期平均成本的最低点。这是因为,当长期边际成本比长期平均成本小时,会把长期平均成本拉低;当长期边际成本比长期平均成本大时,会把长期平均成本拉高。所以,长期边际成本曲线与长期平均成本曲线相交于长期平均成本曲线的最低点。

四、成本收益分析

（一）收益

生产者的收益涉及总收益、平均收益和边际收益三个概念。

总收益（TR）是指厂商出售一定数量产品所得到的全部收入。如果以 P 表示产品价格,Q 表示产品数量,则总收益可表示为:

$$TR = P \times Q$$

平均收益（AR）是指出售每一单位产品所得到的收入。其公式为:

$$AR = TR/Q = P$$

边际收益（MR）是指每增加一单位产品所得到的收益的增加量。其公式为:

$$MR = \Delta TR/\Delta Q$$

(二) 利润

利润区分为经济利润、正常利润和会计利润。

经济利润是指总收益与总成本之间的差额。经济学上讲的利润通常是指经济利润。

正常利润实际上属于成本的范畴，它是指厂商向自己支付的参与生产活动的自有生产要素的报酬，即隐成本。由于正常利润属于成本，因此当生产者的经济利润等于零时，实际上他得到了正常利润。

会计利润是指总收益除去显成本之后的剩余部分。它一般包括正常利润和经济利润。

(三) 利润最大化原则

经济学假定生产者追求利润最大化，这里的利润显然是指经济利润。为了实现利润最大化，生产者在决定供给多少产量时，他总会比较生产一单位产品所得到的收益和生产该单位产品所付出的成本，即比较边际收益和边际成本。

那么，在什么条件下生产者能实现利润最大化呢？当生产者生产的最后一单位产品所带来的收益等于为生产该单位产品而支付的成本的时候，即边际收益等于边际成本的时候实现利润最大化。具体分析如下：

如上所述，如果边际收益大于边际成本，意味着厂商此时每多生产一单位产品所增加的收益大于生产该单位产品所增加的成本。此时，对于该生产者来说，增加产量就能增加利润。说明此时生产者没有实现利润最大化。

当边际收益小于边际成本时，利润减少。如果边际收益小于边际成本，意味着厂商每多生产一单位产品所增加的收益小于为生产该单位产品所增加的成本，即总利润在减少。此时，对于该生产者来说，生产该单位产品是亏损的，减少产量就能减少亏损。说明此时生产者没有实现利润最大化。

如上所述，无论是边际收益大于边际成本还是小于边际成本，厂商都要调整其产量，说明在这两种情况下厂商都没有实现利润最大化。因此，只有当边际收益等于边际成本时，厂商才实现了利润最大化。即厂商实现利润最大化的原则为：

$$MR = MC$$

从经济学角度看，利润最大化原则是生产者进行经济决策的基本原则。生产者要根据这一原则来确定自己的产量。

第三节 市场理论

一、市场理论概述

所谓市场，就是买卖双方进行交易的场所。同时，市场也是产品、劳务等得以交易以确定其交易价格和交易数量的一种组织形式或制度安排。

按照竞争的范围和程度，市场可以区分为完全竞争市场、垄断市场、垄断竞争市场和寡头市场四种结构类型。

（一）完全竞争市场

完全竞争市场的假设条件很苛刻，它包括以下四点：第一，市场上有大量的买者和卖者，每一个卖者和买者所占有的市场份额是微不足道的，以至于每一个卖者和买者都是市场价格的接受者。第二，每一个厂商生产的产品都是同质的，即产品是无差别的。第三，行业的进入和退出门槛很低，即厂商可以轻易地进入或退出这个行业。第四，完全信息，即买者和卖者都能准确及时地掌握所有市场信息。

由此可见，完全符合上述条件的市场是不存在的，在现实中只有农产品市场比较接近这一市场类型。事实上，完全竞争市场模型仅仅是经济学家假想出来的一个理论模型，这一模型的主要作用体现在为现实的市场类型提供一个参考依据，用以对不同的市场结构条件下的经济绩效进行分析和评价。

（二）垄断市场

垄断市场是整个市场中只有一家厂商的市场结构。垄断市场应满足以下三个条件：第一，市场上只有唯一的厂商，因此这一个厂商可以独享全部的市场份额。第二，该厂商生产的产品没有替代品。第三，该行业进入的门槛很高。

由于垄断厂商控制了整个市场的生产和销售，所以垄断厂商为了实现超额利润，不仅可以调整产量，而且可以通过控制产量来操纵价格。

垄断的原因主要在于以下四点：第一，垄断厂商控制了生产某种产品的资源。有些行业生产的产品需要一种特殊的资源，而厂商对这种资源的独占排除了其他厂商生产同种产品的可能性。第二，行政垄断。政府通过行政的方式将某种产品的生产交由某个厂商生产或自己生产，由此形成的垄断就是行政垄断。比如水、电以及烟草等行业的生产。第三，专利技术垄断。当厂商掌握了生产某种产品的专利技术后，会凭借对技术的垄断形成对产品生产的垄断。第四，自然垄断。在某些行业，生产的规模经济效应需要在一个很大的产品水平上才能得到充分体现，以至于整个行业的产量只有一家厂商生产时才能达到规模经济效应，并且整个行业只要由这一家厂商生产就能满足市场对产品的需求。于是，某个厂商就会凭借某种优势率先达到规模经济水平从而形成对这一市场的垄断，这就是自然垄断。

（三）垄断竞争市场

垄断竞争市场是一种既有竞争因素又有垄断因素，介于完全竞争和完全垄断之间但更接近于前者的一种市场类型。垄断竞争市场具备以下四个特点：第一，厂商数量多；第二，不同的厂商生产的产品具有差别性（这种差别不是指产品的本质差别，而是指产品在品牌、包装等方面的非本质的差异）；第三，行业进入和退出的门槛比较低；第四，厂商之间的竞争一般表现为非价格竞争。在垄断竞争市场上，厂商虽然可以将价格提高到高于边际成本的水平，但由于其产品存在众多的替代品，同时又面临其他厂商的竞争，所以其价格的差异是有限的。厂商之间的竞争一般表现在广告和产品质量方面。

在现实中，服装、化妆品及小家电行业等都属于垄断竞争市场类型。

（四）寡头市场

寡头市场是指整个市场上所有产品的生产和销售均由少数几家厂商所控制的一

种市场结构。寡头市场满足以下三个条件：第一，厂商数量很少，每个厂商的规模和实力都比较大；第二，厂商之间的依赖程度很高，即每个厂商在进行经济决策的时候都要考虑其他厂商的反应；第三，存在行业壁垒，即行业进入和退出门槛比较高。

在现实中，钢铁、电信等市场都属于寡头市场类型。

二、完全竞争市场分析

（一）完全竞争厂商所面临的需求曲线

市场对某个厂商产品的需求状况，可以用该厂商所面临的需求曲线来表示，该曲线也被简称为厂商的需求曲线。那么，在完全竞争市场上，厂商的需求曲线是怎样的呢？在完全竞争市场上，单个厂商占有的市场份额只是整个市场份额的极其微小的部分，因此单个厂商只是市场价格的被动接受者，所以单个厂商的需求曲线是一条从既定价格水平出发的水平线。

如图4-14（a）所示，市场的需求曲线 D 和市场的供给曲线 S 相交的均衡点决定了市场的均衡价格为 P_0，相应地，在图4-14（b）中，由既定价格 P_0 出发的水平线 d 就是单个厂商的需求曲线。水平的需求曲线表明：第一，对完全竞争的厂商来说，他只是市场既定价格的接受者，即他不能改变价格；第二，在既定的价格水平上，单个厂商能够出售他愿意出售的任意数量的商品，即市场对单个厂商的需求是无限的。

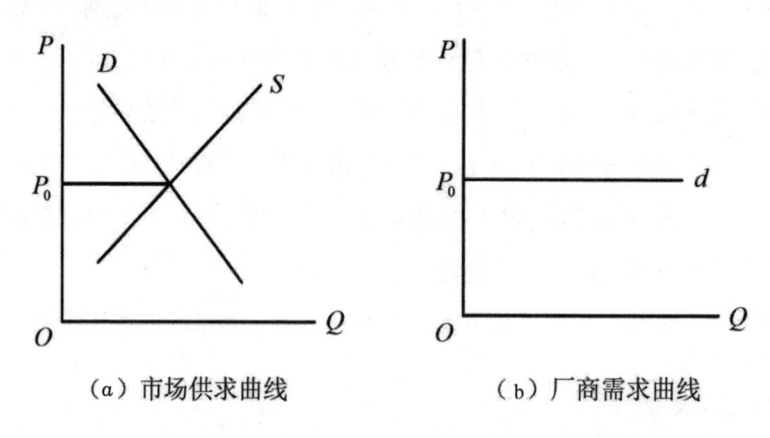

（a）市场供求曲线　　　　　　（b）厂商需求曲线

图4-14 完全竞争厂商需求曲线的形成

需要注意的是，在完全竞争市场中，单个厂商是既定价格的接受者并不意味着价格是一成不变的。当市场的供求关系发生变化后，均衡的价格将会改变。这样，厂商的需求曲线将会上下平行移动。如图 4-15 所示，当市场供求关系发生变化后，市场价格由 P_1 变为 P_2，从而厂商的需求曲线也由 d_1 变为 d_2。

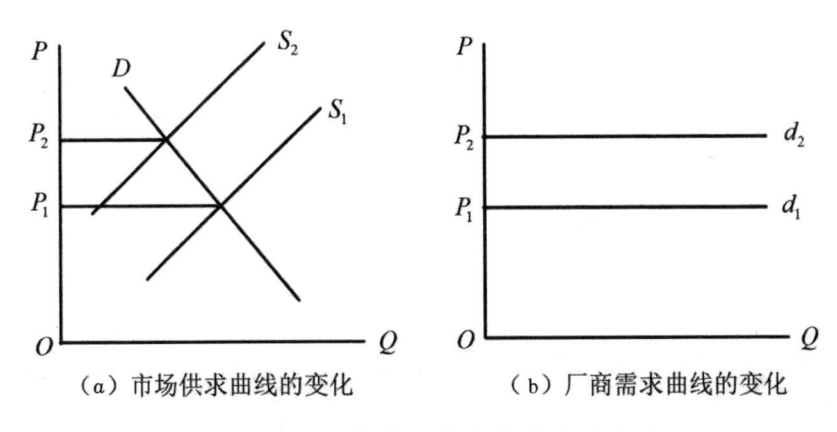

（a）市场供求曲线的变化　　　（b）厂商需求曲线的变化

图 4-15　完全竞争厂商需求曲线的变动

（二）完全竞争厂商的收益曲线

在成本理论中已经分析过，收益包括总收益、平均收益和边际收益三个概念。一般地，人们假设厂商所面临的需求量就等于其销售量，由于完全竞争厂商所面临的需求曲线是一条水平线，因而对完全竞争厂商来说，无论销售多少产品所得到的价格都是相同的，即厂商所面临的价格是不变的。因此，可以得出厂商的平均收益和边际收益是相等的。即厂商无论销售多少产品，每增加销售一单位产品所得到的收益的增加量即边际收益是固定不变的，都等于平均收益，而平均收益又等于价格（P），从而在完全竞争市场上对单个厂商来说必有：

$$MR = AR = P$$

这种关系可以通过表 4-2 来说明。由表 4-2 可见，随着厂商销售量即需求量的增加，价格、平均收益和边际收益都保持不变，总收益随着销售量的增加而递增。从而可以得到平均收益曲线、边际收益曲线与需求曲线是重合的，都表现为一条水平线，而总收益曲线则为一条向右上方倾斜的线，如图 4-16 所示。

表 4-2 完全竞争厂商的总收益、平均收益和边际收益

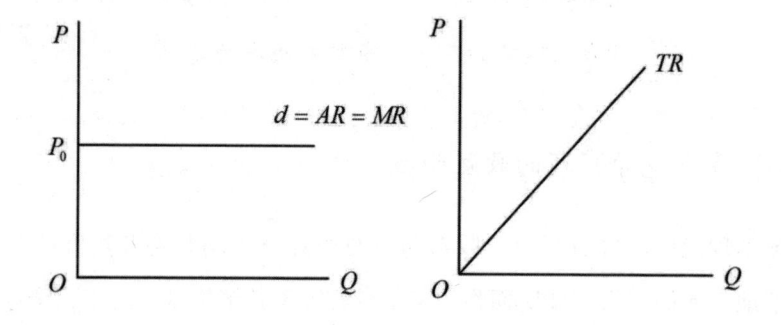

价格 P	需求量 Q	总收益 TR = PQ	平均收益 AR = TR/Q = P	边际收益 MR = ΔTR/ΔQ
2	1	2	2	2
2	2	4	2	2
2	3	6	2	2
2	4	8	2	2
2	5	10	2	2
2	6	12	2	2
2	7	14	2	2
2	8	16	2	2

（1）平均收益曲线和边际收益曲线　　　　（2）总收益曲线

图 4-16 完全竞争厂商的收益曲线

（三）完全竞争厂商的短期均衡

短期均衡是指厂商在短期内通过调整可变要素投入量进而调整产量时，实现了利润最大化或亏损最小化。厂商的目标是实现利润最大化，但在短期内，由于企业的生产规模既定，因此当实现均衡时，厂商既可能是盈利的，也可能是亏损的。但在均衡时，如果是盈利的，则一定是利润最大化；如果是亏损的，则一定是亏损最小化。

厂商实现短期均衡的原则是：$MR = MC$，即在短期内，厂商根据 $MR = MC$ 的

原则来确定利润最大化或亏损最小化的产量。下面以图4-17来说明完全竞争厂商短期均衡的各种情况。

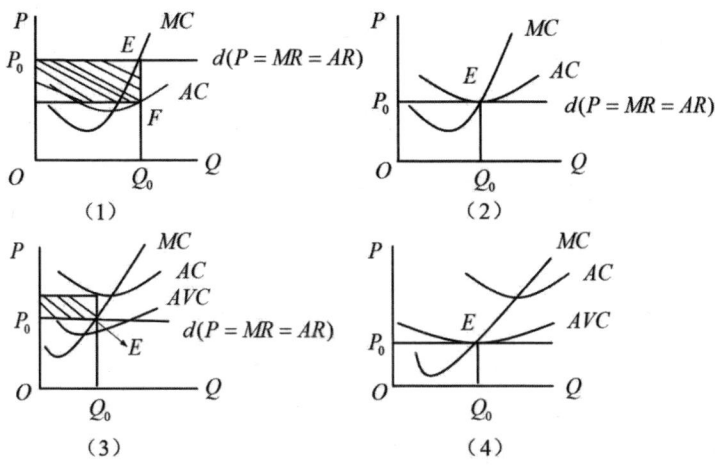

图4-17 完全竞争厂商的短期均衡

在图4-17（1）中，当市场价格为 P_0 时，根据 $MR=MC$ 所决定的均衡点 E，得到均衡的产量为 Q_0。在此产量水平上，平均收益 OP_0EQ_0 大于平均成本 OP_0FQ_0，因此厂商获得经济利润，其利润相当于图中阴影部分面积。

在图4-17（2）中，边际收益曲线与边际成本曲线相交的均衡点 E 正好在平均成本曲线的最低点，对应的均衡产量为 Q_0。此时，平均收益和平均成本相等，都为 OP_0EQ_0，从而总收益和总成本的差额等于零，因此厂商没有经济利润，但也没有亏损，即此时厂商处于盈亏相抵状态，E 点也称为盈亏相抵点。

在图4-17（3）中，由边际收益曲线和边际成本曲线相交决定的均衡点位于平均成本和平均可变成本之间，此时，平均收益小于平均成本但大于平均可变成本。由于平均收益小于平均成本，所以厂商是亏损的，亏损额相当于图中阴影部分面积；但又由于平均收益大于平均可变成本，所以厂商的总收益在弥补全部可变成本之外还有剩余，以弥补在短期内总是存在的固定成本的一部分，从而使亏损达到最小。即此时尽管是亏损的，但生产时的亏损比不生产时的亏损要小。

在图4-17（4）中，由边际收益曲线与边际成本曲线相交决定的均衡点正好位于平均可变成本曲线的最低点。此时，平均收益刚好等于平均可变成本，从而总收益刚好可以弥补可变成本。即此时无论是生产还是不生产，厂商的亏损都是一样的，都等于固定成本折旧费。而如果市场价格再进一步下降或者厂商的生产成本进一步上升，则厂商从事生产活动所得到的总收益将连可变成本都弥补不了，所以无论如何都不会再生产了。因此，平均可变成本曲线的最低点又称为停止营业点。

（四）完全竞争厂商和行业的短期供给曲线

供给曲线是指在每一价格水平上厂商愿意而且能够提供的产品数量，它描述了价格和供给量之间的一一对应的关系，是供给定理的主要表示方法。在这里，通过对完全竞争厂商短期均衡的分析，将得出完全竞争厂商的短期供给曲线与其边际成本曲线在停止营业点以上部分是重合的这一结论。对于这一结论具体分析如下。

把图 4-17 中的四种情况放到一张图中，形成图 4-18 中的（1）图。

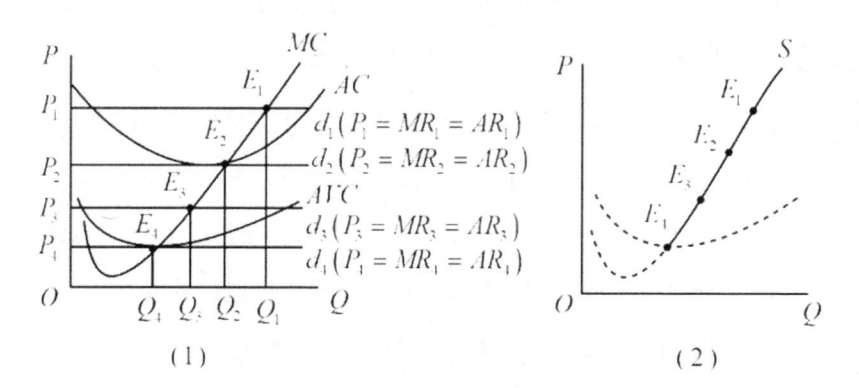

图 4-18 完全竞争厂商的短期供给曲线

由图 4-18（1）可见，当市场价格分别为 P_1，P_2，P_3，P_4 时，根据 $MR = MC$ 的原则，厂商所确定的最优产量分别为 Q_1，Q_2，Q_3，Q_4。所谓的最优产量是指厂商愿意而且能够提供的产量，厂商愿意而且能够提供的产量一定是厂商实现利润最大化或亏损最小化的产量。因此，厂商短期均衡时价格和产量之间的关系正是供给曲线中价格和产量之间的关系，所以完全竞争厂商的短期供给曲线实际上就是其短期均衡点的轨迹。而均衡点全部在厂商的停止营业点以上的边际成本曲线上，因此可以用完全竞争厂商边际成本曲线停止营业点以上的部分来表示厂商的短期供给曲线,如图 4-18(2)所示。至此,人们便完成了自生产理论开始的从对厂商追求利润最大化的行为的考察中推导完全竞争厂商的短期供给曲线的任务。

知道了单个厂商的短期供给曲线,将单个厂商的短期供给曲线水平加总就得到整个市场的供给曲线。很显然,整个市场的短期供给曲线也是向右上方倾斜的。

(五)完全竞争厂商的长期均衡

在长期内,所有的生产要素都是可以调整的,厂商通过对全部生产要素的调整,来实现边际收益等于长期边际成本的利润最大化原则。厂商的调整表现在两个方面,一方面是对生产规模的调整,即厂商可以根据需要把生产规模调整到最优的水平上;另一方面是选择进入或退出某个行业。

下面通过图 4-19 来说明这种调整。在图中,与市场价格 P_0 相对应的厂商的边际收益曲线与长期平均成本曲线的最低点相切于 E 点,此时完全竞争厂商实现长期均衡。由图中可见,完全竞争厂商在长期均衡时经济利润等于零。

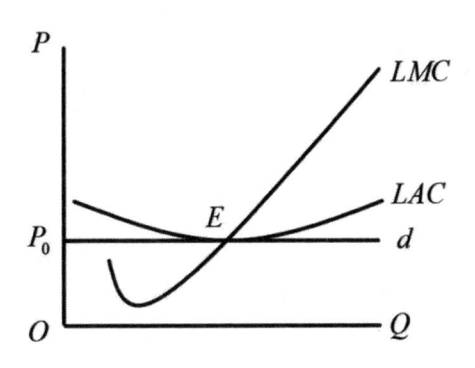

图 4-19 完全竞争厂商的长期均衡

那么,为什么完全竞争厂商的长期均衡点在 E 点呢?这是因为,如果市场价格一开始高于长期均衡价格 P_0,则在短期内厂商可以获得经济利润。这样,一方面,厂商为了获得更多利润,必然扩大生产规模,从而增加产量,所有的厂商都这样做,整个市场的供给就会增加;另一方面,由于该行业存在超额利润,必然吸引新的厂商加入,这样,整个行业厂商的数量将增加,从而整个市场的供给亦将增加。由于供给增加，在需求不变的情况下，根据供求定理，价格将下降，一直下降到单个厂商不再扩大生产规模以及不再有新的厂商加入时为止。而只有当利润消失即当市场价格等于 P_0 时，单个厂商不再扩大生产规模也不再有新的厂商加入。此时，厂商实现长期均衡。

如果市场价格一开始低于均衡价格 P_0，则在短期内厂商是亏损的。这样，一方面，单个厂商为了减少亏损会缩减生产规模，从而减少产量，所有的厂商都这样做，整个市场的供给将减少；另一方面，由于该行业存在亏损，行业内原有的部分厂商就会选择退出该行业，如此一来，整个行业厂商数量将减少，从而整个市场的供给亦将减少。由于供给减少，在需求不变的情况下，根据供求定理，价格将上升，一直上升到单个厂商不再缩减生产规模，行业内也不再有厂商退出时为止。同样地，只有当亏损消失即当市场价格等于 P_0 时，单个厂商不再缩减生产规模也不再有厂商退出该行业。此时，厂商和行业的调整结束，厂商实现了长期均衡。

由此可知，完全竞争厂商的长期均衡满足的条件是：价格（与边际收益相等）等于长期边际成本又等于长期平均成本。即有：

$$MR = LMC = LAC$$

很明显，完全竞争厂商在长期均衡时，经济利润等于零。当然，经济利润等于零时，厂商实际上已经得到了正常利润，这一点在成本收益分析中已经分析过。

三、不完全竞争市场分析

（一）垄断市场的市场分析

1. 垄断厂商所面临的需求曲线

由于在垄断市场中厂商数目只有一个，因此该厂商所面临的需求曲线就是整个市场的需求曲线。很显然，整个市场的需求曲线是向右下方倾斜的，所以垄断厂商的需求曲线也是向右下方倾斜的。这一点与完全竞争厂商水平的需求曲线不同，主要是因为，完全竞争厂商只拥有整个市场份额的极其微小的部分，而垄断厂商却独占整个市场的全部份额。

需求曲线向右下方倾斜表明，在垄断市场中，对厂商而言，价格相对于产量的变化不再是常量，垄断厂商可以通过调整产量来影响价格（当然，这里依然假定厂商的产量即销售量，等于需求量）。即如果垄断厂商想提高价格，可以通过减少产量来实现；如果垄断厂商想增加销售量，必须降低价格。也就是说，垄断厂商为实现利润最大化，不仅可以通过调整产量来实现，而且可以通过调整价格来实现。而在完全竞争市场中，厂商只能通过调整产量来实现利润最大化。

2. 垄断厂商的收益曲线

厂商所面临的需求状况直接影响到厂商的收益，因此厂商的需求曲线的特征也就决定了厂商收益曲线的特征。由于垄断厂商的需求曲线向右下方倾斜，所以价格随着销售量（即需求量）的增加而下降，进而得到总收益、平均收益和边际收益随着销售量的变化而变化的规律，这可以通过表4-3来说明。

表4-3 垄断厂商总收益、平均收益和边际收益

价格 P	需求量 Q	总收益 $TR = PQ$	平均收益 $AR = TR/Q = P$	边际收益 $MR = \Delta TR/\Delta Q$
8	1	8	8	8
7	2	14	7	6
6	3	18	6	4
5	4	20	5	2
4	5	20	4	0
3	6	18	3	−2
2	7	14	2	−4
1	8	8	1	−6

由表4-3可以看出，垄断厂商总收益随着产量即需求量的增加呈现出先增加后减少的变动规律；平均收益和边际收益随着产量的增加呈现出递减的变动规律，而且边际收益比平均收益以更快的速度递减，即在同样的产量水平上，边际收益比平均收益要低；在各种产量水平上，平均收益和价格始终相等。由此可知，在垄断市场上，边际收益不再等于平均收益，当然也不再等于价格了，这一点与完全竞争市场有明显区别。

可根据表 4-3 的信息做出垄断厂商的总收益曲线、平均收益曲线和边际收益曲线，如图 4-20 所示。

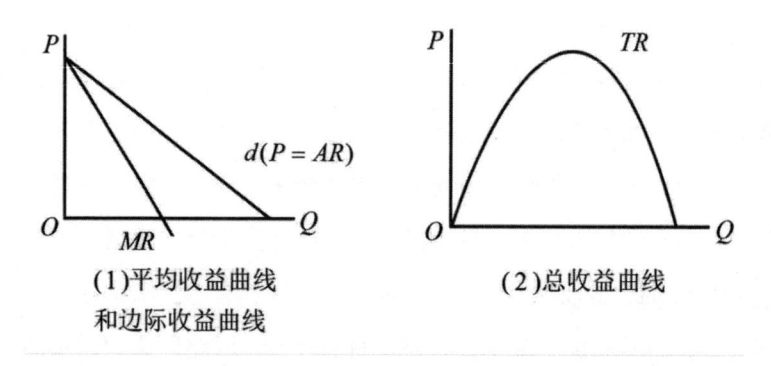

图 4-20 垄断厂商的收益曲线

（1）平均收益曲线和边际收益曲线　（2）总收益曲线

图 4-20 比表 4-3 更直观地描述了垄断厂商的平均收益、边际收益和总收益的变动规律及其相互之间的关系。

3. 垄断厂商的短期均衡

在垄断市场上，厂商依然根据 $MR=MC$ 的原则来决定产量，并按在产量水平下买方愿意支付的价格来决定产品价格。一般来说，垄断厂商在短期均衡时是可以获得经济利润的，但是，由于在短期内厂商的生产规模既定，当市场需求减少从而需求曲线下移，或者生产要素价格上升从而成本曲线上移时，都可能使厂商的利润减少甚至亏损。所以，在短期均衡时，垄断厂商既可能存在经济利润，也可能没有经济利润，甚至还可能是亏损的。下面以图 4-21 来具体说明。

在图 4-21（1）中，根据 $MR=MC$ 所决定的均衡产量为 Q_0，对应的价格为 P_0。此时，平均收益即价格（P_0）大于平均成本（AC_0），即 $P_0>AC_0$，从而垄断厂商获得经济利润，经济利润相当于图中的阴影部分面积。

在图 4-21（2）中，由边际收益曲线 MR 和边际成本曲线 MC 相交所决定的垄断厂商的均衡产量是 Q_1，对应的价格是 P_1，此时，平均收益即价格（P_1）等于平均成本（AC_1），即 $P_1=AC_1$，从而垄断厂商盈亏相抵，既没有盈利也没有亏损。

在图 4-21（3）中，垄断厂商的均衡产量为 Q_2，对应的价格为 P_2，而此时平均成本却为 AC_2，很明显，由于平均收益（即价格）小于平均成本，即 $P_2<AC_2$，

所以垄断厂商是亏损的，亏损额相当于图中阴影部分面积。此种情况下，垄断厂商在短期内虽然是亏损的，但由于此时的平均收益大于平均可变成本，从而厂商的总收益在弥补可变成本之外还有剩余，还可以弥补固定成本支出的一部分，因此对厂商来说，此时生产尽管是亏损的，但生产比不生产的亏损要小，厂商依然应当开工生产。当然，垄断厂商会通过长期的调整来消除亏损状态。

在图 4-21（4）中，垄断厂商的均衡产量为 Q_3，对应的价格为 P_3。由于此时的平均收益（即价格）刚好等于平均可变成本，即 $P_3 = AVC$，所以厂商的总收益刚好可以弥补全部的可变成本。即此时，厂商无论是生产还是不生产，亏损的数额都是一样的。如果市场需求状况进一步萎缩或者厂商的生产成本进一步上升，厂商将会停止生产。

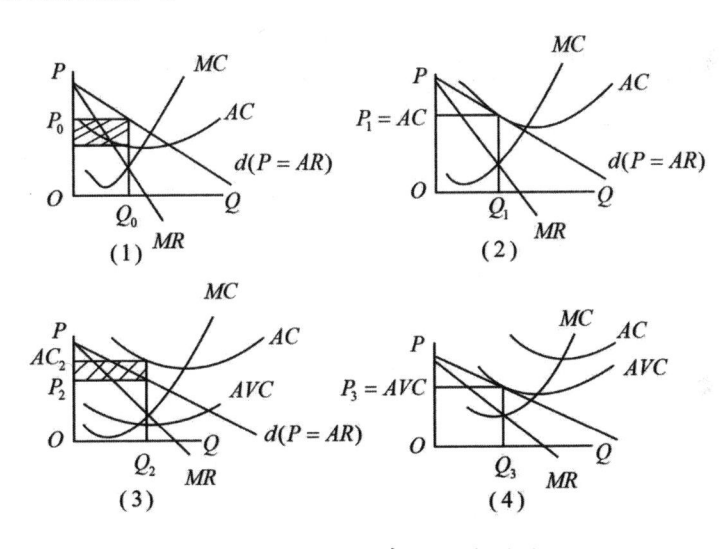

图 4-21 垄断厂商的短期均衡

4. 垄断厂商的供给曲线

在前面完全竞争市场理论中，从完全竞争厂商的短期均衡推导出完全竞争厂商的短期供给曲线，并进一步得到整个市场的短期供给曲线。但是，在垄断市场条件下，这种有规律性的供给曲线是不存在的。

供给曲线表示在每一个价格水平上生产者愿意而且能够提供的产品数量。它表现了产量和价格之间的一一对应的关系。

在完全竞争条件下，每一个厂商都无法控制市场价格，它们都是在每一个既定的市场价格水平上，根据 $P = MC$ 的原则来确定唯一的能够带来最大利润（或最小亏损）的产量。即产量和价格之间存在一一对应的关系。但是，在垄断市场条件下，垄断厂商是通过对产量和价格的同时调整来实现 $MR = MC$ 的原则的，而且 P 总是大于 MR 的。随着厂商所面临的向右下方倾斜的需求曲线的移动，厂商的产量和价格之间不再必然存在如同完全竞争条件下的那种一一对应的关系，而是有可能出现一个价格对应几个不同的产量水平，或者是一个产量水平对应几个不同的价格水平这样的情形。因此，在垄断的条件下，无法得到如同完全竞争条件下的具有规律性的、可以表示产量和价格之间一一对应关系的厂商和行业的短期供给曲线。

进一步地，人们有更一般性的结论：凡是在或多或少的程度上带有垄断因素的不完全竞争市场上，或者说，只要厂商的需求曲线不是一条水平线而是向右下方倾斜的，则就不存在具有规律性的厂商和行业的短期和长期供给曲线。也就是说，后面即将分析的垄断竞争市场和寡头市场与垄断市场一样都不存在有规律性的供给曲线。

5. 垄断厂商的长期均衡

垄断厂商在长期内可以调整全部生产要素的投入量即生产规模，从而实现最大利润。垄断市场排除了其他厂商加入的可能性，因此与完全竞争厂商不同。如果垄断厂商在短期内获得经济利润，那么其利润在长期内不会因为新厂商的加入而消失，垄断厂商在长期内是可以保持利润的。

垄断厂商在长期内对生产的调整可分为以下三种情况：

①垄断厂商在短期内是亏损的，如果通过长期的调整还是找不到一个可以使他获得利润或者至少是亏损为零的生产规模，那么该厂商会选择退出该行业。

②垄断厂商在短期内是亏损的，但是在长期内，厂商通过对生产规模的调整，摆脱了亏损，甚至有了盈利。

③垄断厂商在短期内是盈利的，那么厂商通过长期的调整实现了更大的盈利。

(二) 垄断竞争市场的市场分析

1. 垄断竞争厂商的短期均衡

垄断竞争市场是一种垄断和竞争并存的市场结构,由于存在垄断因素,所以垄断竞争厂商的需求曲线和垄断厂商一样也是向右下方倾斜的。所不同的是,垄断厂商生产的产品没有替代品,因此产品的需求弹性小,从而需求曲线比较陡峭;垄断竞争厂商生产的产品有比较大的替代性,因此产品的需求弹性大,从而需求曲线比较平坦。

由于垄断竞争厂商的需求曲线和垄断厂商有着很强的相似性,因此,垄断竞争厂商的短期均衡和垄断厂商的短期均衡有着相似性,即和垄断厂商一样也存在以下四种情况:

①垄断竞争厂商在短期内,根据 $MR = MC$ 的原则实现短期均衡时获得了经济利润。图示类似于图 4-21(1)所示的情况。

②垄断竞争厂商在实现短期均衡时盈亏是相抵的,即既没有盈利也没有亏损。图示类似于图 4-21(2)所示的情况。

③垄断竞争厂商在短期均衡时是亏损的,但由于其平均收益大于平均可变成本,从而总收益在弥补全部可变成本之外还有剩余,以弥补一部分固定成本的支出,所以此时尽管是亏损的,但生产比不生产的亏损要小,因此生产更划得来。图示类似于图 4-21(3)所示的情况。

④垄断竞争厂商在短期均衡时,其平均收益即价格等于平均可变成本,即其总收益仅够弥补可变成本,从而无论是生产还是不生产,其亏损额度都是相同的,亏损都等于固定成本的支出。因此,生产和不生产是一样的。如果此时,价格进一步下降或者生产成本进一步上升,则厂商将会停止生产。图示类似于图 4-21(4)所示的情况。

2. 垄断竞争厂商的长期均衡

由于垄断竞争市场的进入和退出的门槛比较低,当垄断竞争厂商在短期内获得经济利润时,会吸引新的厂商加入,随着新厂商的加入。每个厂商所占有的市场份额会减少,从而厂商的需求曲线将向左移动,在成本曲线不变的情况下,利润将逐渐减少直至消失；当垄断竞争厂商在短期内亏损时，会有一部分厂商选择退出，行业内厂商数量将会减少，从而每个厂商占有的市场份额将会增加，厂商的需求曲线将向右移动，在成本曲线不变的情况下，随着需求曲线的右移，亏损将逐步减少直至消失。可见，在垄断竞争的条件下，厂商在实现长期均衡时是不会有经济利润的，当然也不会亏损。

垄断竞争厂商的长期均衡可以通过图 4-22 来说明。在图中，垄断竞争厂商通过长期调整，根据边际收益等于边际成本的原则，确定了长期的均衡产量为 Q_0，对应的价格为 P_0。此时，平均收益（即价格）正好等于长期平均成本，从而厂商的经济利润等于零。

由图 4-22 可见，垄断竞争厂商实现长期均衡的条件是：

$$MR = LMC, AR = LAC$$

其中，$AR = P > MR$。由于垄断竞争厂商面临的需求曲线是向右下方倾斜的，所以，在长期均衡时的需求曲线只能与长期平均成本曲线 LAC 相切于其最低点的左边。这意味着，垄断竞争所提供的产量小于完全竞争的产量。因为完全竞争市场长期均衡的生产点在长期平均成本曲线的最低点。

因为，$P = LAC$，$P > LMC$，所以消费者为每单位产品支付的价格高于厂商为生产该单位产品而付出的成本。即在垄断竞争市场中，在实现长期均衡时提供的产量低于完全竞争市场，而价格高于完全竞争市场。

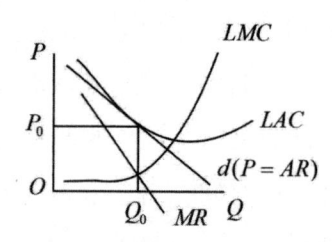

图 4-22 垄断竞争厂商的长期均衡

(三) 寡头市场的市场分析

在寡头市场条件下，厂商的产量和价格的决定相比较于前三种市场结构要复杂得多。这是因为，在前面所分析的市场结构中，厂商在做出价格和产量的决定时，基本上不用考虑其竞争对手的决策。在完全竞争和垄断竞争市场上，由于行业中厂商的数量非常多，每个厂商的规模和实力也比较小，因此每个厂商只要根据边际收益等于边际成本的利润最大化原则来进行决策就可以了，而不需要考虑其他厂商的反应；在垄断市场上，由于整个市场只有一个厂商，因此也不需要考虑其他厂商的反应。而在寡头市场中情况就不同了，寡头市场中的厂商数量非常少，每个厂商的规模和实力都相当大，因此每个厂商在进行经济决策时都不得不考虑其他厂商的反应，并根据这些反应来随时调整自己的决策。于是，每个厂商的利润不仅受厂商自己行动本身的影响，还受到行业中其他厂商决策的影响。寡头厂商之间这种相互影响的复杂关系使他们所做的产量和价格决策也变得复杂。一般地，不知道竞争对手的反应方式，就无法建立寡头厂商的决策模型，或者说，有多少关于竞争对手反应的假定，就有多少寡头厂商的决策模型，就可以得到多少不同的结果。因此，在经济学分析中，还没有一个寡头市场模型，可以对寡头市场的价格和产量的决定得出一般性的理论结论。

寡头厂商之间的关系总体上分为相互勾结和不相互勾结两种情况。所谓相互勾结就是寡头厂商之间通过协议的方式来确定产量和价格。在这种情况下，各个寡头厂商之间实际上已经形成了一个垄断组织，其决策方式类似于垄断市场的情况。而不相互勾结则是指寡头厂商相互独立决策而又同时考虑其他厂商反映的情况。人们对寡头市场的分析主要是基于不相互勾结的情况。下面以古诺模型为例，来说明不相互勾结的寡头厂商是如何进行决策的。

古诺模型由法国经济学家古诺（Cournot）于20世纪30年代首先提出。该模型有如下一些基本假定：第一，行业内只有两个厂商A和B，每个厂商生产完全同质的产品，并以追求利润最大化为生产目标；第二，为了分析方便，假定生产成本为零；第三，厂商和市场的需求曲线是线性的，且每个厂商都清楚地知道市场的需求曲线和自己所面临的需求曲线；第四，两个厂商都是在已知对方产量的情况下，各自确定能够给自己带来利润最大化的产量，即每个厂商都是消极地以自己的产量去适应对方已确定的产量。

古诺模型关于产量和价格的决定可以用图4-23来说明。

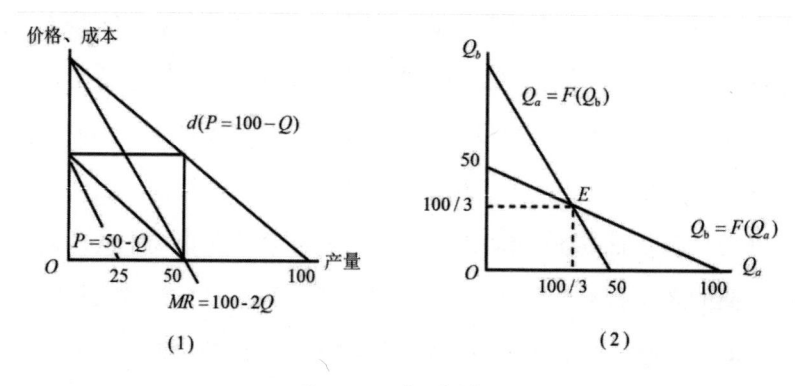

图 4-23 古诺模型

在图 4-23（1）中，假设市场的需求曲线为 $P = 100 - Q$，并假定 B 厂商一开始不生产，此时 A 厂商面临的需求曲线就是整个市场的需求曲线（$P = 100 - Q$），根据需求曲线方程可以推导出 A 厂商的总收益函数，即为 $TR = 100Q - Q^2$，从而其边际收益函数为 $MR = 100 - 2Q$。由于假定成本为零，因此边际成本 $MC = 0$。A 厂商根据 $MR = MC$ 的利润最大化原则确定的产量为 50，即 A 厂商按照市场容量的一半来安排生产以实现自身利润最大化。如果假定 B 厂商的产量为 50，则 A 厂商此时所面临的需求曲线变为 $P = 50 - Q$，利润最大化的产量为 25。进一步地，当 B 厂商的产量为 100 时，A 的市场份额为零，因此其产量也为零。

由以上分析可以知道，厂商 A 的利润最大化产量水平取决于厂商 B 的产量，可以认为厂商 A 的产量就是厂商 B 的产量的函数，经济学上称这种函数为厂商 A 对厂商 B 的反应函数，记为 $Q_a = F(Q_b)$。其中 Q_a，Q_b 分别表示厂商 A 和厂商 B 的产量。同样的道理，人们可以得到厂商 B 对厂商 A 的反应函数，记为 $Q_b = F(Q_a)$。把两个反应函数所对应的反应曲线描绘到坐标平面上，得到图 4-23（2），图中横轴衡量厂商 A 的产量，纵轴衡量厂商 B 的产量，两条反应曲线的交点 E 所对应的产量就是古诺均衡时两厂商产量。在本例中，两厂商的各自生产市场总容量的 1/3，即各自生产 100/3。

古诺模型是在一系列较为严格的假设条件下得出的结论，虽然不具有普遍的解释意义，但却很好地反映了不相互勾结的而又相互依存的寡头之间的竞争关系。

第五章 工业经济管理

第一节 工业经济管理的基本原则和方法

一、工业经济管理的基本原则

工业经济管理的基本原则是根据客观规律制定的工业经济管理活动所必须遵循的要求和准则。在社会主义条件下,工业经济管理既要符合社会化大生产和社会主义市场经济的要求,又要符合社会主义制度的特点。因此,社会主义工业经济管理必须遵循以下六个基本原则。

(一) 政治和经济的统一

政治与经济统一是社会主义工业经济管理的首要原则,也是一条根本性原则,因为它关系到社会主义经济建设的发展方向和发展道路问题。这符合经济基础与上层建筑相互关系的原理。经济是基础,政治是上层建筑,经济基础决定上层建筑,经济决定政治;上层建筑又反作用于经济基础,政治又反作用于经济,决定经济的发展方向,推动经济的发展。因此,经济和政治是对立的统一体,彼此互为条件,密切相关。

在中国工业经济中应坚持的政治观点主要有:坚持四项基本原则;坚持物质文明与精神文明"两手抓,两手都要硬";贯彻执行国家的路线、方针和政策;正确处理整体利益和局部利益、长远利益和当前利益、集体利益和个人利益的关系,把全局利益放在第一位;必须坚决反对本位主义、主观主义,要坚决服从改革政策。

办工业要有政治观点并不等于可以因此否定经济的决定作用。政治不能代替经济，在工业经济管理活动中，必须明确经济是基础的观点。其基本内容和要求是：按照客观经济规律，组织工业经济管理活动，提高工业生产和流通的经济效益，是一切工业经济组织的中心任务，工业各环节的管理者都要认真研究社会化大生产和社会主义市场经济的客观要求，研究自然规律和经济规律，努力搞好工业生产经营工作。在工业中，正确的政治领导就在于尽最大努力使各项生产和经济工作按照客观规律进行，以推动经济的发展。

(二) 集权与分权相结合

集权与分权相结合，既是社会化大生产和市场经济的内在要求，又是社会主义经济性质的要求。在工业经济管理中贯彻这一原则要求在保证社会主义经济统一的同时，充分调动各方面的积极性。

现代工业是生产高度社会化的部门，它是建立在高度分工协作的基础之上的。由于分工而相对独立的各个局部环节，在协作中相互关联、相互作用，共同构成社会生产的完整系统。系统的整体性、关联性要求决策权要适当集中，以保证工业系统内部各环节之间的比例性、连续性、协调性、节奏性，避免工业经济发展中出现速度失控、结构失调、效益低下的局面。而构成工业大系统的各个局部子系统又具有相对的独立性，如部门、行业、企业、经济区等都具有相对独立性，这又要求决策权的分散，以适应千差万别的具体情况，实现各子系统的灵活发展。所以，为了增强系统活力，发挥系统功能，必须实行集权与分权相结合。

中国实行的社会主义市场经济体制，一方面作为市场经济，客观要求要给予地方、部门、企业充分的自主权，尤其要使企业拥有人、财、物、产、供、销各个环节的自主权，使之成为市场主体参与市场竞争；另一方面，社会主义市场经济又要求国家或政府对工业经济活动进行适当的宏观调控、计划指导，使企业的微观经济活动与国家的经济发展战略相适应，并且有助于战略目标的实现。

工业经济管理过分集中，就会使地方和企业丧失生产经营的积极性，工业经济就缺乏活力和生机；过分分权，就会使地方和企业各行其是，经济发展一片混乱。因此，工业经济管理必须实行集权与分权相结合的原则。

（三）市场调节与宏观调控相结合

社会主义市场经济体制要求在工业管理中，首先要充分发挥市场调节的功能和作用，即运用价值规律调节工业经济活动。这就要求把绝大部分工业产品的产供销权还给企业，让企业根据市场机制的要求自主进行决策；价格由市场供求机制、竞争机制决定；企业的生存、发展、破产完全取决于它在市场竞争中的胜败；企业具有独立的利益目标，追求利润的最大化，等等。同时，还要有适当的宏观调控。这一方面是社会主义经济制度的内在要求，更主要的是市场调节不是万能的，它自身存在一些功能性的缺陷，只有与宏观调控相结合才能加以弥补。工业经济发展中有一些重要的比例关系、重大的技术经济活动、关系国计民生的重要产品的生产等等，必须有计划调节和宏观调控。虽然市场体系、市场机制建立健全以后市场调节也能达到一定的目的，但是它付出的代价太大，往往会给国民经济带来巨大损失。因此，必须要求市场调节与宏观调控相结合。

应该指出的是，工业经济宏观调控还有一个重要任务，那就是为企业等微观经济主体的经济活动创造良好的外部环境，造就平等竞争的条件，解决它们之间的矛盾与不协调关系等。只有这样，才能充分发挥社会主义市场经济的优越性。

（四）责、权、利相结合

责权利相结合是管理社会主义现代化工业自身的客观要求，是社会主义生产关系在工业管理中的重要体现。经济责任、经济权力、经济利益原来就是互为条件、相扣连锁在一起的整体，因此，必须使责、权、利紧密结合，才能使工业管理发挥作用，减少决策的盲目性、主观性，促进工业的发展。否则，在这三者中缺少任何一环，或对其中某一环具有的潜在作用关注不够、发挥不够，都能导致整个锁链的损坏及作用的减弱。

遵循责权利相结合的原则，首先，各级工业管理组织和企业必须对国家承担经济责任，在遵守国家各项政策法令的前提下，按照国家计划和社会需求，组织生产经营活动，力求最经济合理地利用各种资源，有效地推进技术进步，不断地提高经济效益。其次，各级管理组织，尤其是企业应具有与其所负责任相适应的权力，使它们的主动性和积极性得到发挥。权力是实现责任的条件，有职无权，责任就不可能落实；当然也不能脱离责任来枉谈权力，权力和责任必须统一。再次，要贯彻物质利益原则，实行按劳分配为主体、多种分配方式并存的分配制度，把责任和利益结合起来。各个经济组织和企业各自承担的责任有大有小，实现的经济利益有好有坏，那么它们所得的经济利益也有所差别。这样才能使经济组织和企业对完成经济责任具有内在的经济动力。

总之，责权利相结合，责是核心。如果说经济责任是一种外在压力的话，那么经济利益则是内在动力，而权力则是把责任和利益统一起来的保证。从中国目前情况来看，真正贯彻责权利相结合的原则，还需要一定的过程，需要改革不合理的工业管理组织体系，以社会主义市场经济理论为指导，建立现代企业制度，把企业建成独立的经济实体，使个人利益与企业利益紧密联系起来。这些都需要进一步改革才能真正实现。

（五）物质鼓励和精神鼓励相结合

管理活动一个很重要的内容就是对人的管理，如何充分发挥人的主动性和创造性，调动工业企业职工的生产经营积极性，提高企业的凝聚力，是工业管理的重要任务。在社会主义市场经济条件下，激发人们的内在动力，必须实行物质鼓励和精神鼓励相结合的原则。

物质鼓励是物质利益原则的具体体现。首先要承认国家、企业、个人三者的根本利益是一致的，只有国家富强了，企业的经济效益提高了，职工的个人收入才能不断增长。在此基础上，正确处理简单劳动与复杂劳动，体力劳动与脑力劳动的收入差别；正确处理企业内部不同工种职工、不同岗位职工、不同劳动量职工的收入差别；要使职工的利益与企业的效益挂钩，建立企业职工收入随企业经济效益变化而变化的机制。同时，国家要给所有企业创造公平合理的竞争环境，对与企业经营无关的级差收益，国家要通过税收收归国有。只有这样，才能调动企业的积极性，调动企业职工的积极性。

人的需求是多方面的，既有物质的需求，也有精神的需求，所以，物质鼓励并不是激发人的内在动力的唯一办法，还要与精神鼓励相结合。人的精神需求是多方面的，有尊重的需求、自我价值实现的需求等，要达到鼓励的目的，就必须满足人的这些方面的需求。此外，人的思想认识、政治态度和精神状态等都会对工业生产和建设产生重大影响。振兴中华的民族精神，坚定的社会主义信念，高尚的道德观念，企业精神等，都可以增强企业的凝聚力，并转化为巨大的物质力量。为此，应该加强和改进思想政治工作，加强企业文化的建设，造就一支在市场经济条件下对企业职工进行精神鼓励的管理队伍。

坚持物质鼓励和精神鼓励相结合的原则，要特别防止"金钱万能"的观点，认为物质鼓励是唯一的调动积极性的办法，否定精神鼓励的作用，这是非常错误的，必须对此予以高度重视。

（六）以提高经济效益为中心

提高经济效益是工业经济管理的出发点和归宿点。它要求在工业生产经营活动中，用尽可能少的劳动消耗和劳动占用，提供尽可能多的符合社会需要的产品或劳务。

提高工业经济效益，一方面，要提高工业企业的经济效益，通过现代企业制度的建立促使企业加强核算，努力降低产品成本，提高劳动生产率，增加适销对路产品的产量。建立企业职工利益与企业经济效益相适应的机制。

另一方面，要树立整体观念，正确处理微观经济效益与宏观经济效益，近期经济效益与长远经济效益、经济效益与社会效益的关系，以实现整体工业经济效益的最优。

二、工业经济管理的基本方法

工业经济管理方法是各层次管理机构，为了实现管理职能、达到管理目的，在工业管理基本原则指导下所采取的各种管理措施和手段。其中主要有经济方法和法律方法。

（一）经济方法

1. 经济方法的含义和特点

经济方法是指国家依靠经济组织与机构，运用经济手段，以物质利益为作用机制，通过调整经济利益来管理经济活动的方法。

在社会主义市场经济条件下，经济方法具有以下三个特点：

第一，经济方法是以个别或局部物质利益的存在为前提的。传统体制之所以以行政方法为主，就是因为不存在个别或局部的物质利益。从企业来看，市场经济下的企业是独立核算、自主经营、自负盈亏、自我积累、自我发展的独立的商品生产者和经营者，追求物质利益的最大化是企业生存和发展的基本动因。因此，通过对企业物质利益的影响和调节就可以达到指导企业行为、约束企业决策的目的。

第二，经济方法是利用经济"强制"来实施管理活动的。经济方法作为管理经济活动的重要手段，必须对管理对象起作用，管理对象要根据有关的经济措施和手段做出相应的反应，这就要求经济方法也要具有"强制性"。这种"强制性"表现为经济规律的不容违背和物质利益的机制作用。

第三，经济方法主要是通过价值形态的经济范畴（如价格、税收、利息、收入等）发挥作用。商品生产是以价值为目标的生产。在市场经济中，人们对物质利益的追求，直接地表现为对价值的追求。人们之间的物质利益关系，主要通过价值形式反映出来。价值指标是衡量物质利益的基本指标。通过对价值的分配和再分配来调节各方面的物质利益。

2. 经济杠杆

经济方法有多种具体形式，其中经济杠杆是最主要的形式。

所谓经济杠杆，简单地说，就是与经济利益密切相关，对经济活动起调节作用，并为国家所控制的一种价值形式的手段。事实上，在商品经济中存在着许多价值形式的经济范畴，如税收、利率等。这些经济范畴，都可以作为工业管理中调节经济活动和经济关系的杠杆。

在经济管理中利用经济杠杆进行管理的原理是，以国家等管理主体为杠杆发出作用力的一端，企业等管理对象为受作用力作用的杠杆的另一端，以物质利益为支点，通过移动支点的位置，就可以影响企业等管理对象的经济行为，来对经济关系、经济活动进行调节。在多种经济杠杆中，税收、利率是最为重要、应用最广的两个杠杆。

（1）税收杠杆

税收杠杆专指税收的调节职能。它是指国家自觉地运用税收的调节职能，通过税收的多征或少征、一征一免，从经济利益上引导和调节经济活动的手段。税收杠杆系统的主要调节手段有税种手段、税目手段、税率手段、减免税手段、纳税环节手段和纳税期限手段等。其中，税率手段是税收杠杆系统的重要调节手段。

税收杠杆的主要作用是调节企业和国家、个人和国家之间的经济关系。它对生产、分配、流通、消费以及国际贸易都具有调节作用。税收杠杆的特点有：

①相对稳定性。一般不能过于频繁变动。

②同一性。所有征税对象，在同一规定面前，一视同仁，没有例外。

③特定性。国家可以根据某一方面的需要，设置专门的税种。税收杠杆的这些特点，决定了它每一次的变动时间都较长。对其可以有针对性地加以运用。

（2）利率杠杆

利率杠杆，就是以中央银行为核心的银行体系，根据国家计划、国家的信贷政策和工业经济活动的实际情况，调节存款利率和贷款利率，通过引导资金的合理运动来调节工业经济运行以及国民经济运行的一种手段。利率杠杆可以调节产业结构，调节积累与消费的比例关系，促进市场商品的供求平衡。

税收杠杆的特点有：

①针对性强，它是对某项具体的经济活动发挥作用。

②作用面相对比较窄，只有在企业运用信贷资金时，利息杠杆才能发挥作用。利率杠杆的这些特点，决定了它的作用对象比较明确，作用界限清楚。

(二) 法律方法

1. 法律方法的含义和特点

工业经济管理的法律方法，是通过由国家对各种经济关系、经济行为，制定统一的法律规范，并利用法律的强制手段，保证这些法律规范发挥作用的管理方法。

在社会主义市场经济条件下，法律方法有以下三个特点：

①法律方法是以统一适用性为原则。任何法律都不是针对某一个单位或企业而制定的，法律是社会统一的行为规范。经济法律一旦形成，所有适用对象在法律面前一律平等。

②法律方法具有超经济的强制力，并且以惩罚为其基本手段。法律方法同样是以国家政权为依据发挥强制力。不管法律规定与管理对象的个别利益是否一致，管理对象都必须具有超经济强制性。任何违背法律的行为，都要受到法律的惩罚。当然，与经济管理相联系的有关法律在制定时，必须遵守客观经济规律，以维护法律的公正性、严肃性、稳定性。

③法律方法是经济方法和行政方法有效发挥作用的基础。在一定意义上说，社会主义市场经济就是法治经济。经济方法真正起作用，没有法律方法保障是不行的。

2. 法律方法的形式

法律方法的形式包括经济立法和经济司法两个方面。经济立法是把各种经济关系和经济活动准则形成法律规范；经济司法是这些法律规范能够得到贯彻执行的组织保证。

①经济立法。经济立法包括由谁立法，对谁立法，立什么法等方面的内容。在中国，全国人民代表大会是立法的权力机构；地方的各级人民代表大会，也有权制定一定的地方性法规。此外，全国人民代表大会或人大常委会授权国务院或政府的有关职能部门制定的暂行规定或条例，也具有法律效力。在社会的经济活动中，任何需要有法律保障的经济关系，都应该上升为国家意志形成经济法规。其中涉及工业管理领域的有：公司法、企业法、破产法、合同法、专利法、商标

法、环保法、反不正当竞争法等。随着中国特色社会主义市场经济体制的建立和完善，经济立法越来越迫切，越来越重要，全国人大要加速经济立法的进程，以满足市场经济的需要。

②经济司法。经济司法是国家机关，运用国家强制权力，保证经济法规实现的执法活动。中国的经济司法机关包括人民检察院经济检察机关、人民法院经济审判法庭，以及有关专门法院对经济案件进行检察和审理的经济仲裁机构，合同公证机关的公证业务活动等。经济立法只解决有法可依的问题，要使经济法规发挥其应有的作用，必须建立相应的经济司法机构和制度，对违法行为予以制裁，才能做到有法可依，违法必究，执法必严。否则，经济法规只能流于形式，社会主义市场经济秩序正常与否，不仅取决于立法，更取决于执法。

3. 法律方法的作用

法律方法的作用是多方面的，主要表现在：法律方法是建立良好经济秩序的基本保障；经济法律是实施经济管理的基本原则和依据；作为法律方法主要内容的经济法庭、经济仲裁、经济公证等经济司法工作，在协调经济活动中的各种物质利益关系上，具有其他方法不可替代的作用。

第二节　工业经济效益

一、发展工业经济并提升工业经济效益的重要性

站在工业自身拥有的作用角度看待工业经济与工业经济效益，发展工业经济并不断提升工业经济效益对整个国民经济的快速发展具有重要的意义，表现在以下三个方面：首先，中国要想实现经济水平高速增长，需借助工业的发展，因为工业是国民经济的主导产业且对较多的领域存在较大的影响力，在工业经济快速地发展的同时能够带动较多的领域一齐发展。其次，发展工业经济并不断提升工业经济效益能够显著提升中国居民的生活水平。在工业化进程不断深入发展的过

程中，制造业与服务业的发展呈现出日益扩大的趋势，在发展的过程中可解决中国就业难的问题，提升了国民的收入水平，进一步提高了人民的生活水平，促进社会快速发展。最后，工业发展是其他行业快速发展的基础。工业在中国三大产业结构中占据着重要的地位，对于其他行业的发展起到了推动性的作用。工业的存在可为其他行业提供必需的机器设备，在机器设备性能不断提高的过程中提升了其他行业的生产水平，在提升其他行业竞争能力的同时推动其稳定并快速地发展。

二、工业经济效益提升策略

（一）实现对企业经济效益的深度认知

时代不断地发展中且不断改变着人们对经济效益的认知，中国对于经济效益的认知表现为在经济活动中所消耗与占有的劳动量与劳动后得到的劳动成果之间的比值，站在这一角度对工业经济效益的理解与考核，会将重点放置于资金投入方面与原料和设备等生产要素方面，还会涉及人们的财富需求。在将重点放置于这几项元素中后会认识到提高经济效益的直接性依据是时间节约规律，根据价值规律设定经济效益指标也是掌握企业经济效益的主要理论性依据，因为企业在针对人力、财力、物力进行有效节约时主要是针对劳动时间进行节约，这可以显著降低人造财富所形成的生产循环周期并达到提升经济效益的目标。在中国市场经济条件的背景下所反映出的价值规律为时间节约规律，企业在遵循这一规律时可以有效地节省大量劳动时间且应用于下一环节的生产中，可显著提升企业的经济效益。在自然资源与环境方面，不需要人类进行劳动且不需要人造财富，未存在任何价值并不需要研究节约时间。站在中国当前经济发展问题的角度进行分析，若在认知工业经济效益时，未将自然环境与自然资源对经济效益产生的影响认知清楚，很容易产生随意应用自然环境与自然资源的现象，会因损害自然环境与浪费自然资源而影响人类的可持续发展。目前，中国社会正从以往的工业经济形态逐渐向知识经济形态方向转变，通过利用人的智慧与知识的作用、利用科学技术、降低自然环境损害率与自然资源使用率等方式达到提高工业经济效益与增长财富的目的，这一过程中表现出工业生产过程形成了全新的生产要素，并促进工业经济效益的增长，达到了健康增长的目标。在这种全新的背景下，需要人们对工业经济效益进行重新的认知，并保证认知的结果达到客观性与全面性，以实现深度理解工业经济效益的目的。

（二）将各主体利益考虑在内实现尽可能满足各主体利益的目标

工业企业在构建经济效益考核体系时需要注意各主体的利益，如果在构建时只是为了实现企业股东利益的最大化且单纯性地认为企业股东才是经济效益的主体，而未将公众社区等非市场主体充分考虑在内，对于工业企业经济价值的提升存在较大的影响且会对企业股东的切身利益产生较大的损害。例如，企业在经营过程中若造成外界损失而未给予适当补偿，可能导致外部不经济的问题。又如，某企业为了降低成本，未购置国家要求的污水与废气处理设备，并且也没有对生产中产生的污水和废气进行有效处理，直接排出的废气和污水将会对周围存在的河流与大气产生污染，并对周围居民的生活产生较大影响。虽然这种做法可能在短期内满足了股东利益，但忽视了公众社区的利益，就会影响人类的可持续发展。同时，若公众社区将企业的经营行为向相关部门投诉，企业就会受到处罚且处罚的额度要显著高于在污水与废气处理中投入的成本。因此，工业企业在经营过程中，需要全面考虑各方利益，并尽可能满足这些利益需求。

（三）对当前构建出的经济效益考核指标体系进行优化与完善

在进行优化与完善经济效益考核指标体系时，可以从以下两个方面入手：一是对于企业的总资产贡献率要实现不断提升。目前，工业企业在针对总资产贡献率进行计算时普遍采用的公式为分母是税金金额与利益支出和利润总额三者之间的总和，但是在此公式中存在的问题是工业企业缴纳的企业税金与各种利息的支付并不是由企业是否盈利而决定的，即使企业在经营过程中出现亏损的状态也不会产生破产与清算的风险，而是根据筹资时签订的还款条例达到按时支付本息的要求且正常缴纳税金。从此可以看出，工业企业的总资产贡献率并不能完全性地反映出企业真实的经营成果，需对企业应用的总资产贡献率计算公式进行改善，要将分母中存在的利息与税收进行清除，只需要充分考虑利润总额即可。二是对于企业资产负债率要实现有效优化。工业企业在计算资产负债率时所应用的公式为资产负债率为负债与总资产的比值。计算资产负债率的目的是充分反映出企业财务具有的杠杆大小与企业债权人具有的保障程度，但是在此过程中经常会表现出权益人期望利用杠杆效果达到提高企业资产负债率的目的，进而达到有效增加企业股东每股收益的目标，而企业债权人则表现出期望企业负债的比例尽可能低，以显著降低企业存在破产风险。

工业企业在发展过程中需要改变以往的经济效益考核指标体系，将影响企业经济健康发展的能源消耗较大与污染环境的突出问题充分考虑在内，保证工业企业生产过程能够尽可能地降低能源消耗与环境污染，实现可持续发展目标。另外，工业企业应在构建经济效益考核指标体系时将各主体方的利益融入体系中，实现工业企业发展全过程达到稳定且快速发展的目的。

(四) 优化供应链管理，提升工业经济效益

1. 提高供应链协同合作水平

在工业管理中，提高供应链协同合作水平是一个关键因素，这需要企业与供应商、分销商甚至竞争对手建立长期稳定的合作关系，实现互利共赢，优化整个供应链。共享准确且实时的供应链信息也是关键，企业需要建立有效的信息共享平台，以便各参与方获取必要的信息以支持决策制定和协同操作。另一个重要的策略是进行联合规划，通过协同处理供应链中的问题，如需求预测和库存控制，企业能够提高供应链的响应速度和灵活性。同时，风险和收益的共享也是提高供应链协同合作水平的重要途径，面对价格波动、需求不确定等风险时，企业应通过合同或其他方式将风险合理分摊，增强各方的协同意愿。

2. 创新供应链管理模式

创新供应链管理模式在工业管理中起到了关键作用，它帮助企业适应市场变化，提升竞争优势。其中，利用新兴的数字化技术，如物联网、人工智能和大数据，实现供应链的智能化管理，是提升供应链效率和灵活性的重要方式，也可以降低管理成本。此外，通过推广绿色环保理念和生产方式，建立绿色供应链，企

业不仅可以履行社会责任，提升品牌形象，也能增强市场竞争力。企业还应从整个供应链的角度来思考问题，实现供应链各环节的协同和优化，并且建立适应市场的快速变化和满足个性化需求的供应链。

3. 强化供应链风险管理

强化供应链风险管理是提升工业经济效益的重要策略，有效的风险管理不仅可以帮助企业避免可能发生的经济损失，还能确保供应链的稳定运行，这需要企业定期进行风险的识别和评估，包括对供应商稳定性、物流风险和市场风险等方面进行全面分析，以便预测和控制可能的风险。在识别和评估风险之后，企业需要为可能出现的风险制定相应的应对策略，如寻找备选供应商和制定合理的库存策略，这能够减少风险的影响并保持供应链的稳定运行。同时，建立风险预警系统也是非常有必要的，当风险发生时，预警系统能及时发出警报，使企业能快速采取应对措施。另外，提升供应链的灵活性也是一个重要的风险管理策略，灵活的供应链设计和生产能够帮助企业应对不确定性，从而降低风险的影响。

第三节 工业部门结构

一、工业部门的形成

工业部门是指生产同类产品的工业企业的总和，或者是具有某种同一属性的工业企业的集合。这些工业企业在生产过程中，有着这样那样的共同点或相似之处，它们或生产工艺性质相似，或所需主要原材料相同，或产品的主要经济用途相同。在工业生产运行活动中，为便于对工业企业及其生产活动进行分类管理，往往将具有上述特点的一批企业归为同一类企业，从而形成各种独立的工业部门。

工业部门形成的根本原因是社会生产的分工不断深化和科学技术的发展。世界各国工业分工发展的程度和水平虽然千差万别，但都几乎无一例外地通过一般分工和特殊分工两种形式形成各自的工业部门。

一般分工是指整个国民经济的部门分工。一般分工将整个社会生产分为大的部门，如工业、农业、交通运输业、商业、建筑业等国民经济部门。从历史上看，最早的工业部门是通过一般分工从农业中分离出来的，如纺织、酿酒、造纸等工业部门的形成就是如此。特殊分工是指工业内部的分工。如把工业分成采掘工业、煤炭工业、电力工业、冶金工业、机械工业、食品工业等。值得一提的是，现代工业部门的形成主要是通过工业内部的特殊分工实现的，通过一般分工形成新的工业部门的情况比已较少见。尤其是随着工业内部分工的发展，工业生产的专业化程度日益提高，使原有的工业部门更加精细化，不断从中剥离出新的工业部门，如从纺织工业中分出棉纺织业、毛织业、麻纺业、丝织业等。此外，由于科学技术的发展，也会通过特殊分工在工业内部产生新的工业部门，因为科技进步能不断向工业输入各种新技术、新设备、新材料、新产品、新工艺、新方法。以此为契机，通过不断地发展完善，涌现出新的工业部门，如高分子合成化学工业、微电子工业、原子能工业、宇航工业等。总之，社会生产分工及科学技术越发展，生产社会化、专业化程度越高，特殊分工就越细，新的工业部门就越容易产生，工业部门就越多。个别分工是指工业企业内部的工种分工，如机械工业企业内部分为铸、锻、钳、车、铣、刨、磨等不同的工种。尽管个别分工也是一种社会分工形式，但不能通过它形成新的工业部门。

二、工业部门间的联系及其比例关系

（一）工业部门结构的简述

工业部门结构是指工业部门在社会再生产过程中的组成和构造方式，它说明工业是由哪些部门组成的，以及这些部门之间的生产联系和数量比例关系。工业部门结构的形成，是建立在社会化大生产基础之上的，是社会再生产过程中各部门之间对对方产品相互提出需求和满足需求的结果。由于工业部门结构随着社会分工的变化而不断变化，所以只有将其放到工业再生产过程中去研究，方能正确把握它的发展变化过程和一般规律。

(二) 工业部门间的内在联系

工业部门间的内在联系主要表现在三个方面，即生产联系、技术联系和经济联系。

①工业部门间的生产联系是指每一工业部门的经济活动都依赖于其他工业部门的经济活动，以其他部门经济活动的产出或成果作为自己的生产要素投入；同时以自己的经济活动的产出成果，直接或间接地为其他部门的生产服务。离开这种生产联系，任何工业部门的经济活动都不可能正常进行。

②工业部门间的技术联系是指每一个工业部门的技术发展都直接、间接地影响着其他部门的技术发展；每一工业部门的技术发展又直接、间接地受其他部门的技术发展水平的影响。各工业部门间的生产联系的紧密程度和范围，直接取决于该部门与其他部门的技术联系。

③工业部门间的经济联系是指每一工业部门与其他部门在一定的交换关系下的利益关系。各工业部门间的生产联系和技术联系主要是通过部门间的产品或劳务的交换关系体现出来的。在社会主义市场经济条件下，每一工业部门的效益水平和个别利益的实现程度，不仅取决于本部门的技术水平和管理水平，而且取决于本部门产品或劳务与其他部门的产品或劳务相交换的量的比例。

上述三方面表明，工业部门间的关系呈现出既互相依赖、互相统一，又互相独立、互相排斥的复杂状态。一方面，每一工业部门都不能离开其他部门而单独存在和发展、单独完成自己的经济职能，各部门之间必须在空间、时间及数量比例关系上紧密配合，互为条件、互相依存，共同构成一个统一的经济系统。另一方面，以及各工业部门的经济职能的相互独立性，物质利益的相互独立性、由于在社会总劳动及资源的分配上此长彼消的关系及产品上相互替代关系的存在，各工业部门之间的关系又表现为互相独立和互相排斥。从这种对立统一关系上把握各工业部门间的内在联系，是认识工业部门结构的一个重要基础。

(三) 工业部门之间的比例关系

如前所述，工业部门之间有着错综复杂的关系。这就要求人们在具体的工业管理工作中，必须按照工业部门间发展联系的内在规律组织工业部门，以保证整个工业的协调稳定发展。为此，应正确处理好几个基本的比例关系。

1. 重工业和轻工业之间的比例关系

它是工业部门之间的最基本的比例关系。重工业是主要生产生产资料的工业部门，它为国民经济的其他部门提供技术装备、燃料动力和各种原材料，这些生产资料是社会再生产的物质、技术基础；轻工业是为人民生活提供消费资料和为一部分加工工业提供原材料的工业；两类工业能否维持一个合适的发展速度和结构比例，对整个工业的快速稳定发展至关重要。为了保证社会再生产的顺利进行，一方面要求生产生产资料的重工业较快地增长，以满足再生产的不断扩大对生产资料的需求；另一方面，要求必须是在两者比例关系比较协调的前提下进行。工业部门间的内在联系决定了重工业不能脱离轻工业而独立地发展。从世界各国产业发展的顺序看，也是在轻工业发展到相当水平时，才转而重点发展重工业。认识不到这一点，就会在工业发展实践中多走弯路。

2. 采掘工业和加工工业的比例关系

采掘工业直接为加工工业提供各种原材料和燃料动力，两者有着极为密切的关系。采掘工业就好像加工工业的"粮店"，它能为加工工业提供的"粮食"（各种原材料、燃料动力）越多，加工工业就能越快地发展。而加工工业的快速发展和加工深度不断提高，一方面可能为采掘工业提供更加先进的生产手段，另一方面使各种原材料得到更加充分的综合利用，提高原材料的附加价值和使用价值。否则，加工工业就难为"无米之炊"，因为"饥饿"而无法加工制造出社会需要的物质产品。可见，采掘工业和加工工业既相互依存、相互促进，又相互制约。处理好两者的比例关系，对提高工业生产活动的经济效益，加快工业发展速度，有重要的意义。

为了加快加工工业的发展，首先应使采掘工业有较快的发展，即遵循先采掘后加工的原则。唯此才能满足加工工业对原材料不断增长的需要，这样做主要还是从采掘工业自身的特点来考虑的。与加工工业相比，采掘工业受自然条件的制约和影响大，建设周期长，耗费资金多，而且一个矿山开采到一定程度，就无法再继续生产，必须转移到新的矿区去，所有这些特点从客观上决定了采掘工业要先行一步，走在加工工业的前面。但是，采掘工业优先较快地发展，不是盲目的，还必须考虑加工工业的能力，与加工工业保持一个合理的比例，既不能过度乱采滥伐，盲目扩大产品品种及数量，也不能因数量不足而成为加工工业发展的瓶颈。

3. 工业生产主要序列的比例关系

工业生产是一个连续协调的过程。从取得原材料开始，直到制造出可供使用的产品，经历了初级产品、中间产品、最终产品三个生产阶段，形成一个序列结构。从物质转换过程来看，总是先获得初级产品，然后生产出中间产品，最后才生产出最终产品；从生产目的来看，生产初级产品和中间产品是直接为生产最终产品服务的，为社会提供日益丰富的最终产品又是工业生产的根本目的。这三类产品之间的比例关系，既反映了两大部类的关系，又反映了产品加工过程中前后序列的衔接关系。

生产一定量的最终产品，必须占用消耗一定量的初级产品和中间产品。一般地，占用和消耗的初级产品和中间产品越少，获得的最终产品越多，最终产品率就越高，生产的效果越好。由于社会生产是连续进行的，因此要求这三种产品必须保持适当的比例，不能一味地追求过高的最终产品率。不过，如果最终产品率的提高是在三者比例关系比较合理条件下获得的，说明它是劳动生产率提高，占用和消耗初级产品和中间产品减少的结果，这正是人们从事工业生产所刻意追求的目标；如果最终产品率的提高是三者比例失调的情况下获得的，这说明它是挤占初级产品和中间产品的生产资料的结果，这必然会因为没有一定比例的初级产品和中间产品作为生产储备，而造成生产序列的不连贯，影响以后各期最终产品的生产。显然，最终产品率不能过低，不然则说明出现了初级产品、中间产品的大量积压，不能进入生产阶段，造成浪费。因此，只有三者之间保持一个正确比例，才能使生产过程衔接良好，顺利进行。

三、影响工业部门结构的因素

（一）生产力水平和科学技术水平

生产力发展水平，尤其是科学技术发展水平是影响工业部门结构的最主要因素。当生产力和生产技术水平比较低，工业生产以手工劳动为主时，工业部门的数目就必然很少，结构也很简单，工业部门间的协作不紧密，联系松散。随着生产力和科学技术的不断进步，机器设备逐步代替手工劳动，社会分工愈来愈细，新技术、新工艺等新科技成果也不断地在工业中得到广泛的应用，从而使工业部门的数目迅速增加，联系也更加紧密与深刻，工业部门结构也随之发生了根本的变化。

（二）社会需求结构变化

社会需求结构是指国民经济各部门和人民生活对各种工业品需求的多少和比例。社会需求结构中主要包括生产性需求和非生产性需求，这两种消费需求的数量和比例是随时变动的，这种变动会影响到工业再生产活动，进而使工业部门结构发生变化。

生产性社会需求是指国民经济各物质生产部门对工业品的需求。在此需求中，除了工业部门内部的相互需求，还有农业的需求、建筑业的需求、交通运输邮电业的需求等。其中，农业的需求占重要地位。因为农业是工业品的主要消费部门，它对工业品需求的任何变动，都会对工业部门的结构产生较大影响。一般而言，工业部门的大小是农业生产率的函数。农业必须有能力生产工业部门所消费的农副产品和原料。而且，只有农民富裕了，他们才能成为工业品的市场。可见，当农业生产率水平低，积累率低，农业生产还是以手工劳动为主的分散、粗放耕作时，直接为农业生产服务的工业部门就受到市场狭小的限制。随着农业积累能力逐步扩大，机械化、水利化、科学化水平和劳动生产率不断提高，必然会向工业提出多方面的更高要求，使得与农业生产关系密切的农业机械、燃料、化肥、农药、运输工具、生活用品等工业部门迅速发展起来，从而引起工业部门结构的变化。建筑业的需求主要是对建筑材料、建筑机械、建筑安装、供电、供水、供气设备的需求，交通运输邮电业的需求主要是对交通邮电工具、交通邮电基础设施等方面的需求。这些方面需求的变化，在市场经济条件下，必然会对工业部门结构产生影响。

非生产性需求是指人民的物质文化生活中对工业品的需求，如对文教用品、体育用品、卫生用品、生活用品的需求等。随着经济的发展，人民收入水平和生活水平提高，对这类消费品的需求会日益增加，消费结构也会不断发生变化，对各种高档衣着、耐用消费品和加工深度高的产品的需求也会不断增加。为了适应消费结构的这种变化，工业部门结构也必须自觉地作出及时调整。

(三) 社会经济体制

社会经济体制，会对工业部门产生巨大影响。不同的经济体制，会产生不同的技术经济政策，如重点产业政策、技术政策、财政金融政策、价格政策、税收政策等，这些都会影响到人力、物力、财力等生产要素的供求关系的变化，使它们在工业部门中间进行配置与组合，从而引起工业部门结构的变化。中国经济体制在不同的历史时间是不同的，尤其是20世纪70年代末以来发生了一系列重大变化。中国先后实行过计划经济体制；计划为主，市场为辅的经济体制；有计划的商品经济体制和市场经济体制。这些不同的体制都曾对各个时期的工业部门结构产生过重大影响，特别是随着社会主义市场体系的不断完善，新的技术经济政策的出台和实施，现代企业制度的建立等，定会引起中国工业部门结构的变化。

四、工业部门结构的合理化

(一) 工业部门结构合理化的衡量标志

建立合理的工业部门结构，是研究工业部门结构的最终目的，是工业现代化的重要内容。所谓合理只是相对而言的，过去是合理的，今天就不一定合理，在A国是合理的，在B国就不一定合理，关键是要符合国情。建立合理的工业部门结构，可以充分利用一个国家的自然资源，保证社会再生产协调、稳定、高效地顺利进行，更好地满足不断增长的社会需要。工业部门结构是否合理，一般可由下述四个标志加以衡量。

1. 比例性

比例性即要求工业部门结构中的各工业部门，要按照社会化大生产和部门之间的生产协作关系，保持一个合适的比例。重工业的增长同社会生产和建设相适应，轻工业的增长和人民生活水平的提高及消费需求增长相适应，基础工业的增长与加工工业的增长相适应，能使各工业部门以及工业与国民经济其他部门之间协调发展。

2. 先进性

先进性主要指工业部门的技术水平和技术进步的速度，合理的工业部门结构应能够促进工业的科学技术进步，使传统工业在不断发展和改造的同时，体现当代科技水平和方向的新兴工业部门能够有更快的发展，并在整个工业中的比重迅速提高。

3. 开放性

合理的工业部门结构不是封闭、自循环式的，而应该是开放式的。能够做到充分利用国内外两种资源，积极参与国际经济循环，充分发挥自身的经济优势，在国际贸易中取长补短，实现优势互补，促使工业快速发展。

4. 效益性

合理的工业部门结构，必须有利于提高工业生产的经济效益和社会效益，以较少的要素占用和消耗，获得更多的使用价值，使可供消费的最终产品种类和数量不断增加，促进社会主义生产目的的实现，满足社会需求，并能保证国民经济的良性循环。

（二）评价工业部门结构合理化的指标体系

1. 静态指标

静态指标主要反映工业部门结构的现状、水平以及工业部门结构的缺陷和薄弱环节，通过对这类指标的分析，能为工业部门的调整提供依据。

①工业在国民经济中所占的比重；

②重工业和轻工业在全部工业中所占的比重；

③各主要工业部门在全部工业中所占的比重；

④独立工业部门的数目、新兴工业部门的数目及其比重。

2. 动态指标

动态指标主要用来分析和反映工业部门结构的演变和成因，预测未来工业部门结构发展的水平和方向。

①工业的年平均增长速度；

②各工业部门的年平均增长速度；

③基础工业和主导工业的超前发展速度和加速发展速度；

④工业经济效益综合指数变化率。

（三）工业部门结构高度化

工业部门结构的演进呈现出一定的规律性。在商品经济发展过程中，随着工业化进程，工业部门结构在进行转换。不管工业化起步早晚，都要经过以初级产品工业为重心的结构向以深加工工业为重心的结构转移，这意味着工业生产由粗放经营转向集约经营，形成高附加价值的工业部门结构。工业部门结构这一规律性的转换现象，称为工业部门结构的高度化。

1. 工业部门结构高度化的标志

①结构的技术水平提高。这是首要标志，科技进步是工业部门结构演进、转换的原动力。结构的高度化是科技不断进步的结果。这里，结构技术水平的提高，不是指单个行业，而是指整个工业部门结构技术水平的提高。如高附加值的新兴行业涌现的速度加快；随着科学技术进步，行业间科技转移越来越快；等等。

②竞争高级化。在市场经济中，随着生产集中化进程，垄断和限制竞争现象日益突出，建立一个有利于有效竞争的市场结构是十分必要的。通过改善市场结构，推进有效竞争，促进规模经济的实现，这就是工业部门结构高度化的"竞争高级化"的含义。如各行业的技术水平普遍提高，推动生产集中化的发展，使过

去分散的小规模竞争转化为集团间的大规模竞争,从而使众多分散竞争转为集团内部的有效竞争。

③结构的开放度提高。这是社会分工不断深化,国内与国际市场相互联结的必然趋势。结构的开放度提高是指打破封闭式的经济运行,发展国际贸易,实现国际的物质能量转换,在更高层次上实现结构的开放。如充分利用国际市场,发挥自己的资源优势,较好地享有规模经济效益;充分利用国外先进技术来提高本国的部门结构技术水平;利用国际市场补充本国稀缺资源;等等。

2. 工业部门结构高度化的一般规律

从各国经济的发展过程看,工业结构的变化都是从轻工业起步,而后沿着重化工化—高加工度化—技术集约化的轨迹,经过三个发展阶段,前后衔接,循序渐进,不断提高。

①重化工化是指工业部门结构从以轻工业部门为主向以冶金、机械、化工等重工业部门为主推进的过程。在工业化初期,轻工业开始起步,从而吸引大量的农业劳动力进入工业生产过程,促进了社会需求的增加,使轻工业本身得到迅速发展。这时,社会需求又从一般消费品转向各种耐用消费品,引起储蓄和积累增加,对重化工业的投入也随之增加,并使其很快成长起来。重化工化的最简单标志是重化工业产值急剧增加,其比值逐渐大于轻工业产值。

②高加工度化即产品加工深度不断提高的趋势。从工业发展阶段来看,是指工业部门结构的重心日益脱离作为基础的原材料工业向加工工业转移,加工工业的增长速度和产值明显地超过原材料工业。工业内部结构以轻工业为主,是谈不上高加工度化的,当工业发展到制造业阶段后,才使产品的加工序列加深,环节延长,出现大量的以中间产品为加工对象的工业,摆脱了对原材料工业的依赖,从而出现重心的转移,进入高加工度化阶段。

③技术集约化是指工业发展过程中,作为资源要素投入的技术成分越来越多,密集程度越来越高,技术进步的速度也越来越快。工业生产过程中,一方面大量采用先进技术、高技术,另一方面逐步淘汰传统技术,工业部门结构中高技术产业部门的比重迅速增大,新兴的高技术产业成为主导产业。

第四节 工业经济管理发展

一、工业经济管理模式的创新措施

(一) 树立运筹学思想

工业经济管理中,思想改进和创新是基础,一方面让领导认识到经济管理的重要性,树立前瞻性眼光看问题;另一方面增强员工的责任心,更好地配合管理工作开展。树立运筹学思想,首先从领导层入手,聘请管理专家进行思想引导,培育其创新意识,转变领导的传统观念,建立现代化的企业管理制度。与此同时,领导要以身作则、树立榜样,用自身行动影响下属,通过上行下效,营造良好的管理氛围。然后从管理人员入手,让他们学习国内国外成功的经济管理思想和案例,可以到相关企业进行考察,总结管理经验,结合企业自身现状改进管理体系。同时要扩展格局,用宏观的、发展的角度看问题,实现全面性、动态化管理。

(二) 优化组织结构

传统的组织结构会降低企业的运行效率,只有对组织结构进行优化和完善,才能为管理工作提供土壤。第一,从垂直多层次的组织结构模式,转变为横向组织结构模式。一方面减少管理层级,提高信息沟通效率;另一方面加入人性化理念,发挥出人员的主观能动性。第二,从刚性组织结构转变为柔性组织结构,在管理工作中融入企业文化,增强员工的认同感和归属感,不断提升责任意识和道德素养,尽量减少组织结构运行中的问题。第三,针对棘手问题,可建立临时性组织结构,采用灵活的管理方式,更好更快地处理问题,适应企业的发展环境。

(三) 调整管理方向

在中国经济发展的进程中,各行业的发展呈现出不均衡性,这要求经济管理策略必须采取差异化的方法，避免"一刀切"的管理模式。随着经济管理模式的创新，人们应当调整管理策略，努力降低恩格尔系数，并加强食品市场的监管。对于生产假冒伪劣产品的企业，必须严格追究责任并加大惩罚力度，以提高违法成本并起到有效的警示作用。对于生产高质量产品的企业，则应得到政府和管理机构的大力支持，以树立行业标杆。此外，对于特殊食品，人们应在研发、生产、销售等环节采取差异化的管理措施，以市场需求和消费者需求为导向，推动食品行业的持续健康发展。通过这些措施，可以促进食品行业的整体提升，满足人民群众对健康和高质量食品的需求。

（四）加强人才培养

在现代经济管理中，高素质的管理人员团队是企业成功的关键。企业需要积极吸纳和培育人才，确保人力资源的充足和优质。因此，企业要深化人本管理理念，从招聘、考核、激励等多个环节入手，进行全面的变革。通过优化人才引进机制和激励政策，提高企业对优秀人才的吸引力，构建一支高素质、复合型的管理团队。同时，企业应重视员工的持续培训和职业发展，采用多样化的培训方式，如继续教育、专家讲座、外出进修等，帮助员工掌握最新的知识和技术，提升业务能力。此外，企业还应将人才培训与企业文化建设相结合，通过强化企业文化的内涵，增强员工的认同感、凝聚力和归属感。这不仅能激发员工的积极性和创造性，还能促进员工与企业目标的一致性，从而更有效地支持企业的管理工作和战略实施。通过这些措施，企业能够在激烈的市场竞争中保持活力，实现可持续发展。

二、财务角度促进工业经济发展的对策建议

（一）加强会计核算

企业在会计核算工作中，主要关注点有两个：一是遵守权责发生制原则，本期实现的收入、已经发生的费用，均要作为本期收入和费用处理，准确反映企业的真实财务状况，为财务管理和经营决策提供依据。二是采用集中核算模式，在

银行开设会计核算账户，统一管理、分户核算，对会计档案资料集中管理，实施报账员制度。同时公开财务信息，会计核算中心向有关部门提交会计报表和财务分析，确保财务活动在阳光下运作。

（二）注重税收管理

在税收管理上，一方面应加强风险防范，常见风险因素有政策、制度安排、业务流程、纳税筹划等。企业应树立依法纳税的理念，针对常见风险制定管控措施，避免出现问题。另一方面要做好纳税筹划，以中小企业为例，应明确划分企业经营支出和投资者个人支出，防止公款私用、偷税漏税。此外，将部分业务招待费转化为宣传费，公司捐赠和个人捐赠相结合，合理设置员工的薪酬奖金方案等，均是合法的、有效的纳税筹划方法。

（三）资金筹集管理

企业筹集资金时，应结合生产经营情况，确定合适的筹资方式，并预测相关风险，优化资本结构，提高资产的流动性。对资金进行管理时，应采用信息技术，建立资金信息管理系统，实现业财一体化；经济活动开展中，采用多种监督方式，确保资金安全完整，提高资金使用效率；还要做到集中管理和精细化管理，推行全面预算管理制度，控制事前、事中资金的支出。

三、工业经济的可持续发展策略

（一）加强资源共享

工业经济的可持续发展，首先要实现资源共享，不同企业之间通过合作交流和资源共享，促进产业链协同发展。第一，工业活动中，企业共用水、电资源，共用废弃物处理设施，实现资源的高效利用，保护自然环境。第二，建立资源共享平台，实现人员、材料、设备、技术的共享，通过降低成本增强市场竞争力，发挥出规模效应。第三，企业应注重技术创新，并且树立协同创新理念，让不同企业产生优势互补的效果，最终实现共同进步的目标。

（二）完善减碳机制

工业经济发展过程中，减碳是实现可持续发展的重要条件。第一，由政府对碳排放权进行分配和监督，密切监测市场交易变化情况，确保企业与市场之间交流顺畅，通过碳交易、低碳技术转让，增强企业的技术创新能力，推动碳交易市场良性循环。第二，在目前碳交易市场的基础上，扩大减碳机制的流通性和覆盖范围，让更多的工业企业了解认识到具有优势的碳市场。第三，处理好市场与政府两者的关系，既要明确角色定位，又要搭建交易平台，在法律法规、监管工作上下功夫，提高碳市场的运行效率，推动"双碳"目标的实现。

（三）优化产业布局

优化产业布局既能实现资源共享，也是产业升级的必要条件。工业经济可持续发展中，以经济开发区、产业集聚区、生态工业园区为代表的载体，它们的资源环境承载能力有较大差异，其中生态工业园区的优势明显。基于此，以是在有条件的地区积极打造生态工业园区，加强产业联动、企业合作，形成多基点、多层面、一体化发展的新格局。二是城市内部工业经济的发展，要与周边中小城市的产业发展具有不同定位，充分发挥自身在地理区位、交通、信息等方面的优势，打造高端产业园区，并推进产业转型升级。三是处理好传统工业与生态工业的关系，在地理空间上合理布局，为生态工业的发展预留出合理空间，以提高整个企业的结构功能，增强发展动力。

（四）废弃物回收利用

不论是清洁生产还是生态工业，废弃物回收利用均是一项重要内容。以工业园区为例，对生产活动中的废弃物进行收集、分离、加工和再利用，能实现变废为宝的目标。具体操作上，可在园区内建设废弃物处理中心，对企业生产流程中产生的废弃物进行统一回收，分类处理后作为原料或辅料再次回到生产流程。以纺织废料为例，其主要来源于服装和纺织品制造企业，多是天然纤维材料。回收后即可作为新产品的材料和原料，如抹布、服装原料；也可采用热回收技术，用作固体燃料；或采用化学回收技术，清洗、粉碎后作为纤维原料。

（五）引入绿色供应链

工业经济的可持续发展，还离不开绿色供应链，并使其与物联网技术进行融合。绿色供应链以绿色制造理论为基础，将供应商、生产者、销售者和用户纳入其中，从原料获取开始，到报废处理结束，全寿命周期内减小对环境的不利影响。在物联网技术的支持下，引入绿色供应链能优化资源配置，进行实时监控，通过降低成本和环境污染达到绿色发展的目标。在具体操作上，可部署传感器和终端控制系统，对生产过程中的能耗、废弃物、物流等信息进行监控，有助于企业与供应链的协同作业，提高产业链的整体效率。

（六）强化政策法规支持

工业经济可持续发展，还要获得政府及相关部门的支持，其中政府扮演了重要角色。第一，结合工业经济发展现状和未来需求，制定法律法规和行业标准，出台利好政策，通过税收优惠、财政支持，鼓励企业清洁生产，发展生态工业、循环经济。第二，加大政策法规的宣传力度，充分利用官网、公众号、广播电视等媒介，扩大宣传范围和知晓率，确保企业对相关政策法规有全面的、正确的理解，指导企业科学安排生产活动，提高生产运营管理的规范化水平。

第六章 工业生产经济

第一节 工业生产的专业化协作

一、工业生产专业化协作的客观必然性

（一）工业生产专业化协作的含义

1. 工业生产专业化的含义

工业生产专业化是指工业内部各个企业和行业逐渐分离，形成更多的独立企业和新的行业的过程；也是同类生产由分散生产趋向集中生产的过程。工业生产的分离和同类生产的集中，都是专业化过程的表现。分离是指专业分工的细化，同类生产集中是指同类产品、劳务，包括结构相似、工艺相近、原材料相同的产品和劳务，日益集中到专业化工厂。因此，理解工业生产专业化的概念要把握以下四个要点。

①专业化生产是生产分工与同类生产集中的统一。分工是专业化的前提，没有分工就没有专业化；但专业化分工必须与同类生产集中相结合，只有同类生产集中，才能采用先进的、效率更高的专门技术、工艺设备，才能扩大生产批量，从而使专业化生产的优势充分显示出来。

②专业化生产必须具备一定的条件，必须是社会生产发展的实际需要，必须有良好的经济效益，必须具有专用的设备、工艺和相应的管理人员、技术人员及工人队伍。因此，不是任何原有企业的解体和分离，都叫作工业生产专业化。那种认为只要把"全能厂"肢解，分成若干分厂或车间，或者简单地把各工业部门、行业、企业分解或合并，使一个企业生产的品种减少、工艺加工越简单也就

越专业化的说法是不正确的。

③不能把专业化生产片面地理解为生产品种的减少和限制。专业化生产固然要专一些，生产品种要少一些，但同类生产集中既可以是相同的品种，也可以是一些结构相似、工艺相近，使用同样设备生产的品种。因此，只要在同类生产上下功夫，专业化生产可以与多品种生产结合起来。

④工业生产专业化研究范围是工业内部各部门、行业和企业之间的专业分工。因为部门、行业专业化都是在企业专业化基础上形成和发展起来的，由同类的专业化企业组成专业化部门和行业。因此，工业专业化的重点应该是企业专业化，在企业之间进行专业化与协作。

2. 工业生产协作的含义

协作有狭义和广义之分。狭义协作是生产协作，即指工业内部各专业化企业和行业之间为了共同制造同一产品而建立起来的生产联系。因此，狭义的生产协作是与专业分工相对应的。这种协作在品种、规模、时间上要求严格并保持相对稳定，一般是通过企业间签订长期合同来实现。广义协作是指部门、地区、企业之间广泛的生产技术经济联系，协作的内容不仅是生产上的协作，也包括人、财、物、管理、技术等生产要素的互相调剂和相互支援。这种协作有对象、内容、时间、要求等，具有不稳定性、临时性的特点。

工业生产协作同工业生产专业化，有着不可分割的内在联系。工业生产专业化与协作是一个过程的两个方面，是互相依存、共同发展的。专业化把社会生产分解为各个独立的部分，而协作又把分解的各个组成部分联结成为社会生产的有机整体。任何专业化企业、部门，离开这个整体，都是不可能孤立存在的。专业分工越细，各部门之间、各企业之间的相互依存性就越大，也就越离不开协作。工业生产专业化是协作的基础，从而也决定着协作的发展水平。但是，工业生产协作，不是对工业生产专业化消极被动地适应，而是积极能动地为专业化的实现和发展创造了前提。只有工业生产专业化同协作紧密结合，才是现代工业生产所需要的社会组织形式，才能取得良好的经济效益。专业分工愈细、同类生产愈集中，专业化程度愈高，则协作范围愈广，联系也愈密切。因此，专业化是生产协作的基础和前提，而协作则是专业化的保证和条件。

(二) 工业生产专业化协作客观必然性

工业生产专业化协作是生产社会化、商品经济发展和科学技术进步的客观要求及其产物。生产社会化，集中表现为社会分工的发展、协作联系的广泛性和生产规模的扩大。商品经济是社会分工的产物，但随着商品经济的发展，市场的发育和竞争的展开，企业为提高市场竞争能力，必然推进专业化、大批量生产方式。科学技术的进步使新产品、新材料、新技术层出不穷，引起新的专业化行业及企业的出现；同时，技术进步也引起了生产的高效率和专用设备、工艺技术的普遍采用，促进了专业化的发展。

专业化协作符合生产力发展的客观要求，可以提高工业生产建设的经济效益，具有重要的经济意义，集中表现在以下六方面。

①专业化可以扩大生产批量，便于组织大量生产和流水作业，提高劳动生产率，降低产品成本。专业化协作是发挥规模经济的前提，没有专业化协作也就没有规模经济。

②专业化大批量生产方式，有利于采用各种先进的、高效率的专用设备和工艺技术，提高企业工艺技术水平，推动企业的技术进步，从而提高企业的经济效益。

③专业化协作生产可以促进品种的发展，提高制造大型和成套设备的能力，特别是对制造大型、结构复杂、综合程度高的技术设备，通过各种专业化厂家的社会协作，有利于提高综合成套能力。

④通过专业化协作，大企业可以把工艺、零部件、生产服务以及非主要产品扩散到中小企业去协作生产，发挥中小企业的作用，使大型企业和中小企业互相协同发展。

⑤建设专业化协作企业比建设全能企业，可以更好地利用社会协作关系，从而减少建设项目和基建投资，还可缩短建设周期，较快地发挥投资效果。

⑥组织专业化协作，还可以改善企业内部组织结构，促进企业管理水平的提高。

此外，组织专业化生产协作还对节约资源、能源，保护环境，防治"三废"

污染等都有重要的作用。

二、工业生产专业化协作的形式与水平

(一) 工业生产专业化协作的形式

1. 工业生产专业化的形式

从不同角度，工业生产专业化可以划分为不同的形式。

(1) 按照专业化对象划分的生产专业化的形式

①产品或品种专业化。它是以产品为对象，一个工厂只固定制造装配某种产品或者生产工艺相近的几种产品。它的特征是在一个企业里，对一定的产品或功能相近的产品进行封闭式生产，它最适合单一性产品或结构简单的组装产品。如棉纺厂、酒厂、家具厂、服装厂等。

②零部件专业化。它是以一定种类的零部件为对象进行集中生产的专业化，是产品专业化的继续和发展，它不提供完整的产品。零部件专业化的基本条件，是在零部件标准化、通用化、系列化的基础上，把同类零部件集中生产。零部件专业化，最适合于组装型产品，零部件可以相互通用，而且便于分散加工和协作运输，如机电行业零部件、建筑构件等。零部件专业化生产比产品专业化具有更高的同类性，批量更为扩大，为采用先进技术和流水生产线创造了条件，也更能发挥中小企业的作用。

③工艺或阶段专业化。它是以同类工艺或阶段为对象，把同类工艺或阶段组织起来，进行集中生产。它的特征是在一个企业里，只完成产品全部生产过程的某个工艺或阶段。如建立铸造、锻造、电镀、热处理、油漆等工艺专业化工厂。这种专业化不仅可以带来经济效益，而且有利于节约能源，减少环境污染，提高设备利用率，提高技术水平、降低成本，从而达到更高的社会经济综合效益。

④辅助生产专业化。也叫技术后方专业化或生产服务专业化。它的特征是把分散在各个工厂里的辅助生产、服务工作集中起来，实行专业化生产。如设备维修，备品配件制造，蒸气、氧气、煤气生产供应的专业化，美工、装潢设计专业化，运输专业化等。这些专业化有利于企业集中精力搞好生产，还可以大量减少

各种服务人员，提高服务质量和经济效益。

（2）按专业化范围划分的生产专业化形式

①部门或行业专业化。这是社会特殊分工发展的产物。它表现为现有部门或行业的分化和新的独立部门或行业的产生，主要特征是产品经济用途的同类性。如在机械行业中分离出矿山机械、食品机械、农业机械、纺织机械等。

②企业专业化，又称工厂专业化它是指一个企业往往只集中生产、重复生产用途相同、工艺相近的产品，包括零部件和最终产品。这种专业化从产品用途的同类性，发展到生产工艺的同类性，使生产设备、职工劳动技能和劳动对象都形成了自己的特色，标志着专业化的发展达到了成熟阶段。

③厂内专业化。它是个别分工的结果，表现为工作地、工段、车间的专业化。最能反映厂内专业化水平的是岗位的专业化程度。专业化企业是以社会需要为市场的独立的商品生产者，而厂内专业化并不直接对外生产商品。企业专业化为厂内专业化创造条件，而厂内专业化又是企业专业化深入发展的表现。

以上从两个角度对工业生产专业化进行了划分。这些专业化形式的发展是互相结合在一起的。如机械行业中，应发展以装配为主的产品专业化，而它与零部件专业化是不可分开的，又与铸、锻、电镀、热处理等工艺专业化密切结合，而且还往往要求技术后方、服务的专业化、社会化。

工业生产专业化的基本形式，是对现代工业生产中已经出现的各种主要的专业化形式的总结。并非一切工业部门、企业都必须同时具有上述的一切形式。专业化的形式决定于专业化的实际需要，专业化随着生产力的发展和技术进步而发展，因而专业化的形式也是逐步发展、日趋完善的。由于各个部门具有不同的生产技术条件和特点，又由于专业化的各种形式是相互促进、互相渗透的，因而各部门、行业应从自己的实际出发，正确选择专业化形式以及对这些形式进行综合运用。

2. 工业生产协作的形式

（1）按工业生产协作的对象可划分为四种形式

①产品协作。

②零部件协作。

③工艺协作。

④辅助生产协作。

（2）按工业生产协作的范围可划分为以下四种形式

①部门内协作，指部门内企业之间的协作；

②地区内协作，指经济区内企业之间、部门之间的协作；

③部门间协作，指不同部门所属企业之间的协作；

④地区间协作，指各经济区的企业、部门之间的协作。

（3）按工业生产协作的性质可划分为下面两种形式

①固定协作。它是指专业分工比较稳定、生产联系比较紧密的企业、部门之间的协作。其特点是具有长期性和固定性，并被纳入企业或部门的生产计划之中。协作关系通常采用长期订货合同或协议确定。这种协作有利于提高协作的计划性，保证按质、按量、按时、成套地供应协作件，促进生产专业化的发展。它是协作发展的方向。

②临时协作。它是指企业或部门由于生产能力不平衡而临时发生的协作关系，是企业或部门之间短暂的生产联系。这种协作既可以使一些企业、部门的生产能力得到充分利用，又可以使另一些企业、部门的生产薄弱环节得到克服，从而可以节省投资、解决临时性困难，保证企业、部门内部各生产环节之间的比例协调。

上述协作形式在实际生产组织中，并不总是单独存在的，而经常采用混合的形式，专业化协作中各种形式的交叉，有时是很复杂的。

（二）工业生产专业化协作的水平

工业生产专业化协作水平是指工业生产专业化协作的发展程度。专业化协作的基本类型有高低之分，在每一基本类型中，又有专业化协作水平的高低之分。专业化协作的水平，是一个数量概念，它可以用一些经济指标加以表示。

1. 表示专业化水平的指标

（1）表示工业部门生产专业化水平的指标

专业化程度表示一个部门的专业化企业的产品在该部门的全部企业的产品中

所占的比重。

$$专业化程度 = \frac{某部门专业化企业产量(产值)}{某部门全部企业产量(产值)}$$

概括率表示一个部门的专业化企业的产品产量（产值）在全国全部该产品产量中所占的比重。

$$概括率 = \frac{某部门专业化企业的产品产量(产值)}{全国该种产品的产量(产值)}$$

（2）表示工业企业生产专业化水平的指标

企业专业化程度表示一个企业的专业化产品在该企业全部产品中所占的比重。

$$企业专业化程度 = \frac{某企业专业化产品产量(产值)}{某企业全部产品产量(产值)}$$

此外，从不同方面反映企业专业化水平的指标还有：专业化机器设备在全部设备中所占的比重；企业内部专业化车间、工段和流水线的数量；产品中通用零部件、组合件所占的比重；等等。

2. 表示生产协作水平的指标

这类指标主要有两种：一是通过协作得到的毛坯、零部件、半成品等协作件的价值占企业或部门该种产品全部成本的比重；二是为主机厂协作配套的企业数目。

（三）影响工业生产专业化协作类型和水平的主要因素

研究和确定专业化协作的类型和水平，是一项很有意义的工作。专业化协作的类型和水平，受生产力发展和科学技术发展水平的制约，同时也受到社会经济条件的制约和影响。

1. 生产发展规模和市场需要

生产发展规模和市场需要具体表现在：各种产品市场需要量的大小，需要量大，专业化程度就高，反之就低些；同行业企业数目及企业分布状况，在同类生产规模下，同类企业数目多，分布集中，专业化分工协作可细一些，反之，专业化程度就低一些；储运的发达程度和运费的大小，如果运输方便，运费又低，即使分布较远，也适合组织专业化分工协作。

2. 生产技术特点

生产技术的特点包括产品结构和生产技术两个方面。从产品结构上看，如果是结构型产品，零部件通用，则宜发展零部件和工艺专业化；如果是单一型产品，则宜发展产品专业化。从生产工艺技术上看，如果属于装配型企业，则适合发展专业化生产。如果是流程装置型企业，则适合组织工艺阶段专业化或联合化生产。

3. 产品或零部件标准化

标准化是指对产品和零部件的质量、规格、性能、检验方法和包装等所规定的统一技术要求。标准化的作用在于可以加速新产品设计，发展新品种，提高产品质量，方便使用和维修，减少备件的储备，更重要的是可以合理简化品种，扩大零部件通用范围，增加生产的批量，提高专业化协作的水平。所以，标准化水平是制约专业化协作发展的基础。因此，在组织专业化协作的同时，必须抓好标准化工作。

4. 经济管理体制和经济政策

一般来说，发展专业化协作是在市场经济条件下，通过发展商品经济逐步实现的。因此，经济管理体制与经济政策要为发展专业化协作创造有利条件；要真正承认企业是独立的商品生产者和经营者，让其成为真正的市场主体；要为企业在自愿、互利、平等的基础上开展专业化协作创造良好的市场环境，建立市场竞争秩序，克服不正当竞争和各种垄断行为；要有合理的税收、信贷、价格政策，防止重复纳税或价格严重偏离价值；要使协作双方遵守合同和协议，对不履行合同的一方在法律上予以制裁，在经济上赔偿对方损失等，这样才能保证双方合法利益，促进专业化协作发展。

三、工业生产专业化协作的技术经济分析

专业化协作以提高经济效益为出发点和归宿，经济效益是检验专业化协作成功与失败的标准。在确定和选择专业化协作类型和水平时，人们要全面、综合地分析各种影响因素，并运用科学的技术经济分析方法对专业化协作的方法进行比

较和评价，以选择经济效益最好的方案，做到既能使品种组合与专业化生产的优势结合起来，满足社会多品种的需要，又能降低成本，增加社会盈利。具体地说，专业化协作的技术经济分析主要包括以下四个方面。

1. 比较企业自制与外部协作的经济效益

从经济效益上比较，决定自制还是外协的决策，主要取决于在协作质量、交货期有保证的前提下，企业自制生产的成本与外协采购的价格，即进行内部交易成本与外部交易成本的比较。如果内部交易成本低于外协交易成本，则自制有利，反之，则外协有利。

2. 专业化企业合理规模的经济效益

分析专业化企业合理规模的界限是接近企业的最适宜规模，而不低于企业的盈亏临界规模。实践中，可以根据具体情况，按照工业企业规模最佳方案的选择方法进行规模确定，使之获得理想的经济效益。

3. 分析运输费用，合理确定协作供应范围

专业化生产规模越大，协作范围越广，运输距离越远，运费就越多，因而要分析运输费用，合理确定协作范围。一般来说，当专业化协作前后的单位产品成本的节约额大于单位产品运输费用的增加额时，是合理的；反之，如果单位产品成本的节约额不足以抵偿单位运输费用的增加额时，这种专业化协作在经济上是不足取的。所以，专业化协作的经济界限可以表达为：

$$\frac{专业化生产成本节约额}{运输费用增加额} \geq 1$$

只有当比值大于或等于 1 时，才是合理的。如果小于 1，则是不可行的。根据上式，可以推算出合理的协作半径（也称经济协作供应半径）。

因为：

$$运输费用增加额 = 协作半径 \times 运输单价$$

$$\frac{专业化前单位产品成本 - 专业化后单位产品成本}{运输费用增加额} = 1$$

所以：

$$\frac{专业化前单位产品成本 - 专业化后单位产品成本}{协作半径 \times 运输单价} = 1$$

则：

$$协作半径 = \frac{专业化前单位产品成本 - 专业化后单位产品成本}{运输单价} = 1$$

其中：运输单价——单位产品每公里运费。

4. 专业化协作建设投资的经济效益分析

凡是为提高专业化协作水平而需要增加建设投资的，必须进行投资效益的分析，主要是分析计算投资回收期和投资效益系数，公式如下：

$$投资回收期 = \frac{投资总额}{年成本节约额或年利润}$$

$$投资效益系数 = \frac{1}{投资回收期}$$

把计算的结果与本行业所规定的标准投资回收期或投资效益系数相比较。凡是投资回收期低于或等于标准投资回收期的，则是合理的；或者是投资效益系数大于或等于标准效益系数的，也是合理的。如果有多个方案，则要从多个方案中选择经济效益最好的方案，一般采用以总费用最小的专业化投资方案为最佳。其计算公式如下：

专业化协作方案总费用 = 该方案年度成本 + 该方案年运输费用 + 该方案投资 × 该建设方案的标准投资效益系数

第二节　工业经济联合

一、工业经济联合的客观必然性

（一）工业经济联合的含义和特征

工业经济联合是指在生产、技术、经营上有密切联系的企业或经济单位，为了共同的目标和利益，通过一定的协议和合同，而自愿组成的某种形式的经济联合组织和建立起比较稳定的经济联系。工业经济联合具有下述四个特征。

①经济联合把企业间外部的经济联系变成一定的内部经济关系，并组成某种形式的经济联合组织。在商品经济条件下，任何商品生产者和经营者都不可避免地同其他企业或经济单位发生各种经济联系，如企业间的原材料供应，零部件生产的协作等。但是，这种横向经济联系同经济联合是有区别的。横向经济联合当然也是一种横向经济联系，但已不是一般的横向经济联系，而是一种相当稳定的横向经济联系，并且已形成某种经济组织形式的联合体。因此，经济联合是进一步发展了的经济联系。

在中国现实的经济生活中，人们往往把生产联系密切、共同从事一定生产的专业化协作企业之间的联系，统称为横向经济联合。显然，这是对工业经济联合的一种广义理解。严格来说，工业经济联合作为一种与工业专业化协作相区别的社会生产组织形式，还是应该以建立稳定的经济联合组织为典型形式。无论是开始建立的松散的联合组织形式，或者是以后发展的紧密的联合组织形式，都可以看作工业经济联合中阶段性的发展过程。因此，工业经济联合要以建立经济联合组织，进而产生一定内部经济关系为特征。

②经济联合是以共同的经济利益和经济责任为前提的。经济联合之所以能成立，是由于企业互利、互惠和共同的经济效益，对参加联合的经济单位，无论是紧密的联合，或松散的联合，均有其利益的一致性，因此，与各自完全独立的商品生产者和经营者的地位不同，它们互相之间要承担一定的经济责任，甚至要形成"命运共同体"，共负盈亏，共担风险，从而构成联合的经济基础。

③经济联合是以稳定的协议为基础的。凡参加联合的经济单位的各项经济活动，责、权、利都必须以合同或协议为法律依据。各方根据规定的协议内容行使自己的权力，承担一定的经济责任，获得自己的利益。因此，经济联合的协议同企业间的一般经济合同不同，它更具有长期性和稳定性并受法律的约束和保护。只有协定期满，各方才能终止或延期联合。

④经济联合具有形式多种多样的特征。它既可以是生产、技术、科研的联合，产、供、销的联合，也可以是各种生产要素的联合；既可以是部门、地区内部的联合，也可以是跨部门、跨地区甚至跨国的经济联合；在组织形式上既可以形成联合企业、专业公司，也可以组成各种形式的经济联合体或企业集团。总

之，工业经济联合具有灵活的特点和广泛的适应性。

(二) 工业经济联合客观必然性

工业经济联合不仅是资本主义工业发展的客观产物，而且也是社会主义商品经济条件下工业发展的客观要求，有其产生和发展的客观必然性。

①工业经济联合是社会化大生产进一步发展的客观要求。社会化大生产的进一步发展，必然使各个企业之间的社会分工更深化、更细化，也就意味着它们之间的技术、生产、经济上的联系更密切，相互协作的客观要求也就更强烈。这就导致它们必然会在专业化协作的基础上，更进一步地走向联合，实行生产联合化。生产联合化就是在生产专业化协作的基础上，把同一生产部门或不同部门中生产同类产品的企业，或对原料依次进行加工的企业，或对资源、能源进行综合利用的企业联合在一个大型企业中进行单一产品或多产品生产的过程。经济联合也表明了专业化协作的进一步发展，表明了工业经济组织结构的更加合理化。

现代工业生产社会化程度更进一步发展的一个必然趋势，是工业生产的集中化和工业骨干企业规模扩大。工业经济联合正能顺应这一客观趋势，并促进这一趋势的进一步发展。

社会化大生产的更进一步发展，使工业、农业、商业、交通运输业、邮电通信业以及科技教育等部门的联合更加密切，合作的要求更加强烈，这就必然引起它们之间发展联合的要求，从而导致它们之间进行经济联合。

②工业经济联合是社会主义市场经济的客观要求。市场经济使企业产生了一种既竞争又联合的机制。一方面，各个企业为了在市场上取得优势，获得更多的经济利益，它们彼此之间必然会发生激烈的竞争；另一方面，一些中小企业人力、物力、财力都比较薄弱，专业化程度也比较低，它们只有自身联合起来，或依附于某些大企业才能生存。一些大企业由于生产规模和市场的扩大，也会遇到资金不足、资源缺乏和承担更大的风险，走联合的道路才能解决这些问题。同时，联合还可以缓和竞争矛盾，避免两败俱伤，分散经营风险，从而提高竞争能力。

③工业经济联合是生产力发展不平衡的客观要求。生产力的发展也像其他事

物的发展一样，不平衡是绝对的。不同的企业、部门、地区，由于历史、自然条件的不同，也由于其所处的社会条件不同，它们之间的发展往往是不平衡的。这就使它们各有所长，各有所短；既各有其优势，也各有其劣势。通过经济联合，可以使它们相互扬长避短，取优去劣，从而在不花或少花社会投资的情况下，创造出一种新的、更高的生产力。正是从这个意义上说，工业经济联合是一种先进的生产组织形式。

④工业经济联合是现代科技日益发展的客观要求。现代科学技术的发展，使生产过程日益连续化，生产设备日益自动化、高速化，资源综合利用的可能性和范围也日益扩大。这就在客观上要求把生产技术经济上有密切联系的企业联合在一起，以便采用更先进的、大型的、连续化的成套设备和对资源进行综合利用，提高工业经济效益。

⑤工业经济联合是中国工业经济管理体制改革的客观要求。一方面，传统体制下的工业经济活动是按照纵向隶属关系组织起来的，这种管理体制不仅环节多、割断了企业之间的横向联系，而且由于本位主义等因素的影响，各部门、地区都不愿意所属企业与非所属企业建立联合关系。工业经济联合本身正是对这种条块分割的旧体制的冲击和挑战。工业经济联合可以打破所有制的界限，实现不同所有制企业的联合。参加联合体的企业各自的所有制性质虽然不变，但联合体的所有制和经营方式已发生了重大变化。这样就能够以较低的改革成本逐步实现产权明晰、政企分开，所有权和经营权分开，使企业成为真正意义上的企业，成为名副其实的市场主体，从而奠定市场经济体制的重要基础，为工业经济体制进一步深化改革铺平道路。另一方面，工业经济联合还可以提高工业的组织水平，把分散的企业组织起来，政府只要通过为数不多的大企业和联合体的管理，就能基本左右工业经济局势，达到既把微观搞活，又加强宏观调控的目的。

⑥工业经济联合是中国扩大对外联系的客观要求。对外开放是中国的基本国策，它不仅要求企业打破地区、部门所有制和隶属关系的界限，按照客观的经济规律发展各种经济联合关系，而且要求一些有条件的企业跨出国门走向世界，和国外企业进行广泛的协作和联合，以扩大市场、沟通信息、调剂余缺、促进相互间管理和技术的交流，提高中国的综合国力。

⑦工业经济联合是不断提高经济效益的客观要求。提高经济效益,是社会主义建设和发展的核心问题,工业经济联合对提高微观经济效益和宏观经济效益都有十分重要的作用。正确划分经济联合的类型和组织形式,对搞好工业经济联合,发挥联合的作用有着重要意义。由于各部门、行业、企业的生产技术特点不同,经济发展和经营管理水平的不同,企业间的联合呈现多种类型和相互交叉结合的特点。

二、工业经济联合的类型与组织形式

(一) 企业间经济联合的类型

①按联合的松紧程度可以分为松散型、紧密型和半紧密型联合。松散型联合是指联合各方分工协作以各自投入生产要素为内容,以经济协议或合同为联合手段,联合组成各种松散联合体,其特点是联合的各方仍保持各自独立的法人地位。紧密型联合多数以产品生产分工协作,或以生产销售联合为内容,以资产联结为手段,联合组成统一的经济实体,其特点是参加联合的企业都已丧失了独立的经营地位,变成联合体内部的核算单位,整个联合组织的财产统一,生产经营和核算统一。半紧密型则是介于上述二者之间的联合,在一个联合体中,有一部分企业是松散型联合,有些是紧密型联合。松散型与紧密型联合的划分是相对的,相互间有一定交叉,它们又有各种具体的联合形式。

②按联合的项目和内容分主要有以下六种:①生产加工的联合,包括扩大同类生产规模的横向联合,生产过程各阶段(原料、半成品、成品加工和深加工)的纵向联合,以及横向、纵向兼有的综合性联合;②以联合采购、销售为内容的联合;③以研究开发应用新技术为内容的生产企业与科研、设计部门的联合;④以产品出口外销为内容的工业与外贸企业的联合;⑤农、工、商企业的联合;⑥科研、生产、外贸、金融、服务等综合一体化的联合。

③按联合的规模、范围和所有制性质分,则有企业间的联合;部门或地区之间的联合(又可分部门内、地区内的联合和跨地区、跨部门或者国际联合);有同一所有制企业之间的联合和不同所有制企业之间的混合联合;等等。

以上是从大的方面划分联合的类型,下面从联合的具体组织形式上进行分类。

(二) 联合的组织形式

①企业间的经济技术协作。严格地说,这是联合的雏形,属于生产协作性质,包括物资、设备调剂、技术专利、商标转让和管理咨询服务等。一般由输出方转让生产技术、商标和经营管理技术,由输出方派出人员负责帮助输入方掌握技术和改善经营管理,而输入方则按合同规定向对方支付一定的技术购买补偿费、商标使用费和管理咨询费。也可以将输出的技术、商标、经营管理等知识产权作为投资,并在对方的销售额或利润中进行提成或者按投资股额分红和承担风险。

②合作生产、合作经营。合作生产、合作经营即双方按协议规定相互提供技术、零部件,共同完成某类产品的生产,也可相互提供图纸和加工技术,各自生产一部分零部件,然后互相作价交换,各自装配成套,自行销售。

③以发展优势名牌产品为中心,进行"一条龙"式的联合。这是以某产品为"龙头",组织若干技术经济上有密切联系的企业或单位,共同合作来生产产品的一种松散联合或协作。联合各方都应承担和享受协议规定的责任、义务和权益,但仍保持各自的独立性。

④国内补偿贸易。国内补偿贸易即由输出方出资,给输入方扩大某种产品(主要是资源、能源类产品)的生产能力,输入方则按合同规定的数量、价格、补偿期限,用产品偿还输出方的投资。

⑤合资经营、联合生产。它由联合各方共同投资入股联合经营。合资企业独立核算、自主经营,联合各方按股份比例大小组成董事会,其盈利按股分红,共担风险。

⑥总厂、公司。总厂、公司的共同点是都属于多厂联合的经济组织。但一般说来,总厂一般联合的单位少,它以骨干厂为主,联合一些卫星工厂组成。总厂属于紧密型联合,实行统一财产,统一核算,统一经营管理。公司联合的单位则可以多一些,其内部生产、技术与经济联合也较复杂些。有些公司属于紧密型的

联合，紧密型公司的基本特征有以下四点：一是在生产技术上具有密切的联系，形成统一的经济实体；二是在经营管理上公司是一个独立核算、自负盈亏、自主经营的经济实体；三是具有统一的组织领导机构，这个机构对其所属厂矿的产供销和人财物实行统一领导和分级管理；四是公司从事生产、经营活动，并拥有相应的财产，对自己的生产经营活动承担经济责任，在法律上具有"法人"地位。目前，紧密型公司最典型的是从基建投资时就实行联合建成的联合化企业，如中国的鞍钢、首钢、燕山石化公司、吉林石化公司等；另一种则是通过企业间的兼并，联合或者行政划转，实行资产、经营一体化的企业性公司。

中国目前的工业公司大量属于松散型公司，有些还是行政性公司，建立紧密型的工业公司，仍是今后一项重要任务。

三、组织工业经济联合的原则

为使工业经济联合达到提高经济效益、社会效益的目的，必须按以下原则合理地组织工业经济联合。

（一）组织工业经济联合必须以提高经济效益为核心

联合本身不是目的，而是手段。组织工业经济联合，归根结底是为了发展工业生产力和提高工业经济效益。一切偏离了这个核心的经济联合都是错误的。从这条原则出发，组织工业经济联合时必须注意以下两点：

①企业要充分发挥工业生产集中化和大型企业在提高经济效益上的作用。生产集中化和企业规模的扩大是任何形式的经济联合都会产生的必然结果，从而使经济联合组织充分享受规模经济效益。因此，在组织工业经济联合时，要注意做到使生产集中和规模扩大，以充分发挥其在提高经济效益方面的积极作用。但是要遵循生产集中化和企业规模扩大的规律，使企业规模保持一个合理的水平。

②企业要充分发挥生产集中化和生产联合化在提高经济效益上的作用。生产的专业化协作是生产联合化的基础，而生产联合化则是生产专业化协作发展的必然要求和结果，并且又有利于生产专业化协作的进一步发展。生产的专业化协作，具有较之分散经营的全能企业为高的经济效益，生产联合化又具有较之生产

专业化协作为高的经济效益。生产专业化协作和生产联合化就是这样互相促进，并在这种相互促进中使工业生产的经济效益不断提高。所以，在组织工业经济联合时，必须做好分工协作、连续生产以及综合利用等，以充分发挥专业化协作和生产联合化在提高经济效益方面的作用。

（二）在自愿的基础上组织工业经济联合

组织工业经济联合要自愿参加，只有这样，联合才能巩固，才能发展，才有生命力。是否自愿，则又取决于参加联合后是否有经济利益。有经济利益，就会自愿参加；没有经济利益，就不愿参加。违反自愿原则，用行政手段强行拉拢的经济联合是无生命力的，是不能巩固和发展的。在坚持自愿联合原则的基础上，在充分尊重和维护企业联合的自主权的基础上，国家可以通过完善市场机制，制定和完善有利于联合的经济政策和法律制度，从而引导企业走向联合。

（三）以平等互利原则协调好联合各方的经济利益

经济联合涉及多个企业，联合各方不仅在生产经营上联合，同时也是在经济利益上的联合。在社会主义市场经济条件下，参加联合的企业之间既有共同的利益，又有各自的利益，而对后者的满足程度决定了它们参加联合的态度。因此，除了在建立联合时要遵循自愿原则，在巩固和发展联合时还要贯彻平等互利原则和民主协商原则，兼顾联合各方的经济利益，力求公平合理，充分调动各方的积极性。在经济利益的处理上可以根据联合各方提供的条件和生产贡献的大小，公平合理地分配利益收益，实行利润分成。具体做法有多种，概括起来有以下三点：

①按投资比例分成即按联合各方的投资在总投资额中所占的比例来分配利润。

②按成本比例分成即按各方生产成本在产品总成本中所占的比例来分配利润。

③以投资比例为基础，适当考虑各方提供的技术、土地、厂房、设备、生产服务设施、劳动和原材料、商标等条件，商定分成比例，或者把这些生产要素合

理作价，折算成投资，和货币投资一起作为参加一方的投资额，计算其在总投资额中的比重，并以此来进行利润分配。

(四) 组织工业经济联合要从实际出发，选择不同的联合形式

所谓从实际出发是指要从行业、地区、企业的生产技术特点、企业的管理水平和专业化协作水平以及产品的性质等情况出发，根据不同的具体情况，选择不同的联合形式。一般地说，生产过程以化学原理为主要特征的工业或工业原料有多种用途的工业，如石油、化工、煤炭、冶金、木材加工等，应围绕着以资源的综合利用为主来组织联合，而不宜组织以产品为中心的联合；生产过程以物理变化为主要特征，且产品具有很强的可分解性的工业，如机械制造、电子工业等，则应在专业化协作的基础上组成以主机或组装为中心的联合；以工艺阶段为特征的工业部门，如铸造、锻造、热处理、电镀等工业，则宜以城市为中心，打破行业界限，组成中间工序联合加工中心；以农业原料为主的食品工业、轻纺工业等，则宜组织农工商联合企业；对于知识密集、技术密集的部门和生产高新产品的部门，则适合于和科研机构、大专院校组织联合。管理水平和专业化协作水平高，可选择比较紧密或紧密的联合形式；反之，则选择松散联合的组织形式。

(五) 组织工业经济联合要有全面规划，并且要有步骤、分阶段地进行

工业经济联合涉及面广，问题复杂，因此，不但要有积极又慎重的方针政策，而且要全面规划，统筹安排，运用经济、法律、行政手段保持对工业经济联合的宏观调控。一般来说，在初始阶段，联合的规模不宜过大，内容不宜过多，发展速度不宜过急，应遵循由易到难，循序渐进，逐步扩大的原则，在不断积累经验和创造内外环境的基础上，逐步完善和提高。

(六) 运用经济方法推动联合，运用法律方法保证联合，并适当运用必要的行政方法促进联合

工业经济联合是现代工业发展的客观需要，为此，应当为联合创造良好的外部环境。首先，使企业成为真正企业，成为有营利性、商品性、独立性、系统性的法人实体，有走向联合的动力和权力；其次，通过价格、税收、信贷等一系列

经济杠杆,造就有利于联合的市场环境,推动工业经济联合;再次,制定和完善相应的法律,使联合有法可依,有章可循,以保护联合者的合法权益,防止联合步入歧途;最后,辅之以必要的行政手段,以促进工业经济联合,减少对工业经济联合的阻力。

四、企业集团

(一) 企业集团的含义和特征

企业集团是以一个或若干个大型企业或大型公司为核心,以资产联结和契约合同为纽带,把具有生产技术经济联系的各个独立法人单位联结在一起的一种大规模、多形式、多层次的法人联合体。

企业集团同其他联合形式比较,具有以下四个特征。

①集团联合的规模大,市场集中度高。它不仅以一个或几个大企业、公司为核心,而且拥有众多的成员企业参加联合组织。无论是从它的产量、产值、销售额等产业规模来看,还是从固定资产、设备生产能力以及职工人数等生产要素投入来看,都反映出其规模巨大的特征。

②集团经营多元化。企业集团是由各类专业化企业组成的综合组织,其经营范围广泛,不仅生产经营本行业内各种系列产品和各生产环节的产品,而且实行跨行业的投资和经营;不仅涉及生产领域,还涉及科技、金融、内外贸易、工程建筑、信息、服务等产业,实行工商、技贸、金融、服务等多角化经营。

③集团式联合是多层次、多种联结纽带的联合。多层次是指企业集团内部有几个层次的联合,如按内部的作用、地位不同,一般由核心层、紧密层、半紧密层、松散层组成,也称由核心层企业、骨干层企业、卫星层企业、外围层企业等组成。不同层次之间都有一定手段联结,骨干层与卫星层主要靠资产联结,而外围层则靠契约合同关系联结。

④企业集团是企业法人联合的经济组织。企业集团主要以几个核心企业为主,吸收部分紧密层企业组成统一法人的集团公司,其他紧密层、卫星层、外围协作层企业都是独立法人,集团是各法人企业的联合组织。这是企业集团区别于

大型联合公司或联合化企业的重要特征。

(二) 企业集团的作用

①企业集团是国家经济发展的支柱,是实现产业结构转移和优化的主导力量。企业集团规模大,市场集中度高,对整个行业以至整个国民经济的稳定和发展起着举足轻重的作用。通过企业集团形成一种市场协调与行政协调相结合的协调机制,或者说形成一种介于市场协调与行政协调之间的协调,使社会生产要素实现合理流动和重新配置,使存量资源和增量资源迅速转移到需要发展的产业部门和行业,从而加速产业结构的转换。

②企业集团是产业组织结构优化的主体,有利于推动企业组织结构的合理化。以企业集团为主体实现企业组织结构合理化,不仅可以促进集团内部专业化分工协作的发展和发挥规模经济的优势,而且还可以通过集团的经济技术优势,带动产业同中小企业的协调发展。

③企业集团是联结微观与宏观的结合部,是宏观调控的枢纽,它有利于加强宏观调控、加强行业管理,推动管理体制改革。企业集团与中心城市、行政管理共同构成宏观管理的重要环节。企业集团是行业的支柱和龙头,对整个行业发展有重要作用,只要抓住行业内几个主要的企业集团,实际上就控制了整个行业的发展。因此,无论是全国或者是中心城市还是行业管理,只要能有效地控制、协调企业集团的行为,使企业集团按照国家的产业政策,全行业的发展规划、标准、法规等运行,就可以带动全行业的健康发展。这既有利于减少中央、地方经济管理部门宏观调控的对象,又有利于发挥企业集团在行业内外的平衡、协调作用,因而有利于宏观经济管理职能的转化。

④企业集团是企业技术进步的基础,对推动企业技术改造,消化吸收引进技术,发展新技术、新产品起着重要作用。技术进步是经济发展的关键,是提高经济效益的决定性因素。企业集团资金实力雄厚又拥有强大的研究开发力量,拥有自己的科研开发机构以及由各类工程技术人员和熟练工人组成的产业大军,因而有利于推动企业的技术改造和引进技术的消化、吸收、改造与创新,有利于高新技术、高新产品的研究开发以及产业化、商品化,从而促进企业的技术进步。

⑤企业集团是发展外向型经济的中坚力量，有利于提高国际市场竞争能力，增强出口创汇和海外投资的实力。当前，国际市场的竞争主要是企业集团和跨国公司之间的竞争，国际经验证明，要使外向型经济有较快发展，必须形成一批能在国际市场竞争中冲锋陷阵的大企业或企业集团，企业集团可以把某些企业的单一优势变为联合起来的群体优势，谋取规模经济效益，灵活运用各国有利条件，提高企业的市场竞争力。

(三) 企业集团的类型

1. 按企业集团经营内容和内在的技术经济联系分

①产品辐射型。其特点是以产品为主要纽带的行业性企业集团。这种企业集团能获得生产批量大、起点高、见效快和规模经济的效果。

②项目配套型。其特点是以重大设备或工程项目成套为纽带的企业集团。这种企业集团以若干家大型企业及科研设计单位为主体，按成套工程项目组织起来，实行从成套设备设计、制造、供应、安装到人员培训、售后服务的成套承包。这种形式能提高配套设备的质量，缩短成套时间、降低成本。

③技术开发型。其特点是以新技术的研究开发为纽带的企业集团。这种企业集团以科研设计院、所或具有技术优势的企业为主体，开发高新技术产品，迅速将科研成果转化为生产力。这种集团能加速产品和技术的开发，促进产品升级换代。

④综合服务型。其特点是以工业、科研、服务、内外贸易等一体化为纽带的企业集团。这种集团把技术开发、产品制造、市场开拓等多种功能融为一体，形成技术开发快、经营灵活、市场适应性强的优势，能起到增强集团的实力，提高企业对市场的适应性等效果。

2. 按集团内部组织结构的不同分

①单一核心型又称单元主体型。它是以一个大型骨干企业为中心而形成的企业集团。在这种集团中，主要通过核心企业辐射和联结成员企业，按其内部的地位、作用以及联合的内容、方式不同，构成核心层、紧密层、半紧密层、松散层等不同层次。由于只有一个中心，作为中心的大型企业在集团中起着主导作用，

所以向心力比较强。

②多核心结合型又称多元复合型。它是以两个以上的大型骨干企业为中心联合而成的，每一个大企业又向外辐射，联结成员企业。所以多核心结合型可以看作是单一核心型的复合体。这种企业集团规模很大，实力很强，但组织结构也比较复杂，向心力较弱。

3. 按照联合的紧密程度分

①以紧密型联合为主的企业集团。它主要是核心企业及主要骨干企业之间以投资入股、企业合并等方式实行经营一体化和资产一体化的企业集团。即紧密联合的企业在集团中占有相当大的比重。

②以松散型联合为主的企业集团。以松散型联合为主的企业集团即集团内主要企业的联结是依靠产品的生产、技术联系和通过契约合同手段建立起来的协作关系。

③以半紧密型联合为主的企业集团。以半紧密型联合为主的企业集团即集团内以经营一体化和部分资产联系的成员企业占有一定比重的企业集团。

4. 按联合的范围分

①行业性企业集团和跨行业经营的企业集团。前者主要经营行业内的产品及各项服务；后者则是以一业为主跨行业经营，或者同时经营几个行业的产品或劳务。

②地区性企业集团和全国性企业集团。前者的活动范围一般不超过所在地区、城市和省区范围，或有一些外地成员企业参加；而后者的活动范围则跨出省、市界，不但其经营活动走向全国，而且成员企业也遍布全国。此外，还有跨国企业集团，这类集团不仅有外贸出口，而且有海外投资，在海外拥有各种独资或合资企业。

（四）企业集团的完善、提高与发展

1. 中国大型企业集团的形成模式和途径

由于中国的大型企业集团的形成途径和方式不同，它们的发展状况也有较大差异。根据企业集团形成过程中集团公司（母公司）的形成方式和发挥主导作用的主体不同，中国大型企业集团的形成模式大致可以划分为行政机构演变型、联合改组型和企业成长型三种主要模式。下面对这三种模式进行一些分析。

（1）行政机构演变型

这种模式的企业集团，主要集中在自然垄断产业和军工行业。它们原先都是国有企业，规模比较大。这种企业集团大多经历了工业部—行政性总公司—集团公司，或行政性总公司—集团公司的变化过程。在集团组建过程中起主导作用的是政府，所以它又可以称作政府主导型企业集团。中国石油天然气集团公司、中国石油化工集团公司、中国兵器工业集团公司、中国兵器装备集团公司、中国船舶工业集团、中国船舶重工业集团、中国航空工业第一集团公司、中国航空工业第二集团公司等，都是由中央政府直接做出决定改组成立的。

其具体组成方式又有两种：一种是对两个或两个以上公司的业务进行重组。中国石油天然气集团公司和中国石油化工集团公司就是这样组建起来的。组建前中国石油天然气总公司的主要业务是石油钻探、开采；中国石油化工工业总公司的主要业务是炼油售油和石油化工。变成集团公司后，两个公司的业务产生了交叉，把上下游业务统一起来了。另一种是企业分离，将一个总公司分成两个或两个以上的公司，然后对其内部业务进行重组。兵器工业、核工业、船舶工业、航空工业等的集团公司都是通过这种方式组建成的。这两种做法和过去所说的"工业改组"没有本质的区别。

这种组建模式的好处是：①能缩短组建的时间和过程，节约组建的直接成本。由于组建这类企业集团是由政府做出的决策，是自上而下的政府行为，不需要企业花很大财力、人力和时间去协调政府各个职能部门的关系，从而缩短组建的时间和过程，节约了组建费用。②在短时间内能在一定程度上打破行业垄断，引进竞争机制，解决了有些公司由于业务范围的限制而使经济效益相差悬殊的矛盾。比如，中国石油天然气集团和中国石油化工集团过去是按照上下游业务来划分它们的经营范围的，过去原油价格低、石油化工产品价格高的时候，两公司的利润相差悬殊，很难反映出它们的真实业绩，打破这种业务限制组成集团后，这一矛盾得到了解决。

(2) 联合改组型

这种模式多集中在规模经济利益比较明显的行业，如钢铁、汽车、外贸等行业。在形成过程中由政府和企业共同起作用，所以也可以称为政府—企业主导型。它在形成过程中又有两种具体方式：一种是以一个大企业为中心，把在生产经营上相联系的企业联合在一起组成一个企业集团。比如，宝钢、首钢等集团就是以这种模式形成的。它实际上是行业主管部门或地方政府利用其行政管理职能，强行把本行业或本地区的一些中小型企业划归同行业的一个大企业管理，具有强烈的工业改组的色彩。另一种是强强联合，就是将几个生产经营上有联系的大型企业或企业集团联合在一起，形成一个大型企业集团。如湖南华菱钢铁集团、三大动力集团、天津渤海化工集团等。

这种组建模式，特别是以一个大企业为中心组成的集团，具有不少优点。主要是以下四点：①有利于政府精简机构，减少管理层次。过去各地方政府和中央政府一样，都按照行业设立由管理部门归口管理本行业的企业，如冶金工业局、机械工业局、纺织工业局等，组建这种模式的企业集团后，行业管理部门就失去了存在的必要性，如上海市、北京市组建宝钢、首钢集团后，上海市冶金局、北京市冶金局就撤销了。②减少重复建设、盲目建设。这种类型的集团组建后，进入集团的企业就变成了集团公司的子公司，其发展规划要由集团公司制定，可以避免在一个地区内出现盲目建设和重复建设问题。③下属企业可以形成合理分工，发挥各自的优势。同时把整个集团的研究与开发、人才培训和其他一些带有共性的事情交给集团公司去做，可以解决"大而全""小而全"的问题。④能取得规模经济效益，能降低固定费用和生产成本，减少融资、采购和销售成本。

(3) 企业成长型

这种类型的企业集团多集中在竞争性产业，集团母公司自主权大，产品较早进入市场，市场化程度高，非国有占相当大的比重。一汽集团、二汽集团、兖矿集团、方正、联想、海尔等都属于这种类型的企业集团。它们的形成有以下途径：①企业分裂。企业将原来属于自己的分支机构，如分厂、不独立核算的销售公司、为生产或生活服务的机构分离出去，成立独立的企业，形成了母子公司体制。②企业根据发展的需要新设立子公司。③企业购并。通过购买或交换股票、收购债务等投资形式取得其他企业的参股、控股权,使它们成为集团的成员。当然,在集团公司的成长过程中,它们并不是只采取单一方式,而是根据自己的实际情况同时采取几种方式扩张。

这种模式有以下三个优点:①产权关系明晰。一方面,集团公司的产权是多元化的,有的甚至是上市公司。另一方面,集团公司与成员公司的联系主要以资产联系为纽带,是一种投资与被投资的关系,产权关系明晰,内部关系顺畅。②成员企业的向心力强。由于集团公司与成员企业是母子企业关系,为集团公司通过人事、技术、产品制造、销售、研发等纽带加强它们之间的关系创造了基础条件,使集团公司与成员企业变成了利益共同体和命运共同体。③不容易受行政权力的干扰。在这类集团中,集团公司是国有企业的,自身具有国有资产经营公司的性质,国家赋予它们的权限大,一般政府行政机构不容易插手其经营管理活动;如果集团公司是股权多元化的或者是非国有企业,它们的自主权更大。④管理层次少。一般只有两个层次,只有少数集团有三个层次,管理效率高。

这种类型企业集团的缺点,主要是成长为大型企业集团的时间长。这类企业集团的成长主要取决于集团公司的实力,特别是集团公司是非国有的,它们完全要依靠公司的高效益和卓有成效的投融资活动,依靠自己长时间的持久不断的努力才能成长起来。

2. 中国大型企业集团形成模式选择与体制的改善

(1) 慎重选择企业集团的形成模式

从上面的分析可以知道,对行政机构演变的企业集团来说,在其形成过程中,起主要作用的是政府,集团公司本身是由政府机构演变而来的,集团公司的所有者是国家,它们与成员企业的关系带有浓厚的行政隶属关系。显然这种形成模式是中国经济体制改革过程中的一种特殊产物,是国家在对国有经济进行战略调整过程中对某些具有自然垄断性质的产业而采取的一种特殊措施,采用这种模式虽然有一些优点,但是带来的后遗症很多,可能会对集团的发展产生许多不利影响。因此,采取这种模式要十分慎重。对联合改组型模式来说,在集团形成过程中,政府和企业共同起作用,集团公司以一个大企业为基础,集团公司的所有者是国家,集团公司与成员企业的关系为母子公司关系。这种形成模式比较符合企业集团形成的规律和市场经济原则,在发展企业集团时企业可以有选择地采用。但是对发展强强联合型的企业集团,也必须谨慎行事。企业成长型是市场经济条件下企业集团成长的一种典型模式,它是以一个大企业为基础发展起来的,在其形成过程中,起主要作用的是企业自身,它遵循的是市场规则,而且多数集团公司实现了所有者主体的多元化,集团公司与成员企业的关系是母子公司关系。随着社会主义市场经济的完善,这种模式将会越来越多地被采用,人们应该大力支持和鼓励这种模式的发展。

(2) 理顺集团的内部关系

集团内部有三个基本关系必须理顺:一是资产关系。集团是以资产为主要联系纽带,由多个企业而形成的具有母子公司特征的企业群体。因此,集团公司与其成员企业,即母公司与子公司、子公司与孙公司之间必须有产权联系纽带,有参股、控股关系。但是,目前部分集团特别是不少行政机构演变型企业集团还缺乏资产联系纽带。国家应该让这类集团的母公司成为国有资产的授权投资主体,代表国家经营授权范围内的国有资产,并对授权资产的保值增值承担责任。授权后的集团母公司有权决定集团的经营方针、重大投资决策、借贷规模和资本经营形式;拥有授权范围内国有资产的收益分配权和使用、处置权;有权依法批准子公司的设立、合并和重组。二是人事关系。母公司对子公司、子公司对孙公司有权根据其股权的多少委派董事长或董事,以及其他高层管理人员。三是财务关系。规范的企业集团,应该合并报表,合并纳税,母公司应该掌握投资权。

(3) 完善集团公司的功能

集团公司应该具有与自己地位相称的功能。如果企业功能不健全、不完善,将会导致企业集团发展迟缓。因此,大型企业集团的集团公司要加速转制工作,努力构造自己的功能体系,真正建设成为一个有效运转的利润与投资中心、研究与开发中心、战略研究中心、人才培训中心、市场开拓中心,成为整个集团的核心。

第三节 工业污染的防治

一、防治工业污染的意义

（一）防治工业污染、保护环境是工业生产建设顺利进行的重要保证

工业生产和国民经济建设的发展，离不开大量、优质、适用的自然资源。而自然资源的数量是有限的，必须有计划地开发和利用。如果环境和生态平衡遭到破坏，就会使原本有限的资源质量下降、退化，甚至枯竭，工业生产建设就会受到极大影响。另外，伴随工业生产发展而共生的工业废物增长速度，通常远远快于国内生产总值的增长，工业废弃物已成为发达资本主义国家的严重社会问题。而工业废弃物是资源浪费的产物。如果对此加以提炼、有效利用，变废为宝，就能大大节约自然资源的消耗，有利于工业的生产和建设。而所有这些则有赖于对工业污染的防治和对环境的保护，否则，如果资源退化、枯竭及工业废弃物等问题不加以解决，生产与环境的矛盾就会日益尖锐，工业生产和建设将受到很大影响。工业排放的污染物会使厂房、设备、矿藏、森林、土地、草原、水、动植物等这些必备的生产条件遭到破坏，污染还会造成管道腐蚀、设备损坏、仪器仪表失灵、建筑物寿命缩短等经济损失，使生产不能正常进行，工业用水和工业原料遭到污染还会影响产品质量，增加处理费用，加大生产成本。污染物排放量越多，物资的有效利用部分也就越少，消耗定额也就越高，从而影响工业生产的经济效果。此外，工业污染、噪声对工业劳动力的身心也有很大影响，会造成劳动力素质下降、劳动熟练程度降低等后果，从而降低劳动生产率，减少劳动产出量。由此可见，工业污染的防治和环境保护工作是使工业生产正常进行的保证。

（二）防治工业污染有利于生态平衡，保证为人类社会提供大量、优质的各种生物资源

人、生物群落（包括植物、动物、微生物）和周围的无机环境，共同构成

一个多层次、多单元、多要素的、多介质的复杂整体，称为生态系统。在这个生态系统中，人、生物群落和周围的无机环境，在运动的状态下，相互联系、相互制约、相互作用、相互依存，彼此进行物质循环和能量转换，并且达到一种相对稳定的平衡状态，这就是生态系统的平衡。如果不对工业污染加以防治，就会破坏这个平衡，从而直接影响人类的生活、生产和发展。农作物、森林、草原、鸟、兽、鱼、虫、菌等动植物，是人类赖以生存的生物资源，它们具有再生能力，能繁衍生殖，生生不息，并且对环境有重要调节作用。保护它们，合理开发利用它们，不仅能满足人民基本生活需要，而且能为工业，尤其是轻工业提供各种原材料，促进工业自身的发展。

（三）防治工业污染，保护环境是全面提高社会经济效益的重要手段

进行社会主义经济建设，必须以提高经济效益为中心。事实上，工业的污染和环境的破坏不只是影响工业生产本身，而且会影响整个社会经济的发展和社会经济效益的提高。因为生产离不开环境，要与环境进行各种形式的物质交换。如果大量地排泄工业"三废"，污染环境，破坏生态平衡，就会危害农业、林业、牧业和交通运输业，进而直接威胁人类生存与安全。长此以往，其综合结果就会使整个社会经济衰退，社会经济效益下降。反之，如果这些现象能够通过工业污染的防治减少或避免，就会提高社会经济效益。此外，工业"三废"的治理，实际上是变废为宝，提高资源利用率。这样，会使企业产品成本大大降低，提高其经济效益。因此，防治污染，保护环境，既能从环境方面提高经济效益，又能从工业生产本身提高经济效益，具有一举两得的重要意义。

（四）防治工业污染，保护环境有利于社会的文明与安定

自然环境和生活环境的优劣，是衡量一个国家富强、人民幸福、社会文明与否的重要标志。防治污染，保护环境是所有社会主义工业企业都必须遵守的职业道德，是在工业生产中体现社会主义精神文明的标志。任何工业部门和企业及其管理者，都不能只顾发展生产，只追求本企业经济效益，而不顾环境保护，不积极采取治理污染的有效措施。同时，若对工业污染不加防治，也会使企业与周围

居民之间，企业与附近农民之间，企业与企业之间的污染纠纷时有发生。这就不利于安定团结。因此，为了社会的文明与安定，也必须坚决地防治工业污染、保护环境。

二、防治工业污染的原则

防治工业污染的原则，是在科学技术进步以及防治工业污染的实践中形成的，是对工业污染产生及其防治规律的认识和总结。从中国的实际情况看，要搞好工业污染防治工作，应当遵循以下四个基本原则。

（一）坚持经济发展与防治污染、保护环境相统一

关于经济发展与防治污染、保护环境两者之间的关系，有三种情况：一是先发展经济，后治理工业污染和环境保护；二是为了维护环境而限制工业发展，限制经济发展；三是在发展工业生产、发展经济的同时，解决好工业污染的防治和环境保护问题。实践证明，第三种两者关系的处理方法是正确的、合理的、行之有效的，也是正确处理两者关系的基本原则。遵循这一基本原则，既能促进工业经济的发展，又能防治工业污染和保护环境。

应该指出的是，防治工业污染，归根结底要依靠科技进步，但是在一定时期内，防治工业污染必须建立在已有科技能力的基础上。同时，采用某种技术去防治工业污染，还不能超过现有经济发展水平所提供的条件，既要技术上可行，又要经济上合理。

（二）防治结合，以防为主

在防治工业污染，保护环境的问题上，必须以预防为主，防患于未然。这就要求人们从消极的单项治理转到积极的综合预防上来，从被动管理污染物造成的结果发展到主动管理污染物产生的原因，从污染点、源防治向区域防治和从治标性防治向治本防治发展。此外，在工业基本建设过程中，实行环保项目与主体工程同时设计、同时施工、同时投产的"三同时"制度，是落实以预防为主的有效途径。只有这样，才能保证污染越治越少，实现对环境的合理保护。

(三) 合理开发、综合利用、化害为利

工业污染物是由投入工业生产过程的各种资源转化而产生的。资源利用得越充分，污染物就越少，反之污染物就愈多。工业生产排放的"三废"，往往是一些没有得到利用的资源。所谓"工业三废"实质上是工业生产过程中流失的原材料、中间体和副产物。当人们对自然资源的结构还不清楚，对工业生产中产生的副产品的性能还未认识，或者技术上还没有能力加以提炼和利用时，就会把它们当作"废物"抛弃。当人们认识并能利用这些"废物"，就可以把它变废为宝，化害为利。例如，进入 20 世纪，德国在发展钢铁工业中，大量使用煤炭，而煤炭在炼焦中产生的炼焦油当时认为是"废物"，后来才发现它是涂料、医药、三大合成材料（合成橡胶、合成纤维、合成塑料）的重要化工原料。

合理开发、综合利用、化害为利，一方面是防治工业污染、改善环境的重要途径，另一方面是挖掘企业的内部资源潜力、生财聚财之道。这就要求充分合理地开发和利用投入生产的资源，减少废弃物；再通过对"三废"的回收和提炼，重新生产出工业所需的原材料。即由消极地排除"三废"到积极地治理和利用"三废"，这是工业生产发展的必然趋势。

(四) 技术、经济、法律、行政手段和宣传教育手段相结合

防治工业污染既涉及工业生产，又关系到人民生活，是一项十分复杂和涉及面极广的工作。人们要彻底解决防治工业污染的问题，只采用行政手段、宣传教育手段是不够的，随着社会主义市场经济体制的建立和完善，必须充分利用技术、经济、法律手段，并且几种手段有机配合才能奏效。做到这一点，就要大力研究、开发、应用无污染、少污染的新工艺、新技术、新设备、新材料和新产品，鼓励环保技术的发展；要在国家统一领导下，通过各种手段，使每个企业都明确各自保护环境的责、权、利和义务。要贯彻执行《中华人民共和国环境保护法》，逐步制定和完善一系列防治污染、保护环境的技术经济政策。只有这样，才能使环保工作取得更好的效果。

三、防治工业污染的战略与措施

（一）中国防治工业污染的战略

防治工业污染的战略，是经济社会发展战略和工业发展战略的组成部分。制定中国防治工业污染的战略，必须从中国的国情、国力出发，确定社会、经济与环境保持协调发展的战略思想。其主要内容是：对自然资源的开发利用，必须兼顾近期和长远发展的需要，把开发利用和保护结合起来；经济发展为保护环境提供必要的物质技术基础，以利于更有效地保护环境；在经济实力薄弱的情况下，环境保护应更多地寻求投资少、效果大，并能使经济建设同时发展的途径。

基于这样的指导思想，中国在防治工业污染、保护环境的战略目标是使城市和工业环境污染得到一定程度的控制和改善；自然生态环境遭破坏的趋势逐步有所缓和，某些方面得到基本控制和改造，为全国环境污染基本得到解决，自然生态基本恢复良性循环，形成清洁、优美、安静的城乡生活打下基础。这一战略目标是以中国的国情、国力为基础的，它既是中国人民生活的需要，也是经过努力可以实现的。

随着中国经济和技术的发展，在全国有计划、有步骤地开展全面的环境建设，通过技术进步和技术革命，企业要改造传统生产技术，广泛采用新技术，从而实现环境质量的战略目标。

（二）中国防治工业污染的主要措施

1. 全面规划，把防治工业污染工作纳入国家管理工作轨道

①要把防治污染、保护环境纳入中国国民经济发展规划。防治工业污染的目标，要列入国家和各级地方经济和社会发展计划。要把环境保护，防治污染纳入国民经济综合平衡体系，使防治污染的费用、材料、设备得到充分保证。要把环境效益状况作为经济效益核算的重要内容，并成为经济决策和计划的重要依据。

②在工业基本建设中，为预防污染，控制新污染的产生，必须做到防止污染和其他危害的设施与主体工程同时设计、同时施工、同时投产，在建设项目可行

性研究阶段，要做好项目的环境评价，将其作为项目决策的重要依据；在计划任务书中，要对工程允许的各种污染物的排放量规定合理的标准和要求；在设计阶段，要保证防治污染的设施符合计划任务书提出的各项要求与指标，并与主体工程的设计同步进行；在项目竣工验收阶段，要按照计划和设计的要求，逐项检查验收后，才能允许投产。同时，对那些资源、能源浪费大，对环境污染严重，又没有有效治理措施的在建项目，应坚决停止建设。并且把好基建工程选址、设计、征地、施工检查、验收五道关口。在技术改造过程中，要把防治污染、改善环境作为一项主要目标，更新设备、改革工艺，同时解决污染问题。

2. 依靠科技进步，采用新技术、新工艺，提高现有资源的利用效率，以减少污染

工业污染物的排放量与工业生产过程中使用的技术装备、生产工艺密切相关。通过推动科技进步，结合企业的技术改造，逐步推广无污染或少污染的新工艺和新设备，是防治工业污染的重要途径。具体内容有：

①采用污染危害小或无污染、少污染的新技术。例如，无氰电镀、无苯涂漆、干法印花等技术或工艺。

②以无毒无害，低毒低害原料代替有毒有害原料，或者减少有毒原料的用量。

③采用闭路循环工艺，尽量不排废物；闭路循环就是将整个生产工艺系统封闭起来，原料和水都在封闭系统中循环利用，这样既可节约原料，减轻污染，又可节约用水。

④采用先进设备，提高原料利用率，减少废物排放。

⑤改进不合理的产品结构，发展消耗资源少，对环境无污染，少污染的新产品。

3. 建立和健全防治工业污染，保护环境的体系和制度，使环境管理科学化和制度化

防治工业污染，保护环境，必须建立一套健全的工业体系和规章制度，以确保各个职能部门协调有效地发挥作用。这是做好这项工作的关键。在组织上，要建立以地方为主的管理机构。分布在一个地域内的工业企业，即要接受当地政府

的环境管理。在环境管理中，要划清企业的职权，谁使用，谁管理；谁作用，谁保护；谁破坏，谁治理；谁保护，谁受益。要建立环境保护目标责任制，具体规定各级领导在一定时期内应实现的环境目标，并以此作为其政绩考核的内容之一。要建立城市环境综合整治定量考核制度，将城市环境状况分解为若干项指标，逐项考核评分，根据分数排出城市的名次，考核公布城市环境质量的好坏，让群众监督。建立污染物的排放许可证制度，根据一个地区总体的环境状况、环境质量以及环境变化趋势，确定该地区污染物排放总量，通过发放排污许可证，实现对地区污染物排放总量的控制，以达到逐步提高环境质量的目的。要推行限期治理政策，对一些布局不合理、污染严重、对环境危害大、经济效益差的工矿企业实行限定治理期限，以促进加快对污染的治理，到期治理不了或达不到要求应采取关、停、并、转、迁等措施。

此外，还要建立相应的奖罚制度。对于那些治理污染、综合利用资源好的企业要给予奖励；对于治理污染不力的企业要严格按照规定的"三废"排放标准征收排污费，污染特别严重的，要严惩严罚。

同时，防治工业污染，保护环境，还必须加强环境监测工作。环境监测，可以说是环境保护的耳目，没有正确的监测数据，治理就必然带有一定盲目性，因此必须建立健全监测机构，建立起全国的监测网络，组织好卫生、水电、海洋、地质、交通、商业、工业等各个部门，分工协作，密切配合，调动各个方面的积极性，把环境监测工作有效地开展起来。要建立监测报告和责任制度，包括统一监测项目、分析方法、采样方法以及报送时间等，逐步实现环境监测系统网络化、监测手段自动化、监测方法标准化。

4. 提高环境法律意识，完善环境法规，严格环境法治

制定环境法规，用法律调整工业与环境的关系，运用国家的强制性手段，对于建立正常的环境建设秩序，保证工业环境建设工作的开展，促进防治工业污染，保护环境生态和自然资源，能起到极其重要的作用。提高人们环境与法律意识，完善环境法规，严格环境法制，就可以创造一个较好的工业环境。在中国宪法中有关保护环境和防止污染的规定，如《中华人民共和国环境保护法》《全国环境监测条例》，以及有关保护土地、矿藏、森林、草原、河流、湖泊、海洋、

大气、野生动植物、自然保护区、风景游览区、名胜古迹、国家公园等法规，初步形成了环境保护的法律体系。随着环境法规的进一步完善，将有助于工业生产建设和工业环境保护的同步发展。

5. 大力开展环境科学的研究和保护环境的教育

随着科学技术的迅速发展，环境科学的研究已具备优越的条件，环境科学是一门新兴的综合性科学，其基本含义是：在宏观上研究人类同环境之间的相互作用、相互促进、相互制约的对立统一关系，揭示社会经济发展和环境保护协调发展的基本规律；在微观上研究环境中的物质，尤其是人类活动排放的污染物的分子、原子等微小粒子在有机体内迁移、转化和积累的过程及其运动规律，探索它们对生命的影响及其作用机理等。除认真进行环境科学基础理论研究以外，还要重视应用科学的发展，特别是一些投资少、见效快的"适用技术"，打破行业、企业之间的界限，把各方力量组织起来，促进环保科技成果的应用推广，使之尽快转化为生产力，并努力创建适合中国国情的治理污染、保护环境的科学技术体系，把防治工业污染和保护环境工作推向一个新水平。

普及环境教育，培养环保专业人才是实现环境管理现代化的关键。要有计划地从小学、中学到大学建立起环境教育的完整体系，提高中国的环境科学水平。要加强对国民环保知识的教育，尤其加强对领导干部、企事业领导的教育，以提高他们的环保业务水平，增强环保意识，适应防治污染、保护环境的迫切需要。总之，防治工业污染，保护环境是一项长期、艰巨的工作，只要人们采取有效措施，是能够实现中国环境保护的战略目标的。

第七章　工业经济绿色发展

第一节　工业经济绿色转型

一、绿色经济概述

(一) 绿色经济的含义

绿色经济是以节约能源资源为目标、以生态科技为基础、以市场为导向、以新能源革命为依托的经济发展模式，其宗旨是经济发展必须与自然环境、人类社会的发展相协调，其核心是人力资本、生态资本、人造资本、社会资本存量不断增加，实现绿色国内生产总值（GDP）的稳步增长。

绿色经济是绿色发展的经济内容，生态文明的经济建设就是实现经济的绿色化。从微观看，发展绿色经济就是要加速淘汰落后产能和工艺，用技术创新和工艺创新促进绿色企业的发展，推动绿色产品的有效供给，同时大力提倡绿色生活，形成资源节约、环境友好的绿色生活方式和绿色消费模式；从中观看，发展绿色经济就是要使部门经济、地区经济、集团经济绿色化，通过产业结构、技术结构、规模结构的绿色化，实现产业的绿色升级、分类和分布，探索绿色经济结构的演化规律，揭示经济与自然、社会之间的绿色联系；从宏观看，发展绿色经济就是要不断降低国民经济中能源资源消耗多、环境污染重的行业比重，推动整个宏观经济的绿色化进程。

发展绿色经济，首要问题是确立新的价值观。经济活动中原有的价值观必须发展，要在生态文明理念下建设新的价值学说。在经济学中，价值范畴作为社会生产流动的杠杆，只在商品领域里出现。人们普遍认为，只有商品才具有价值，这种片面的、传统的价值观一直占据着人们的思想，指导着人们的行动。这种观念必然导致在生产上，其目标是以最少的耗费获得最大的产出，即对生态资源实现最大限度的开发而没有基本的环境污染控制措施；在交换上，只看到商品流通，对潜在消耗的自然资源不计成本，因而自然资源的生态价值不能实现，劳动得不到补偿；在消费上，认为自然资源是取之不尽的，环境纳污容量也是无限的。这种生态环境无价值的观念还导致在经济政策上忽视对生态资源再生能力的建设性和保护性的投资，没有把生态资源纳入价格体系之内，往往只强调人是生产者，而忽视人又是自然资源和生态环境的消费者，又反过来加剧了生态环境的恶化。因此，只有发展传统劳动价值论才能揭示自然资源价值的本质，以信息增殖进化论为基础，用生态文明的多元价值论构建绿色经济的理论体系。

从改变经济发展的能源结构角度看，发展绿色经济就是要发展低碳经济；从生产过程、产品和服务看，发展绿色经济就是要推进清洁生产，实行节能减排；从资源利用程度看，发展绿色经济就是要大力发展循环经济；从资源节约的角度看，发展绿色经济就是要发展共享经济；从产业结构角度看，发展绿色经济就是要大力发展生态农业、生态工业和生态服务业，即当前要大力发展工业文明和信息文明融合的新兴产业；从消费层面看，发展绿色经济就是要践行绿色的生活方式。

（二）绿色经济的价值观

不同的文明时代有相应的价值观，它既是物质世界长期发展的产物，也是社会不断演进的结果。

在农业文明时代，对价值的衡量标准是"土地是财富之母，劳动是财富之父"。到了工业文明时代，对绝大多数商品价值的衡量，是遵循"劳动价值论"的，商品价值量的大小取决于生产该商品的社会必要劳动时间。

生态文明时代，绿色经济的价值标尺是多元的，其基本准则仍然是"劳动价值理论"。与工业文明时代的"劳动价值论"相比，其"劳动价值"中包含着更多的"知识价值"，可以说是在传统的"劳动价值论"基础上，加上"知识价值论"；特殊商品的价值，因其稀缺性和人们对其的喜好，遵循"效用价值论"；

由于全球信息高速公路建成，不同的信息会产生不同的增值效应，因而极大地影响商品价格的形成，"信息价值论"随之出现；自然资源（包含土地资源、森林资源、水资源、矿山资源、海洋资源、环境资源等）由于对人类生存的决定性作用，其价值被重新定位。

（三）绿色经济遵循的原则

1. 共生性原则

"自然—社会—经济"是一个复合生态系统，共生不仅是生物演化的机制，也是经济发展的机制。

在大自然中，不存在任何生物独占世界的现象，地球上的生物是相互依存的，只有通过不同物种之间的互惠互利和生态位互补，才能发挥整个生态系统的效益。尽管人类是自然中的高级生物，但和其他物种一样，都是地球生态系统的一个组成部分，人类和自然是内在统一的一个整体，人类、自然和其他生物都应该得到相同的尊重和关怀。在经济系统中，同样存在共生关系，经济组织之间会以同类资源共享或异类资源互补形成共生体，从而改进资源的配置效率。

人类社会的生产与生活消费所需的低熵物质和能量依赖于自然环境的供给，同时剩余的高熵物质和能量又还给自然界。在自然循环中，通过各种物理、化学和生物的过程影响自然环境的变化，稳定的经济发展需要有持续的自然资源以及良好的社会环境和生态环境作支撑。

2. 和谐性原则

和谐是不同事物之间相同相成、相辅相成、相反相成、互助合作、互利互惠、互促互补的关系。在"自然—社会—经济"系统以及各个系统内部分系统中，有各自的结构、功能和发展规律，各自的存在和发展又受其他系统结构、功能的制约。自然系统合理、经济系统有利、社会系统有效是"自然—社会—经济"系统合理的目标。如果不能做到天和（人与大自然及万物的和谐）、人和（人际和谐和社会和谐）、心和（身与心、我与非我、心灵与宇宙的和谐），"自然—社会—经济"这个复合生态系统中的平衡就会被打破。

经济系统是"自然—社会—经济"系统的一个部分，但其在生态系统中的作用不可低估。经济系统不和谐，就会导致自然环境日益恶化和社会环境越来越复杂。因此，必须通过必要的调整，坚持经济的和谐发展，才能使环境得到有效恢复，社会得到持续发展。

3. 发展性原则

地球表层的变化直接影响人类文明的发展走向。发展是事物由小到大、简单到复杂、低级到高级的量和质的变化，人类的进化只能依赖"自然—社会—经济"系统的持续发展。

建立一个能够持续、协调发展的生态环境经济系统，使其既能保护人类经济活动免受环境因素的负面影响，也要保护环境免受人类经济活动的负面影响；既妥善处理经济发展与环境质量的矛盾，又寻找相对的平衡；既保证当前经济的增长，又为长远发展提供基础并创造一个更为美好的环境，这是发展的要义之所在。由于人类是全球系统进化的客体的同时又是进化的主体，协调人与自然的机制，达成生命进化与意识进化的统一，才能保证人类社会的发展进步。

二、工业绿色转型概述

作为绿色经济的重要组成部分，工业绿色转型是工业迈向"能源资源利用节约、污染物排放减少、环境影响降低、劳动生产率提高、可持续发展能力增强"的过程。随着资源和环境约束趋紧，推动工业绿色转型是贯彻落实新发展理念、实现节能减排的必然要求。

关于工业绿色转型的内涵基础和实现逻辑，在"绿色"方面，工业绿色发展强调经济发展和环境保护的协调统一。从投入产出的角度来看，工业绿色转型以低能耗投入、低污染排放以及高产出为特征，包括降低单位产出下的能源使用强度，工业绿色化生产以减少污染排放，提高工业技术效率和产出质量等。在"转型"方面，工业转型升级是一个战略性、全局性和系统性的变革过程。在动态变革过程中，工业绿色转型要求从旧动能转向新动能，实现绿色效率提升和高质量发展。主要包括：一是由高投入、高消耗和高污染的粗放型经济增长方式向绿色环保的集约型增长方式转变，提高绿色生产效率，降低行业污染产生或排放强度；二是由依靠要素和投资驱动转向依靠创新驱动，以技术创新为工业发展和经济增长的重要源泉，依靠科技投入和产出提高全要素生产率，实现资源要素的整体协同，为传统工业转型升级和竞争发展提供可持续增长动力。

与此同时，随着互联网的不断发展，网络基础设施等的普遍安装为经济发展创造了新的生产技术条件。发展互联网经济已成为经济新常态下推动产业创新和经济转型的新动力。工业绿色转型内涵在"绿色"和"转型"的基础上，逐渐呈现新的特征。一方面，进入互联网经济时代，增加了数据、大数据、知识等关键生产要素，知识和智慧不断参与生产，融合工业生产过程，并以其累积性促进深度学习和人工智能（AI）快速发展。另一方面，互联网、大数据、人工智能和实体经济深度融合，有利于充分发挥信息化的创新驱动作用，提高工业技术效率，推动产业优化升级和绿色转型发展。信息化和工业化的深度融合为经济增长提供新动能，是形成知识型工业模式、重塑竞争力的新引擎。因此，当前工业绿色转型的动态变革过程中，要加快以"互联网"为代表的新一代信息技术与工业，尤其是制造业的各个环节充分融合，加快实现产业转型升级。

三、工业经济绿色经济转型路径选择

（一）创新工业经济转型绿色机制

工业经济绿色转型机制亟须完善，要将政府宏观调控力量纳入工业经济绿色转型发展中。通过政府宏观调控并加强工业经济区之间的结合，在政策优惠的影响下，工业经济发展的绿色转型的重视程度也能得到提升。工业经济发展绿色转型初期需要政府资金的投入支持，工业经济绿色转型发展机制构建完善后，经济转型发展已经能够得到更多资源利用，并且在政府重视程度提升的宏观影响作用下，工业经济发展也能在企业中落实。工业绿色转型需要在发展理念、增长方式、目标方向等方面做出重大转变，要从战略层面高度重视，走新型工业化道路，加强机制创新，建立完善制造业绿色发展的政策支撑体系。在企业经营发展过程中，能够将绿色转型作为战略思想，构建长期发展计划。工业经济转型时期所遇到的问题，在政府宏观调控机制完善的帮助下，也能够得到优化解决。企业技术创新及发展过程中的宏观调控都离不开绿色转型机制的监管完善，这也是当前存在问题的有效解决路径。

(二) 加强技术创新研发成本投入

加强技术创新以及发展过程中的成本投入，能够帮助企业在绿色经济转型过程中获得自主创新技术的支持。政府应该加大力度，对地方企业的技术创新进行激励，使企业在发展过程中能够充分意识到技术创新对实现可持续发展战略计划的重要性。对发展过程中的战略转型以及所遇到的种种问题，始终将技术创新作为基础支撑，并通过技术创新研发成本的投入，营造出企业技术发展的有利环境。形成工业经济发展过程中的创新科技体系，有利于逐渐减少经济发展期间对生态环境的破坏，并帮助企业强化处于国际环境下的综合竞争能力。

(三) 制定环境补偿机制

环境补偿机制构建的形成，需要对企业原有经济发展，税收组成进行调整，能够体现出企业在发展过程中开发使用资源的同时，对生态环境的保护以及影响。环境补偿机制形成后，可以将生态环境保护与工业经济发展融为一体，企业在日常经营管理中也能严格要求自己。不断创新研发科技，持续加大经济发展过程中的生态环境保护投入。让企业从自身发展需求角度加大研发力度，在环境补偿机制监督管理作用下，一旦发现生态环境在工业生产过程中被破坏，也能将责任落实到具体的企业具体的个人，通过这种方法，来减少工业经济绿色转型时期遇到的管理机制落实的问题。不断吸收世界先进的产业升级和环境治理理念，充分发挥后发优势，加快绿色发展的步伐。

(四) 强化社会监督体系

强化工业经济转型发展过程中的社会舆论监督力量，政府应该作出宏观调控，对社会监管力量予以保护，避免工业发展过程中企业自身干扰影响到舆论监督力量的发挥。生态环境保护是全人类共同的责任与义务。政府应该加大宣传力度，提升基层群众的环境保护意识，能够在生产生活中对工业经济发展绿色转型期的生态环境保护问题进行监督。社会监督体系得到完善，构建后工业经济发展转型时期，才能够在共同监督机制作用下，合理利用资源经济发展的同时，对生态环境进行保护，从而实现绿色转型的战略发展计划。

第二节 生态工业

一、生态工业的含义和特征

（一）生态工业的概念

生态工业是基于生态系统承载能力、保护生态环境的前提下，依据工业生态学原理，以现代科学技术为手段，通过两个或两个以上的生产体系或环节之内的系统来使物质和能量多级利用、持续利用，实现节约资源、清洁生产和废弃物循环利用，具有高效经济过程与和谐生态功能的网络型、进化型工业的综合工业发展模式。

生态工业通过生态方式协调了工业生产过程中技术和生态的关系，有效地促进了价值流、物质流、信息流、能量流和人流的合理运转，使工业系统更加稳定、有序、协调，资源得到循环利用，突破了传统工业严重污染环境的弊端。生态工业的目标是经济效益和生态效益并重，资源利用方式强调资源集约利用和循环使用，产业结构、产业布局与生态系统和自然结构相适应，废弃物实行再利用，生态工业品的技术经济指标要符合资源能源节约、生态环境的保护和经济的绿色发展。

生态工业是按照工业生态学及复合生态系统的原理、原则与方法，通过人工规划、设计的一种新型工业组织形态。工业企业生态系统则主要指由工业企业以及赖以生存、发展的利益相关者群体与外部环境之间所构成的相互作用的复杂系统。在工业企业生态系统中，工业企业之间、企业集群之间以及产业园区之间能够遵循自然界中的共生原理，实现企业、企业集群、产业园区之间的互利共生，使经济效益、社会效益实现最大化，同时使利益双方或多方均受益，并形成企业共同生存与发展的生态共生链与生态共生网络。

（二）生态工业的结构

生态工业是模拟生态系统的功能，建立起相当于生态系统的"生产者、消费者、还原者"的工业生态链，以低消耗、低（或无）污染、工业发展与生态环境协调为目标的工业。而生态工业结构指通过符合生态规律的科学手段，把工业系统的结构规划成由"资源生产""加工生产""还原生产"三大工业部门构成的工业生态链。

①资源生产部门。资源生产部门类似生态系统的初级生产者，以资源的开发利用为职责，逐渐以可再生资源、替代资源取代不可再生资源，为生态工业的生产提供初级原料和能源。

②加工生产部门。加工生产部门类似于生态系统的消费者，打造资源节约、没有污染的生产过程，通过资源节约型、环境友好型技术，将初级资源加工转换成能够满足人们需要的生态工业品。

③还原生产部门。还原生产部门是将社会生产过程和社会生活过程中所产生的各种副产品再资源化，或进行无害化处理，或转化为新的生态工业品等。

（三）生态工业的主要特征

生态工业的最基本特征就是共生性，工业生态系统中由工业企业等共生单元组成的共生体作为开放式的人工系统，具有以下自身四个特点。

①系统性与融合性。由工业企业等共生单元组成的共生体是开放式的人工系统，具有明显的系统性，表现为整体性、层次性、相关性、动态性等形式。同时，共生体内部的企业之间还具有不断相互融合的趋势与特征。在融合过程中，通过改进技术，不断运用新的技术，以提高系统内各企业的环保水平，满足共生体生态化发展的要求。

②合作性与竞争性。在工业企业共生体中，各企业之间并非简单共处，也不是企业之间副产品或废物的初级交换，而是依据工业生态学原理，按照一定的要求与模式，通过降低原材料消耗、实行清洁生产和节能减排、副产品的充分利用

等，实现各企业的全面合作。在合作的同时，并不排斥竞争，在符合市场规则的前提下，通过竞争优胜劣汰，实现工业企业生态化运行的生态目标。

③互利性与互动性。在工业企业共生体中，互利与共赢是企业作为共生单元建立业务联系的经济根源。工业共生单元之间必须使物质能量不断交换，才能实现互利共赢的目标。实现企业互利共赢的前提是互动，能量交换反映的就是不同企业之间的互动关系。要按照低消耗、低成本、原生态趋向的原则进行互动，企业共生体能够持续互利共赢的基础性条件是原生态趋向。从企业上下游的依存关系看，企业间共生的互动关系有"主动—被动""主动—主动""主动—顺动""顺动—被动"等，互动关系都必须遵循生态化的原则。

④协调性与动态均衡性。工业企业共生体的内在属性要求通过共生单元之间的数量协调和质量协调等，达到某种程度的均衡。在能量转换过程中，数量协调是企业之间的供应链上每个环节的投入产出，质量协调强调的是协调的效率，协调的过程是一个"不平衡—平衡—新的不平衡—新的平衡"的动态过程。均衡是在自然生态环境承载力范围内的均衡，协调是在生态发展前提下的协调。

二、生态工业体系建设

（一）开发绿色产品

绿色产品是指在全生命周期过程中，符合环境保护要求、对生态环境和人体健康无害或危害小、资源能源消耗少、品质高的产品。

人们要开发绿色产品，首先要推进工业产品绿色设计工作。工信部、国家发改委、生态环境部印发的《关于开展工业产品生态设计的指导意见》提出，引导企业开展工业产品生态设计，促进生产方式、消费模式向绿色低碳、清洁安全转变。

依据全生命周期的绿色管理理念，企业应致力于实现能源和资源使用的最优化、对生态环境的影响最小化以及可再生资源利用率的最大化。通过积极实施绿色设计的示范项目，以示范效应带动整个行业，加速研发具备环保、节能、低耗、高稳定性、长效用寿命和易回收等特质的绿色产品。同时，企业应主动参与绿色产品的第三方评估与认证流程,通过发布工业绿色产品目录,不仅引导生产过程的绿色转型,也激励消费者进行绿色消费。此外,建立跨部门的协作机制,实施典型产品的绿色评价试点项目,并构建一套有效的监管体系,以确保绿色产品标准的实施和监督,进一步推动工业生产的可持续发展和环境保护工作。

国务院办公厅发布的《关于建立统一的绿色产品标准、认证、标识体系的意见》中明确指出,通过整合绿色产品的定义和评估手段,建立一套统一的绿色产品标准、认证和标识体系。该体系将执行统一的绿色产品评价标准清单和认证目录,创新绿色产品评价标准的供给机制,并完善认证有效性的评估与监督体系。同时,将增强技术机构的能力和信息平台建设,促进国际合作与互认。

根据该意见,现有的环保、节能、节水、循环、低碳、再生、有机等产品将被统一归类为绿色产品,并形成一个系统化、科学、开放、融合、指标先进、权威统一的绿色产品体系。该体系将通过法律法规和配套政策的完善,实现产品、标准、清单、认证和标识的一体化整合。绿色产品的评价将逐步扩展到对生态环境影响显著、消费需求旺盛、产业关联性强、社会关注度高以及国际贸易量大的产品领域。随着市场认可度和国际影响力的提升,绿色产品的市场份额和质量效益将显著增加,有效改善绿色产品供需不平衡的状况,从而显著提高消费者的满意度和获得感。

(二) 创建绿色工厂

绿色工厂是实现用地集约化、生产洁净化、废物资源化、能源低碳化的工厂。

《绿色工厂评价通则》(GB/T 36132—2018)国家标准明确了绿色工厂术语定义,从基本要求、基础设施、管理体系、能源资源投入、产品、环境排放、绩效等方面,按照厂房集约化、原料无害化、生产洁净化、废物资源化、能源低碳化的原则,建立了绿色工厂系统评价指标体系,提出了绿色工厂评价的通用要求。

绿色工厂是制造业的生产单元,是绿色制造的实施主体,构成了绿色制造体系的核心支撑单元,侧重于生产过程的绿色化,应该在保证产品功能、质量以及制造过程中员工职业健康安全的前提下，引入生命周期思想，满足基础设施、管理体系、能源与资源投入、产品、环境排放、环境绩效的综合评价要求。

根据国家对工业绿色发展的指导方针，企业应遵循一系列环保和资源节约的原则，致力于建设绿色工厂。这包括按照厂房集约化、原料无害化、生产洁净化、废物资源化、能源低碳化的原则分类创建绿色工厂。引导企业按照绿色工厂建设标准建造、改造和管理厂房，集约利用厂区。鼓励企业使用清洁原料，对各种物料严格分选、分别堆放，避免污染。优先选用先进的清洁生产技术和高效末端治理装备，推动水、气、固体污染物资源化和无害化利用，降低厂界环境噪声、振动以及污染物排放，营造良好的职业卫生环境。采用电热联供、电热冷联供等技术提高工厂一次能源利用率，设置余热回收系统，有效利用工艺过程和设备产生的余（废）热。提高工厂清洁和可再生能源的使用比例，建设厂区光伏电站、储能系统、智能微电网和能管中心。

（三）建设生态工业园

生态工业园是中国第三代产业园，生态工业园建设是实现生态工业的重要途径。

为了促进企业集群发展、构建产业生态链、完善服务平台，人们要致力于推动绿色工业园区的建设；通过优化工业用地的布局与结构，显著提升土地资源的节约与集约利用效率；积极开发和应用余热、余压及废热资源，推广热电联产、分布式能源以及光伏储能一体化系统，构建园区智能微电网，从而提升可再生能源的利用率，实现园区能源的高效梯级利用。

同时，人们要强化水资源的循环利用，推动供水系统、污水处理等基础设施的绿色升级，增强污水处理和循环再利用的能力；鼓励园区内企业间进行废物资源的互惠交换，通过企业与园区间的共生链接、原料互供和资源共享，显著提升资源的综合利用效率。

此外，人们还要加强资源环境统计监测的基础能力建设，发展园区内的信息服务、技术支持、商贸交流等公共服务平台，以促进园区内企业的可持续发展和绿色转型。这些措施将共同推动工业园区向更高效、更环保、更可持续的方向发展。

三、发展生态工业的路径

（一）推动企业绿色战略的实施

发展生态工业必须要制定企业的绿色发展战略，在生态文明理念的指导下，企业要制定绿色开发、实施绿色生产、开展绿色营销和培育绿色企业文化的总体规划。企业通过实施绿色战略，不仅能实现经济效益和生态效益有机结合，还能履行其应尽的社会责任。

政府要支持企业实施绿色战略、绿色标准、绿色管理和绿色生产，开展绿色企业文化建设，提升品牌绿色竞争力。引导企业建立集资源、能源、环境、安全、职业卫生于一体的绿色管理体系，将绿色管理贯穿企业研发、设计、采购、生产、营销、服务等全过程，实现生产经营管理全过程绿色化。培育一批具有自主品牌、核心技术能力强的绿色龙头骨干企业，发挥大型企业集团示范带动作用，在绿色发展上先行先试，引导企业建立信息公开制度，定期发布社会责任报告和可持续发展报告。

（二）发展绿色科技

绿色科技指的是以保护生态环境、保障人体健康为目的，以促进环境持续发展、经济绿色发展、文化生态发展、社会和谐发展为核心内容的现代科技。

现代科学技术发展日新月异，信息技术和高新技术的运用，极大地节约了自然资源和劳动力资源，使各种生产要素的流动更为方便，电子计算机、云计算、大数据的发展使存储处理信息成为可能，人类智能和人工智能的结合使信息增值有了更广阔的前景，以科技创新为支撑的绿色发展成为战略选择。

国家发改委、科技部印发的《关于构建市场导向的绿色技术创新体系的指导意见》提出，通过培育壮大绿色技术创新主体、强化绿色技术创新导向机制、推进绿色技术创新成果转化示范应用、优化绿色技术创新环境、加强绿色技术创新的对外开放与国际合作，建成市场导向的绿色技术创新体系。企业绿色技术创新主体地位得到强化，出现一批龙头骨干企业，"产学研金介"深度融合、协同高效；绿色技术创新引导机制更加完善，绿色技术市场繁荣，人才、资金、知识等各类要素资源向绿色技术创新领域有效集聚，高效利用，要素价值得到充分体现；绿色技术创新综合示范区，绿色技术工程研究中心、创新中心等形成系统布局，高效运行，创新成果不断涌现并充分转化应用；绿色技术创新的法治、政策、融资环境充分优化，国际合作务实深入，创新基础能力显著增强。

（三）提升工业绿色智能水平

随着传统制造业绿色化改造升级步伐的加快，智能制造在提升绿色制造水平中的作用越来越重要，绿色制造对排放无害化处理的能力和效率的要求越来越高，智能化技术的广泛运用为绿色制造提供了技术手段，极大地提高了生产效率，进一步实现资源的循环利用，"绿色+智能"成为生态工业发展的一个重要特点。

政府要推动互联网与绿色制造融合发展，提升能源、资源、环境智慧化管理水平，推进生产要素资源共享，用分享经济模式挖掘资源与数据潜力，促进绿色制造数字化提升。同时，政府还要推动能源管理智慧化，实施数字能效推进计划，加大能源管控中心建设力度，积极培育工业节能云服务市场，创新能耗监管模式；促进生产方式绿色精益化，利用移动互联网、云计算、大数据、物联网及分享经济模式促进生产方式绿色转型，加快形成企业智能环境数据感知体系，加快绿色数据中心建设，发展大规模个性化定制、网络协同制造、远程运维服务，推动电子商务企业直销或与实体企业合作经营绿色产品和服务，利用线上线下融合等模式推动绿色消费习惯形成；创新资源回收利用方式，发展"互联网+"回收利用新模式，支持利用电子标签、二维码等物联网技术，鼓励互联网企业积极参与工业园区废弃物信息平台建设。

（四）提高工业绿色发展基础能力

没有坚实的工业绿色发展基础能力，不可能有强大的绿色制造业，完善的生态工业体系的建立就没有扎实的基础。

政府要建立完善工业绿色发展标准、评价及创新服务等体系，打造绿色制造服务平台，加快培育壮大节能环保服务业，全面提升绿色发展基础能力；健全标准体系，构建绿色产品、绿色工厂、绿色园区和绿色供应链等绿色制造标准体系，提高节能要求，加快节能减排标准制修订，提升标准国际化水平；建立评价机制，加快建立自我评价、社会评价与政府引导相结合的绿色制造评价机制，加快制定绿色制造评价制度，开展绿色产品、绿色工厂、绿色园区、绿色供应链评价试点，鼓励引导第三方服务机构创新绿色制造评价及服务模式，强化绿色评价结果应用；夯实数据基础，加快建设覆盖工业产品全生命周期的生态影响基础数据库，推动建设绿色生产基础数据库和产值数据库，支持重点行业建设行业绿色制造生产过程物质流和能量流数据库，建立绿色产品可追溯信息系统，完善数据计量、信息收集、监测分析保障体系，开发企业生产数据与数据库公共服务平台对接的软件系统；强化创新服务，鼓励企业与高校、科研机构、服务机构共建研发中心、实验室、中试基地等科技创新载体，推进建设若干国家绿色创新示范企业和企业绿色技术中心，建立产业绿色创新联盟等创新平台，加强绿色制造关键核心技术知识产权储备，提升绿色制造项目甄别、技术鉴定、成果推广、信息交流等服务能力，实施绿色制造培训行动计划。

（五）促进工业绿色开放发展

随着全球经济一体化程度日益加深，国家（地区）之间经济活动的相互关联度、依存度越来越高，工业领域的深度合作成为一大趋势，工业的绿色发展依赖于对外开放的进一步扩大，更离不开国际合作。

政府要强化绿色科技国际合作，吸引全球顶尖研发资源和先进技术转移，加快建立国际化的绿色技术创新平台。完善对外交流合作长效机制，推动建立公平、透明、合理的全球绿色发展新秩序，加强与联合国开发计划署、全球环境基金等的合作，继续推进与联合国工业发展组织在工业绿色发展领域的合作交流，深入推进中欧绿色产品政策交流与对话，加强中美绿色能源开发利用领域交流合作，支持港澳等地区与内地合作开展节能环保展示交流活动。

(六) 大力发展节能环保产业

发展节能环保产业,是培育发展新动能、提升绿色竞争力的重大举措,是补齐资源环境短板、提高生态环境质量的重要支撑。中国有全球最大的节能环保市场,推动节能环保产业和传统产业融合发展,才能促进经济社会发展绿色转型,以最小的成本取得更大的环境和社会效益。

政府要提升节能、环保、资源循环利用技术装备供给水平,加大研发投入力度,加强核心技术攻关,推动跨学科技术创新,促进科技成果加快转化,开展绿色装备认证评价,淘汰落后供给能力,着力提高节能环保产业供给水平,全面提升装备产品的绿色竞争力;创新节能节水服务、环境污染第三方治理、环境监测和咨询服务和资源循环利用服务等节能环保服务模式,培育新业态,拓展新领域,凝聚新动能,提高服务专业化水平,充分激发节能环保市场活力;通过促进各类型企业协调发展、加快产业集聚区提质增效、发挥第三方机构催化作用等培育壮大市场主体,以节能环保企业为重点,以产业园区为依托,以第三方机构为有益补充,推动市场主体形成良性互动、协同发展的共生关系,培育节能环保产业的生力军;通过强化重大工程需求牵引、完善绿色产品推广机制和着力培育绿色消费文化等激发节能环保市场需求,以实施节能环保和资源循环利用重大工程、推广绿色产品、培育绿色消费习惯等方式,有力刺激市场对节能环保产品和服务的需求,全面扩展产业发展空间;通过加强法规标准建设、简政放权优化服务、统一规范市场秩序等规范优化市场环境,发挥市场的决定性作用,加强规范引导,拓展市场空间,建立统一开放、竞争充分、规范有序的市场体系,营造有利于产业提质增效的市场环境;通过加大财税和价格政策支持力度、发展绿色金融、加强国际合作和夯实人才基础等保障措施,依托国家重大对外战略拓展国际合作,培育高素质人才队伍,为产业发展提供有力保障。

第三节 智能工业

智能工业是信息时代绿色经济的一个全新产业。智能工业把制造业引入了智能制造的新阶段，成为经济增长的新动能。发展智能工业，是抢占未来经济和科技发展制高点的战略选择，有利于促进制造业数字化、网络化、智能化，走创新驱动的发展道路，构建绿色制造体系，为建设制造强国奠定扎实的基础。

一、智能工业的内涵

智能工业是融合具有环境感知能力的各类终端、基于无所不连的新一代互联网络、人脑智慧"三位一体"的生态化的新型工业。它将传统制造业提升到智能化的新阶段，大幅度降低生产成本、减少资源消耗、提高产品质量、提高制造效率。

随着数字、可视、网络、虚拟、协同、集成、智能、绿色、安全的制造业企业信息化关键技术的不断发展，设计数字化、制造装备数字化、生产过程数字化、管理数字化和企业数字化已成为制造业信息化技术的主要内容，新一代信息技术与制造业深度融合，正在引发影响深远的产业变革。现代电子信息技术为制造业的新发展提供了条件，制造业不断增长的需求也推动了数字技术的不断发展和进步，智能装备、智能工厂等智能制造正引领制造方式变革，新的生产方式、产业形态、商业模式和经济增长点正在形成，全球制造业格局面临重大调整。要提高综合国力，塑造国际竞争中的新优势，必须不断拓展制造业新领域，促进制造业的转型升级。

二、中国制造 2025

（一）"中国制造 2025"开创中国智能工业新时代

国务院印发的《中国制造 2025》开辟了中国工业发展的新起点，这是中国实施制造强国战略第一个十年行动纲领。

对于"中国制造 2025"，人们需要知道：一要明确"互联网+"是对"中国制造 2025"的重要支撑，要推动制造业与互联网的融合发展；二是"中国制造 2025"不能只搞装备制造业，而要用消费者的选择，倒逼工业消费品提质和"中国制造"升级；三是实施创新驱动发展战略，推动大众创业、万众创新，进一步发展服务业、高新技术产业、中小微企业，大力实施《中国制造2025》，提高实体经济竞争力；四是"中国制造2025"突破的重点，主要放在与"互联网+"的融合发展上，加快推动中国工业的"浴火重生"；五是中国有完备的工业体系和巨大市场，德国有先进技术，应推进"中国制造2025"和"德国工业4.0"战略对接，共同推动新工业革命和业态，达成双赢；六是"互联网+双创+中国制造2025"，彼此结合起来进行工业创新，将会催生一场新工业革命；七是促进中国制造上水平，既要在改造传统制造上"补课"，同时还要瞄准世界产业技术发展前沿；八是"集众智者成大事"，要通过大众创业、万众创新，用亿万人层出不穷的新鲜点子，激发市场活力，真正推进中国制造的智能转型；九是传统的"中国制造"还要做，但"中国制造2025"的核心，应该是主打"中国装备"。[①]

对于"中国制造2025"，国际社会也表现出对工业转型的期望。联合国官员认为，《中国制造2025》路线图正在引导中国的工业现代化进程；世界经济论坛主席施瓦布认为，得益于智能制造业的发展，"中国将成为第四次工业革命的领军者"；《福布斯》杂志认为，实施"中国制造2025"将助力中国制造业保持国际竞争力。

（二）"中国制造2025"的战略方针、目标和任务

《中国制造2025》是中国实施制造强国战略第一个十年行动纲领，明确了基本方针、基本原则和战略目标。[②]

1.《中国制造2025》的基本方针

创新驱动。坚持把创新摆在制造业发展全局的核心位置，完善有利于创新的制度环境，推动跨领域跨行业协同创新，突破一批重点领域关键共性技术，促进制造业数字化网络化智能化，走创新驱动的发展道路。

质量为先。坚持把质量作为建设制造强国的生命线，强化企业质量主体责任，加强质量技术攻关、自主品牌培育。建设法规标准体系、质量监管体系、先

---

① 孟根龙，杨永岗，贾卫列. 绿色经济导论［M］. 厦门大学出版社，2019.
② 新华社. 国务院印发《中国制造2025》［J］. 现代企业，2015（5）：40.

进质量文化，营造诚信经营的市场环境，走以质取胜的发展道路。

绿色发展。坚持把可持续发展作为建设制造强国的重要着力点，加强节能环保技术、工艺、装备推广应用，全面推行清洁生产。发展循环经济，提高资源回收利用效率，构建绿色制造体系，走生态文明的发展道路。

结构优化。坚持把结构调整作为建设制造强国的关键环节，大力发展先进制造业，改造提升传统产业，推动生产型制造向服务型制造转变。优化产业空间布局，培育一批具有核心竞争力的产业集群和企业群体，走提质增效的发展道路。

人才为本。坚持把人才作为建设制造强国的根本，建立健全科学合理的选人、用人、育人机制，加快培养制造业发展急需的专业技术人才、经营管理人才、技能人才。营造大众创业、万众创新的氛围，建设一支素质优良、结构合理的制造业人才队伍，走人才引领的发展道路。

2.《中国制造2025》的基本原则

市场主导，政府引导。全面深化改革，充分发挥市场在资源配置中的决定性作用，强化企业主体地位，激发企业活力和创造力。积极转变政府职能，加强战略研究和规划引导，完善相关支持政策，为企业发展营造良好环境。

立足当前，着眼长远。针对制约制造业发展的瓶颈和薄弱环节，加快转型升级和提质增效，切实提高制造业的核心竞争力和可持续发展能力。准确把握新一轮科技革命和产业变革趋势，加强战略谋划和前瞻部署，扎扎实实打基础，在未来竞争中占据制高点。

整体推进，重点突破。坚持制造业发展全国一盘棋和分类指导相结合，统筹规划，合理布局，明确创新发展方向，促进军民融合深度发展，加快推动制造业整体水平提升。围绕经济社会发展和国家安全重大需求，整合资源，突出重点，实施若干重大工程，实现率先突破。

自主发展，开放合作。在关系国计民生和产业安全的基础性、战略性、全局性领域，着力掌握关键核心技术，完善产业链条，形成自主发展能力。继续扩大开放，积极利用全球资源和市场，加强产业全球布局和国际交流合作，形成新的比较优势，提升制造业开放发展水平。

3.《中国制造 2025》的战略目标

第一步，力争用十年时间，迈入制造强国行列。到 2025 年，制造业整体素质大幅提升，创新能力显著增强，全员劳动生产率明显提高，两化（工业化和信息化）融合迈上新台阶。重点行业单位工业增加值能耗、物耗及污染物排放达到世界先进水平。形成一批具有较强国际竞争力的跨国公司和产业集群，在全球产业分工和价值链中的地位明显提升。

第二步，到 2035 年，中国制造业整体达到世界制造强国阵营中等水平。创新能力大幅提升，重点领域发展取得重大突破，整体竞争力明显增强，优势行业形成全球创新引领能力，全面实现工业化。

第三步，2049 年时，制造业大国地位更加巩固，综合实力进入世界制造强国前列。制造业主要领域具有创新引领能力和明显竞争优势，建成全球领先的技术体系和产业体系。

4.《中国制造 2025》的主要指标

《中国制造 2025》提出了中国 2025 年制造业的主要指标。

①创新能力。规模以上制造业研发经费内部支出占主营业务收入比重，2025 年达到 1.68%；规模以上制造业每亿元主营业务收入有效发明专利数，2025 年达到 1.1 件。

②质量效益。制造业质量竞争力指数，2020 年为 84.5，2025 年为 85.5；制造业增加值率 2025 年比 2015 年提高 4 个百分点；制造业全员劳动生产率增速，2025 年达到 6.5% 左右。

③两化融合。宽带普及率，2025 年达到 82%；数字化研发设计工具普及率，2025 年达到 84%；关键工序数控化率，2025 年达到 64%。

④绿色发展。规模以上单位工业增加值能耗 2025 年比 2015 年下降 34%；单位工业增加值二氧化碳排放量 2025 年比 2015 年下降 40%；单位工业增加值用水量 2025 年比 2015 年下降 41%；工业固体废物综合利用率 2025 年比 2015 年下降 79%。

5.《中国制造 2025》的任务

《中国制造 2025》提出，实现制造强国的战略目标，加快制造业转型升级，必须完成九大任务，包括提高国家制造业创新能力、推进信息化与工业化深度融合、强化工业基础能力、加强质量品牌建设、全面推行绿色制造、大力推动重点领域突破发展、深入推进制造业结构调整、积极发展服务型制造和生产性服务业、提高制造业国际化发展水平。

(三)"中国制造2025"的关键领域

《中国制造2025》提出，瞄准新一代信息技术、高端装备、新材料、生物医药等战略重点，引导社会各类资源集聚，推动优势和战略产业快速发展。

①新一代信息技术产业。战略重点主要是集成电路及专用装备、信息通信设备、操作系统及工业软件，形成关键制造装备供货能力，掌握核心技术，开发安全领域操作系统等工业基础软件。

②高档数控机床和机器人。战略重点是开发一批精密、高速、高效、柔性数控机床与基础制造装备及集成制造系统，积极研发汽车、机械、电子、危险品制造、国防军工、化工、轻工等工业机器人、特种机器人、服务机器人。

③航空航天装备。战略重点是研制大型飞机、宽体客机、重型直升机，推进干支线飞机、直升机、无人机和通用飞机产业化，建立发动机自主发展工业体系，形成自主完整的航空产业链。发展新一代运载火箭、重型运载器，加快推进国家民用空间基础设施建设，形成长期持续稳定的空间信息服务能力，推动载人航天、探月工程适度发展、深空探测，推进航天技术转化与空间技术应用。

④海洋工程装备及高技术船舶。战略重点是大力发展相关装备、关键系统和专用设备，推动深海空间站、大型浮式结构物的开发和工程化，形成海洋工程装备综合试验、检测与鉴定能力，突破豪华邮轮设计建造技术，掌握重点配套设备集成化、智能化、模块化设计制造核心技术。

⑤先进轨道交通装备。战略重点是加快新材料、新技术和新工艺的应用，重点突破新技术，研制先进可靠适用的产品，研发新一代轨道交通装备系统，建立现代轨道交通产业体系。

⑥节能与新能源汽车。战略重点是支持电动汽车、燃料电池汽车发展，掌握核心技术，提升核心技术的工程化和产业化能力，形成完整的汽车工业体系和创

新体系。

⑦电力装备。战略重点是推动大型高效超净排放煤电机组产业化和示范应用，提高超大容量水电机组、核电机组、重型燃气轮机制造水平，推进新能源和可再生能源装备、先进储能装置、智能电网用输变电及用户端设备发展，突破大功率电力电子器件、高温超导材料等关键元器件和材料的制造及应用技术。

⑧农机装备。战略重点是重点发展大宗粮食和战略性经济作物生产所需的先进农机装备，加快发展高端农业装备及关键核心零部件，形成面向农业生产的信息化整体解决方案。

⑨新材料。战略重点是加快研发新材料制备关键技术和装备，发展军民共用特种新材料和促进新材料产业军民融合发展，提前布局和研制战略前沿材料，加快基础材料升级换代。

⑩生物医药及高性能医疗器械。战略重点是发展针对重大疾病的化学药、中药、生物技术药物新产品，重点发展高性能诊疗设备、高值医用耗材、移动医疗产品，实现生物3D打印、诱导多能干细胞等新技术的突破和应用。

（四）"中国制造2025"的重大工程

《中国制造2025》明确，通过政府引导、整合资源，实施国家制造业创新中心建设、工业强基、智能制造、绿色制造、高端装备创新五项重大工程，实现长期制约制造业发展的关键共性技术突破，提升中国制造业的整体竞争力。

1. 制造业创新中心建设

《中国制造2025》提出，完善以企业为主体、市场为导向、政产学研用相结合的制造业创新体系。围绕产业链部署创新链，围绕创新链配置资源链，加强关键核心技术攻关，强化知识产权运用，加速科技成果产业化，加强标准体系建设，提高重点领域和关键环节的创新能力。围绕重点行业转型升级和新一代信息技术、智能制造、增材制造、新材料、生物医药等领域创新发展的重大共性需求，形成一批制造业创新中心（工业技术研究基地），重点开展行业基础和共性关键技术研发、成果产业化、人才培训等工作。制定完善制造业创新中心遴选、考核、管理的标准和程序。到2025年形成40家左右制造业创新中心（工业技研究基地)。

《制造业创新中心建设工程实施指南（2016—2020年）》提出，到2025年，进一步完善国家制造业创新体系。在《中国制造2025》确定的十大重点领域，形成一批创新中心，打造一批具有较强国际竞争力的跨国公司和产业集群，在全球产业分工和价值链中的地位明显提升。

2. 工业强基

《中国制造2025》提出，统筹推进核心基础零部件（元器件）、先进基础工艺、关键基础材料和产业技术基础的发展，加强"四基"创新能力建设，推动整机企业和"四基"企业协同发展。开展示范应用，建立奖励和风险补偿机制，支持核心基础零部件（元器件）、先进基础工艺、关键基础材料的首批次或跨领域应用。组织重点突破，针对重大工程和重点装备的关键技术和产品急需，支持优势企业开展政产学研用联合攻关，突破关键基础材料、核心基础零部件的工程化、产业化瓶颈。强化平台支撑，布局和组建一批"四基"研究中心，创建一批公共服务平台，完善重点产业技术基础体系。到2025年，70%的核心基础零部件、关键基础材料实现自主保障，80种标志性先进工艺得到推广应用，部分达到国际领先水平，建成较为完善的产业技术基础服务体系，逐步形成整机牵引和基础支撑协调互动的产业创新发展格局。

3. 智能制造

《中国制造2025》提出，研究制定智能制造发展战略，深化互联网在制造领域的应用；推动新一代信息技术与制造技术融合发展，把智能制造作为两化深度融合的主攻方向；发展智能装备和智能产品，推进生产过程智能化，培育新型生产方式，全面提升企业研发、生产、管理和服务的智能化水平。紧密围绕重点制造领域关键环节，开展新一代信息技术与制造装备融合的集成创新和工程应用。支持政产学研用联合攻关，开发智能产品和自主可控的智能装置并实现产业化。依托优势企业，紧扣关键工序智能化、关键岗位机器人替代、生产过程智能优化控制、供应链优化，建设重点领域智能工厂数字化车间。在基础条件好、需求迫切的重点地区、行业和企业中，分类实施流程制造、离散制造、智能装备和产品、新业态新模式、智能化管理、智能化服务等试点示范及应用推广。建立智能制造标准体系和信息安全保障系统，搭建智能制造网络系统平台。到 2025 年，制造业重点领域全面实现智能化，试点示范项目运营成本降低 50%，产品生产周期缩短 50%，不良品率降低 50%。

工业和信息化部以及财政部印发的《智能制造发展规划（2016—2020 年）》提出，到 2025 年，智能制造支撑体系基本建立，重点产业初步实现智能转型。

4. 绿色制造

《中国制造 2025》提出，加大先进节能环保技术、工艺和装备的研发力度，加快制造业绿色改造升级；积极推行低碳化、循环化和集约化，提高制造业资源利用效率；强化产品全生命周期绿色管理，努力构建高效、清洁、低碳、循环的绿色制造体系。组织实施传统制造业能效提升、清洁生产、节水治污、循环利用等专项技术改造。开展重大节能环保、资源综合利用、再制造、低碳技术产业化示范。实施重点区域、流域、行业清洁生产水平提升计划，扎实推进大气、水、土壤污染源头防治专项。制定绿色产品、绿色工厂、绿色园区、绿色企业标准体系，开展绿色评价。到 2025 年，制造业绿色发展和主要产品单耗达到世界先进水平，绿色制造体系基本建立。

5. 高端装备创新

《中国制造 2025》提出，组织实施大型飞机、航空发动机及燃气轮机、民用航天、智能绿色列车、节能与新能源汽车、海洋工程装备及高技术船舶、智能电网成套装备、高档数控机床、核电装备、高端诊疗设备等一批创新和产业化专项、重大工程。开发一批标志性、带动性强的重点产品和重大装备，提升自主设计水平和系统集成能力，突破共性关键技术与工程化、产业化瓶颈，组织开展应用试点和示范，提高创新发展能力和国际竞争力，抢占竞争制高点。到 2025 年，自主知识产权高端装备市场占有率大幅提升，核心技术对外依存度明显下降，基础配套能力显著增强，重要领域装备达到国际领先水平。

《高端装备创新工程实施指南（2016—2020 年）》提出，到 2025 年，全面具备高端装备的自主研发、设计、制造及系统集成能力，各领域开发出一批标志性、带动性强的成套装备，核心技术对外依存度明显下降，基础配套能力显著增强，重要领域装备达到国际领先水平。形成覆盖研发设计、装备制造、技术服务的完整产业体系和持续创新发展能力，国际竞争力和国际品牌影响力进一步增强。

三、发展智能工业的路径

（一）制定智能工业发展的良好政策

《中国制造2025》提出，建设制造强国，必须发挥制度优势，动员各方面力量，进一步深化改革，完善政策措施，建立灵活高效的实施机制，营造良好环境。

1. 深化体制机制改革

全面推进依法行政，加快转变政府职能，创新政府管理方式，加强制造业发展战略、规划、政策、标准等的制定和实施，强化行业自律和公共服务能力建设，提高产业治理水平。要简政放权，适时修订政府核准的投资项目目录，完善政产学研用协同创新机制，加快生产要素价格市场化改革，推行节能量、碳排放权、排污权、水权交易制度改革和加快资源税从价计征，完善公司治理结构，推动军民融合深度发展，健全产业安全审查机制和法规体系。

2. 营造公平竞争市场环境

深化市场准入制度改革，实施负面清单管理，加强事中事后监管，全面清理和废止不利于全国统一市场建设的政策措施。实施科学规范的行业准入制度，制定和完善制造业准入标准，加强监管、监督检查和统一执法，加快发展技术市场，完善淘汰落后产能工作涉及的职工安置、债务清偿、企业转产等政策措施，进一步减轻企业负担，推进制造业企业信用体系建设，强化企业社会责任建设。

3. 完善金融扶持政策和加大财税政策支持力度

深化金融领域改革，拓宽制造业融资渠道，降低融资成本。积极发挥政策性金融、开发性金融和商业金融的优势，健全多层次资本市场，引导风险投资、私募股权投资等支持制造业企业创新发展，鼓励符合条件的制造业贷款和租赁资产开展证券化试点，支持重点领域大型制造业企业集团开展产融结合试点，探索开发适合制造业发展的保险产品和服务，加大对制造业企业在境外开展资源勘探开发、设立研发中心和高技术企业以及收购兼并等的支持力度。

加大财政资金对制造业的支持，重点投向智能制造、"四基"发展、高端装备等制造业转型升级的关键领域，为制造业发展营造良好政策环境。要善于运用政府和社会资本合作（PPP）模式，创新财政资金支持方式，深化科技计划（专项、基金等）管理改革，完善和落实支持创新的政府采购政策，完善和落实使用首台（套）重大技术装备等鼓励政策，实施有利于制造业转型升级的税收政策。

4. 完善中小微企业政策

落实和完善支持中小微企业发展的财税优惠政策，优化中小企业发展专项资金使用重点和方式。加快设立国家中小企业发展基金，支持符合条件的民营资本依法设立中小型银行等金融机构，加快构建中小微企业征信体系，建设完善中小企业创业基地，鼓励大学、科研院所、工程中心等对中小企业开放共享各种实（试）验设施，加强中小微企业综合服务体系建设，完善中小微企业公共服务平台网络。

5. 进一步扩大制造业对外开放

深化外商投资管理体制改革，营造稳定、透明、可预期的营商环境，全面深化外汇管理、海关监管、检验检疫管理改革，进一步放宽市场准入，加强对外投资立法，探索利用产业基金、国有资本收益等渠道实施海外投资并购，建立制造业对外投资公共服务平台和出口产品技术性贸易服务平台，完善应对贸易预警协调机制。

（二）创新智能技术和加速智能工业发展

1. 加强关键共性技术创新

突破先进感知与测量、高精度运动控制、高可靠智能控制、建模与仿真、工业互联网安全等一批关键共性技术，研发智能制造相关的核心支撑软件，布局和积累一批核心知识产权，为实现制造装备和制造过程的智能化提供技术支撑。

智能制造关键共性技术创新方向是建设若干智能制造领域的制造业创新中心，开展关键共性技术研发，组建智能制造创新联盟，推动创新资源向企业集聚，加快研发智能制造支撑软件、业务管理软件、数据管理软件。

2. 加快智能制造装备发展

推进产学研用联合创新，攻克关键技术装备，推进智能制造关键技术装备、核心支撑软件、工业互联网等系统集成应用，集成开发一批重大成套装备，推进工程应用和产业化，推动新一代信息通信技术在装备（产品）中的融合应用，促进智能网联汽车、服务机器人等产品的研发、设计和产业化。

智能制造装备创新发展重点是创新产学研用合作模式，研发相关的关键技术装备，重点突破核心产品，在机床、机器人、石油化工、轨道交通等领域实现集成应用。开展智能制造成套装备的集成创新和应用示范，加快产业化。促进智能网联汽车等的研发和产业化，开展远程无人等智能服务。

3. 推动重点领域智能转型

围绕《中国制造2025》十大重点领域，试点建设数字化车间或智能工厂，加快智能制造关键技术装备的集成应用，加快产品全生命周期管理、客户关系管理、供应链管理系统的推广应用，推广应用数字化技术、系统集成技术、智能制造装备，推动产业间绿色循环链接，提升重点制造技术绿色化水平。

重点领域智能转型重点是推进智能化、数字化技术在企业研发设计、生产制造、物流仓储、经营管理、售后服务等关键环节的深度应用，支持智能制造关键技术装备和核心支撑软件的推广应用，开展数字化车间或智能工厂的集成创新与应用示范，支持地方、园区、龙头企业等建设一批公共服务平台并开展服务。

4. 促进中小企业智能化改造

开展管理信息化和数字化升级试点应用，建立龙头企业引领带动中小企业推进自动化、信息化的发展机制，建设云制造平台和服务平台，服务中小企业智能化发展。

（三）夯实智能工业基础

1. 构筑工业互联网基础

研发新型工业网络设备与系统，推动制造企业开展工厂内网络升级改造，开展工业云和大数据平台建设，研发安全可靠的信息安全软硬件产品，搭建面向智能制造的信息安全保障系统与试验验证平台，建立健全工业互联网信息安全风险评估、检查和信息共享机制。

工业互联网建设重点是研发工业网络设备与系统，构建试验验证平台及标识解析系统、企业级智能产品标识系统，开发核心信息通信设备、工业级信息安全产品及设备，支持工业企业改造工业现场网络，进行现有公用电信网的升级改造，推进新技术、产品及系统在重点领域的集成应用。

2. 建设智能制造标准体系

开展基础共性标准、关键技术标准、行业应用标准研究，搭建标准试验验证平台（系统），加快标准制（修）订和推广，构建满足产业发展需求、先进适用的智能制造标准体系。组织开展关键技术标准的研究制定，探索制定重点行业智能制造标准，推进智能制造标准国际交流与合作。

3. 培育智能制造生态体系

构建以智能制造系统集成商为核心的"专、精、特"企业深度参与的智能制造发展生态体系，加快培育系统解决方案供应商，发展龙头企业集团，做优做强"专、精、特"配套企业。支持以技术和资本为纽带，组建产学研用联合体或产业创新联盟，鼓励企业发展成为智能制造系统解决方案供应商。

4. 推进区域智能制造协同发展

积极推动智能制造装备产业集群建设，完善产业链协作配套体系，打造智能制造装备产业集聚区；大力推进制造业发展水平较好的地区率先实现优势产业智能转型，积极促进制造业欠发达地区加快制造业自动化、数字化改造，促进区域智能制造差异化发展；加快区域间创新资源、设计能力、生产能力和服务能力的集成和对接，推进制造过程各环节和全价值链的并行组织和协同优化，加强区域智能制造资源协同。

（四）加速智能工业人力资源开发

1. 打造智能制造人才队伍

构建多层次人才队伍，大力弘扬工匠精神，加强智能制造人才培训，培养一批高层次领军人才、复合型人才、专业技术人才、高技能人才。健全人才培养机制，促进企业和院校成为技术技能人才培养的"双主体"，鼓励有条件的高校、院所、企业建设智能制造实训基地，支持高校开展智能制造学科体系和人才培养体系建设，建立智能制造人才需求预测和信息服务平台。

2. 健全多层次人才培养体系

《中国制造2025》提出，加强制造业人才发展统筹规划和分类指导，组织实施制造业人才培养计划，加大专业技术人才、经营管理人才和技能人才的培养力度，完善从研发、转化、生产到管理的人才培养体系，培养造就一批优秀企业家和高水平经营管理人才，打造高素质专业技术人才队伍，形成一支门类齐全、技艺精湛的技术技能人才队伍，培养制造业急需的科研人员、技术技能人才与复合型人才，完善各类人才信息库，建立人才激励机制，健全人才流动和使用的体制机制，探索建立国际培训基地，加大制造业引智力度。

第八章　经济管理与企业可持续发展

第一节　企业可持续发展与财务

一、企业可持续发展概况

(一) 企业可持续发展概述

可持续发展既要考虑当前发展的需要，也要考虑未来发展的需要；不能以牺牲后期的利益为代价，来换取现在的发展，满足现在利益。同时可持续发展也包括面对不可预期的环境震荡，而持续保持发展趋势的一种发展观。

企业可持续发展在国际上也获得共识，如全球报告举措（GRI），主要强调信息管理、投资者、顾客、拥护者、供方和员工不断地进行对话、连接企业离散和孤立职能的媒介——金融、市场、研究和开发，为供应链、规章的沟通，声誉和品牌管理可能产生纠纷的地区，以及不可预计的机会提供了信标、持续发展能力报告，帮助管理者增强评估其对自然、人和对社会资本贡献的能力，降低公开商业企业共享价格的可变性和不确定性，并降低其资本费用等。而且可持续发展报告能为企业提供新的机遇，并能提高企业的国际竞争力，是企业通向国际市场的通行证。

企业战略是企业如何运行的指导思想，它是对处于不断变化的竞争环境之中的企业的过去运行情况及未来运行情况的一种总体表述。

企业可持续发展战略是指企业在追求自我生存和永续发展的过程中，既要考虑企业经营目标的实现和提高企业市场地位，又要保持企业在已领先的竞争领域和未来扩张的经营环境中始终保持持续的盈利增长和能力的提高，保证企业在相当长的时间内长盛不衰。

(二) 企业可持续发展战略类型

企业可持续发展战略非常繁杂，但是众多理论都是从企业内部某一方面的特性来论述的。企业可持续发展战略主要有创新可持续发展战略、文化可持续发展战略、制度可持续发展战略、核心竞争力可持续发展战略、要素可持续发展战略。

1. 创新可持续发展战略

所谓创新可持续发展战略，即企业可持续发展的核心是创新。企业的核心问题是有效益，有效益不仅要有体制上的保证，而且必须不断创新。只有不断创新的企业，才能保证其效益的持续性，也即企业的可持续发展。

2. 文化可持续发展战略

所谓文化可持续发展战略，即企业发展的核心是企业文化。企业面对纷繁变化的内外部环境，企业发展是靠企业文化的主导。

3. 制度可持续发展战略

所谓制度可持续发展战略，是指企业获得可持续发展主要源于企业制度。

4. 核心竞争力可持续发展战略

企业核心竞争力是指企业区别于其它企业而具有本企业特性的相对竞争能力。而企业核心竞争力可持续发展战略是指企业可持续发展主要依靠培育企业核心竞争力。

5. 要素可持续发展战略

要素可持续发展战略认为企业发展取决于以下七种要素：人力、知识、信息、技术、领导、资金、营销。

(三) 企业可持续发展问题探讨

1. 发展战略是企业可持续发展的动力源泉

许多企业在创立期也就是原始积累阶段，企业规模迅速膨胀，完成了人才、技术、资金、市场的一些初步积累。但在企业的成长期特别是成熟期，管理相对滞后，面临着多种机遇及发展方向的选择，此时企业的发展速度反而下降或停滞。这时候需要制定明确的企业发展战略和发展目标，才有可能进入企业的持续发展期。

企业的持续发展期会进行持续的创新，培养可持续发展的竞争能力，也要不断地修正前进的方向，以适应市场发展的需要。重新明确企业宗旨与核心价值观等的重大发展任务。

制定发展战略是中国企业为适应市场成熟的必然选择。因为竞争对手持续进步，每天还都有新的竞争者进入，这就给人们带来很大的压力，不进则退。同时潜在的竞争对手，潜在的替代品也会不断出现，而且更新的周期。同时，顾客的消费行为也越来越理性化。现代管理学之父彼得·德鲁克说："竞争战略的主要目的是能比竞争对手更好地满足顾客的需求。企业经营目标的唯一有效的定义就是顾客。"一个企业要获得竞争优势，可以有两种基本的战略选择：一是提供更低的认知价格，二是提供更高的认知价值。具体应该采取何种战略，还必须以企业拥有的资源和能力为依据，而且要把战略和能力有效地结合。

制定发展战略过程中，企业要在对企业未来发展环境的分析和预测基础上，为企业提出总体的战略目标，企业的一切目标都服从于或服务于这个战略目标。企业的战略目标应该是一个宏伟的远景目标，这是支持企业发展的首要因素。宏伟的远景目标对企业能形成重大的挑战，使企业的领导不满足于现状，从而确保企业不断地增长。同时起到鼓舞凝聚人心、吸引人才、激发活力的作用，使员工觉得前景广阔。因为一名高素质的员工不愿意在一个没有希望、没有前途、没有美好前景的公司工作。给人以美梦，这是最激励人的手段，善于运用胆大超前的目标，也是那些百年企业长寿的秘诀之一。

公司远景目标的三要素：一是要针对未来，即任何一个战略远景目标都要基于对未来环境的判断，也就是对国家宏观环境——产业政策，以及微观环境——竞争环境的展望。二是要考虑清楚公司将参加的业务范围、地理范围、竞争对手以及竞争优势的来源。三是公司整体战略，这是非常重要的，公司制定整体战略是为了增加可持续发展能力，企业的发展战略有近期和长期规划，这样才构成一个完整的远景目标。

建立在对环境彻底分析的基础上制定的公司整体战略，能够对企业外部环境的变化表现出应变性。成功的企业都有较强的适应环境变化的能力，这些能力是企业对市场信号显示的反应。因此，有人在界定长寿公司时指出："对周围环境的敏感代表了公司创新与适应的能力，这是长寿公司一大成功要素之一。"这一点也是非常重要的。

2. 创新是企业可持续发展的核心

伴随知识经济时代的不断发展，知识创新、技术创新、管理创新、市场创新等已成为企业发展的动力，没有创新，企业就无法在竞争中取得优势，也无法保持企业发展的能力。所以，企业可持续发展重点强调的是发展而不是增长。无论是企业的生产规模还是企业的市场规模，都存在一个增长的有限性。增长是一个量的变化，发展是一个质的变化。一个企业不一定变得更大，但一定要变得更好。企业可持续发展追求的是企业竞争能力的提高、不断地创新，而不只是一般意义上的生存。

企业创新是全方位的创新，其核心是观念创新。观念创新是按照新的外部环境调整价值尺度、思维方式、行为方式和感情方式等诸多方面的文化心理，创新意识的建立是一种否定自我、超越自我的过程。这是企业创新的先导。观念创新中首先是价值观念的创新。价值观念主要是指企业经营的价值观念，包括消费者价值观、利润价值观和社会价值观等。价值观念的创新是指要随着形势的发展而不断改变自己的价值观。观念的创新决定着决策的创新、管理的创新，决定着企业行为的创新。所以创新应该反映在企业的各个方面，包括技术创新、管理创新、体制创新、经营创新，等等。所有这些创新，最后都会在企业的经营活动中反映出来，会落实在企业的产品创新上。

3. 竞争优势是企业可持续发展的保障

企业可持续发展与社会、生态系统可持续发展的不同之处是，社会、生态可持续发展要实现的是一种平衡，而企业可持续发展要实现的是在非平衡中求得竞争的优势。企业可持续发展的过程中，必须不断地提高自身的竞争能力和水平，才能实现永续发展目标。

在市场经济条件下，同一种产品的生产与销售通常是由多家企业完成的。企业面对的是竞争性的市场，所以首先需要分析企业已经形成的核心能力及其利用情况。在竞争市场上，企业为了及时实现自己的产品并不断扩大自己的市场占有份额，必须形成并充分利用某种或某些竞争优势。竞争优势是竞争性市场中企业绩效的核心，是企业相对于竞争对手而言难以甚至无法模仿的某种特点。由于形成和利用竞争优势的目的是不断争取更多的市场用户，因此，企业在经营上的这种特点必须是对用户有意义的——"竞争优势归根结底产生于企业为客户所能创造的价值"，怎么才能形成企业的某种竞争优势呢？管理学家认为这取决于企业的核心能力。

所谓核心能力是组织中的积累性学识，特别是关于如何协调不同的生产技能和有机结合多种技术流派的学识。这种能力不局限于个别产品，而是对一系列产品或服务的竞争优势都有促进作用。从这个意义上说，核心能力不仅超越任何产品或服务，而且有可能超越公司内任何业务部门。核心能力的生命力要比任何产品或服务都长。

由于核心能力可以促进一系列产品或服务的竞争优势，所以能否建立比竞争对手领先的核心能力会对企业的长期发展产生根本性的影响。只有建立并维护核心能力，才能保证公司的长期存续。因为核心能力是未来产品开发的源泉，是竞争能力的根。

所以说，利润重要，市场份额更重要；市场份额重要，竞争优势更重要；竞争优势重要，企业核心能力更重要。有了企业核心能力，才能创造竞争优势的可持续发展，有了竞争优势的可持续发展，才能扩大市场份额，才能使企业基业常青。因此，企业核心能力是竞争优势、市场份额和企业利润的真正来源。

如果企业所处的环境基本保持不变或相对稳定，那么企业只要选择和进入富有市场吸引力的产业，并且具备战略资源、核心能力、企业战略能力、企业家能力和优秀的企业文化，以及相对于竞争者来说更富效率的内在要素，以占据有利的市场地位，就可以创造企业的持续竞争优势。然而，人们现在所处的环境由于各种因素的作用和变化而处于不断的变动之中，甚至可以说已经达到动态或剧变的程度。环境的动态化严重削弱了企业经营决策与行为可能性预见的基础。由此就使得企业的每一种既定形式的竞争优势都不可能长久地维持，最终都将消散，只是时间的长短不同而已。所以，在动态的环境中，企业要想能够获得持续竞争优势，就不能只是凭借其战略资源、核心能力等被动地适应环境，而是需要深刻预见或洞察环境的变化并迅速地做出相应反应。通过持续性创新，不断超越自己，从其既有的竞争优势迅速地转换到新的竞争优势，超过竞争对手的企业，从而获得基于其整体发展的持续竞争优势。也就是说，企业持续竞争优势源自持续性的创新。

4. 企业文化是企业可持续发展的内因

企业文化作为企业发展战略或企业家能力发展过程中的一种力量或动力，随着知识经济的发展，它对企业兴衰将发挥着越来越重要的作用，甚至是关键性的作用。一个企业在产品质量达到一定程度时，对产品的市场地位和由地位决定的价位，以及产品的市场销售量，发挥重要或决定作用的仍然是产品自身的文化内涵。经济活动往往是经济、文化一体化的运作，经济的发展比任何时候都需要文化的支持。任何一家企业想成功，都必须充分认识到企业文化的必要性和不可估量的巨大作用，在市场竞争中依靠文化来带动生产力，从而提高竞争力。

哈佛商学院通过对世界各国企业的长期分析研究得出结论："一个企业本身特定的管理文化，即企业文化，是当代社会影响企业本身业绩的深层重要原因。"企业的生存和发展离不开企业文化的哺育，谁拥有文化优势，谁就拥有竞争优势、效益优势和发展优势。世界500强企业出类拔萃的技术创新、体制创新和管理创新的背后，是优秀而独到的企业文化，这也是企业发展壮大、立于不败之地的沃土。[1]

企业文化是企业员工普遍认同的价值观念和行为准则的总和，这些观念和准则的特点可以透过企业及其员工的日常行为而得到表现。文化对企业经营业绩以及战略发展的影响主要体现在它的三个基本功能上：导向功能、激励功能，以及协调功能。文化的导向功能是共同接受的价值观念引导着企业员工，特别是企业的战略管理者自觉地选择符合企业长期利益的决策，并在决策的组织实施过程中自觉地表现出符合企业利益的日常行为。文化的协调功能主要是在相同的价值观

---

[1] 黄为丽. 民营企业的企业文化建设 [J]. 经营与管理, 2010 (4): 2.

和行为准则的引导下，企业各层次和部门员工选择的行为不仅是符合企业的长期或短期利益的，而且必然是相互协调的。文化的激励功能主要指员工在日常经营活动中自觉地根据企业文化所倡导的价值观念和行为准则的要求调整自己的行为。

企业文化的上述功能影响着企业员工，特别是影响着企业高层管理者的战略选择，从而影响着企业战略性资源的选择、企业能力的培养与各种资产、技能、资源与能力的整合。正是由于这种影响，与企业战略制定或资源的整合、能力的培养过程中需要采用的其他工具相比，文化的上述作用的实现不仅是高效率的，而且可能是成本最低、持续效果最长的。从这个意义上说，文化是企业竞争优势可持续发展的最为经济的有效手段。

同时，人们还要培育良好的企业文化，企业文化说简单点就是企业的人格。良好的企业文化是企业发展战略中必须具有的素质。因为与战略相适应的核心价值观、与战略相配套的企业制度准则，都直接地影响战略的管理和实施。一个只拥有传统企业文化、价值观的企业，它对高科技企业的人力、资源制度和激励制度等都不能理解，对企业文化也不例外。良好的企业文化将对战略管理起到事半功倍的效果。只有拥有良好的企业文化，人才不会流失，才能够低成本地运作，才能创造出很好的效益。

5. 强化管理是企业可持续发展的基础

企业内部管理基础要扎实，如果一个好的企业战略没有强有力的企业基础管理作保证，不可能达到贯彻执行。可想而知，如果企业战略制定了，管理很松散，也就是组织机构得不到保证，战略就得不到很好的贯彻执行。海尔集团之所以将国际战略、多元化战略实施得非常好，就是因为它的基础管理做得非常好，这样它在扩散的过程中，在输出海尔理念的时候就能做得很好。如果换一家企业，它也许就不能成功。

对于企业进行业务流程的重组，建立与之相适应的组织机构，改变信息的横向、纵向传输速度慢，管理效率低，决策慢的状况。重构企业的职权体系，明确各个部门和每个岗位的职责、权限，制定各项工作的操作规范，按规章行事，提高员工的业务素质。建立完善的考核体系和合理的报酬体系，以绩效为目标，使得考核有依据，奖惩有办法，促进员工的成长、企业的进步。

一个企业的可持续发展，一定要有前期的积累和投入，还要有长远的战略发展眼光，给自己做清晰的定位，然后要有执着的精神，一步一个脚印地修炼企业"内功"，最终形成一个创新型企业。愿所有的企业都能成为一个可持续发展的百年企业。

二、企业的可持续发展与财务

产品和服务溢价能力、资产管理水平、资本收益、债务能力和品牌形象是企业可持续发展不可或缺的财务要素。在这些财务要素的推动下，只有把握好、控制好、配置和管理好企业的资源，才能实现企业可持续发展目标。

（一）公司溢价能力

当产品和服务有溢价能力时，公司发展才具有可持续性。可持续发展公司有着相同的经营特质：溢价能力高、市场占有率高和品牌知名度高。像可口可乐的差异性和沃尔玛的成本领先都是溢价能力的杰出代表。在销售成长中，持续稳定的销售毛利率是衡量公司溢价能力最典型的财务指标。

（二）资产管理水平

在评价流程管理效率方面，资产周转率是综合反映资产利用效率的财务指标。其他资金周转指标只不过反映了局部的资产使用效率。公司在追求高的存货周转率时，很可能导致低的应收账款周转率的出现。按下葫芦浮起瓢，各种资产组合效果最终要靠资产周转率担当。在正常经营环境下，资产周转率的波动性是考验公司管理流程稳定性的财务指标。只有稳定的管理流程，公司发展才具有可持续性。在无数小决策下，公司资源和能力才能得到充分挖掘和利用。在可持续性发展方面，小决策胜于大决策。树大招风，大决策容易被竞争对手识别和模仿，无数小决策及其组合拳是竞争对手难以模仿的，是买不走、学不会、偷不去的。

(三) 公司资本收益

高的净资产收益率为每股收益可持续上升提供了动力。净资产收益率是衡量公司为股东创造财富的指标。其缺点是没有将借入资本与股权资本同等看待，后果是高的净资产收益率可能隐藏着巨大的财务风险。净资产收益率与财务杠杆之间讳莫如深的关系，掩盖了公司真实的获利能力。打通债务资本与股权资本界限，消除资本结构对评价公司盈利能力的影响，要用到资本收益率。资产净利率把不需要付息的流动负债纳入囊中。因流动负债的波动将直接触发资产净利率的波动，同样模糊了人们对公司盈利能力的评价。从融资角度来看，可持续发展表现为公司能够从资本市场上，不断地筹集发展所需要的资本，保持高的资本收益率是公司可持续融资的市场要求。

(四) 债务能力

在评价公司债务能力上，资产负债率因忽略无形资产（如品牌）的价值而存在缺陷。就可持续发展财务而言，处于相同的生命周期，同行业的公司资本结构都应具有相似性。只有这样，财务才不会在影响公司的可持续性发展。衡量公司债务能力比较到位的指标是已获利息倍数和市值资产负债率。债务能力与公司盈利及其稳定性藕断丝连，已获利息倍数实质上是与盈利相关的财务指标，通过盈利超过利息倍数表达公司债务能力，并通过提高倍数消除盈利波动性影响，维护公司可持续发展形象。市值资产负债率是市场对公司未来盈利预期的结果，隐含了公司无形资产的价值。市值资产负债率低，是资本市场基于公司未来发展对其偿债能力的强力支持，在可持续发展道路上，债务能力至少不会给公司经营添堵。

(五) 品牌形象

溢价能力与品牌形象相关。品牌形象要么使公司处于市场领先地位，提升市场占有率。要么维持顾客对品牌的忠诚，让顾客支付高价钱，避免恶性价格竞争。品牌形象要靠广告媒介宣传，要有营销渠道支持。在公司财务上，品牌形象可以通过销售费用与营业收入的比较来表达。将品牌形象从产品服务层面延伸至公司层面，要有可持续研发费用支持和营销战略投入。财务上能够反映公司整体品牌形象的指标是托宾的 Q，托宾的 Q 值用来反映企业市场价值与重置资产账面价值关系的指标，投资者用来测量公司未来盈利潜力。只有托宾的 Q 是大于 1 时，公司投资才能为公司股东创造财富，这样的增长才是真实的，公司发展才具有可持续性。

第二节 低碳经济与企业可持续发展

一、低碳经济下的企业可持续发展

2011 年 6 月，由特许公认会计师公会（ACCA）和毕马威联合举办的"碳排放——对企业及其财务管理的影响"持续发展圆桌会议在上海举行。

（一）"低碳"是企业在未来持续发展的保证

近年来，企业已经越来越清楚地意识到，如果不尽快采取包括低碳在内的可持续发展战略，它在未来所需付出的代价将高于今天为可持续发展战略所需投入的成本。随着全球有限资源的逐步消耗，企业正在或即将面临来自各利益相关方的压力，要求企业采取实际行动证明它们对其赖以生存的环境和社会负责。总之，可持续发展战略为企业能够顺利在当前环境下运营，并能在未来环境下持续生存与发展提供了保证。

（二）企业碳管理战略需要完善的财务管理支持

毕马威气候变化和可持续发展咨询服务合伙人金蕾认为，越早行动的企业，越能尽早获得竞争优势。金蕾介绍，在碳经济时代，一个产品要附加上它的碳排放量成本，才是产品最终的成本，因此碳排放量的成本越低，产品自然越有竞争力。金蕾建议企业从三方面着手制定碳管理战略。"首先要了解企业目前的碳排放情况,明确管理方向,比如是以提高能效的方式还是以碳交易的形式来减排,如何平衡投入和收益。其次是碳排放量的管理,比如确定碳排放测量的界限以及重要排放来源。最后就是建立一个相对健全的报告系统。这三方面都需要企业完善的财务管理作为支持。"①

(三) 低碳经济下,财务专业人士起重要作用

周俊伟表示,在针对碳排放的企业结构转型的过程中,财务管理人员扮演着对内风险管理和整合数据,对外关注动态和通报信息的重要沟通枢纽角色。此外,"综合报告"目前正受到国际上的关注,被广泛认定为企业报告未来的发展趋势。它需要企业整合并披露所有影响公司未来财务业绩以及公司风险评级活动的环境、社会及治理因素。财务人员作为报告的撰写者,势必要加深对环境和社会对经济发展的了解,才能发挥更好的作用。周俊伟认为,财务专业人士在评估企业风险,保证碳排放数据的准确性和完整性,平衡成本与效益以及有效支持管理层决策等方面,必将发挥重要作用。②

(四) 节能减排需要完整系统支持

柳方说:"如果整个市场都能有节能减排的意识,企业就能够通过工业化降低节能成本、提高效率。这不仅要靠公司的努力,更要有一整套的系统支持,有完善的政府参与,有完善的能源审计部门参与,这样的节能才是真正有效的。这需要一个过程,但首先人们要有决心和有信心做好节能减排的工作,而企业积极参与的动力之一,就是这确实能够转化为巨大的收益。"③

(五) "低碳先行",优化考纲与实践分享并重

关于企业可持续发展的重要性及其对企业管理和战略的影响,ACCA 不仅将

---

① 把握低碳先机,企业需全面高质的碳会计.
② ACCA KPMG 持续发展系列圆桌会议顺利闭幕.
③ ACCA KPMG 持续发展系列圆桌会议顺利闭幕.

其纳入在资格考试的相关科目中，在后续教育活动中也会不断地将企业可持续发展方面的最新动态呈现给 ACCA 会员，以确保会员相关知识的持续更新。如今年举办的系列可持续发展圆桌会议，目的是能提供一个互动的平台，让企业高管，尤其是财务高管，对碳排放和可持续发展方面给企业带来的影响、风险及机遇，提高认识，交流经验，从而做好准备，投入行动，赢得先机。

二、低碳经济背景下企业坚持可持续发展的价值意义

（一）顺应了中国经济发展的方向

低碳经济既是全球各国在新时期重点关注的问题，也是中国未来一段时间内需要贯彻落实的经济发展政策，构建以低碳经济为核心，国家、政府、企业组成部分的战略体系，致力于节能降耗，推进低碳经济发展。就中国现阶段发展情况而言，工业企业的碳排放量是中国总体碳排放量中的主体，不仅对环境造成了较大的污染，而且消耗了大量的自然资源。在此背景下，企业坚持可持续发展，降低碳排放量、减少能耗，顺应了中国发展低碳经济的趋势。

（二）有助于提高企业的生产效率

企业坚持可持续发展的理念，既需要对当前的实际性发展需要进行必要的考虑，又要对未来的预期性发展进行考虑，企业需注意不能以牺牲后期利益为代价换取眼前短期的利益。在该理念的引导下，企业要统筹考虑当下利益与预期利益的关系，在低碳背景下坚持可持续发展，减少目前生产活动的资源浪费，推动生产技术水平进步，从而促进资源利用效率的提升。

（三）有助于帮助企业探索新的发展契机

"碳中和"与"碳达峰"的目标提出并开始贯彻执行之后，会使中国未来的生态环境逐渐好转的同时也会给市场中的企业带来新的发展机遇。现阶段中国的能源结构依旧以煤炭、石油等传统能源为主，清洁能源和新能源的占比不多，但是在国家大力支持低碳经济发展以及全球致力于环境保护与节约资源的宏观背景

下，低碳经济的市场前景十分广阔。企业在坚持可持续发展过程中在面临挑战的同时也会发现新的发展机遇，推动企业在未来某一阶段实现转型升级。

三、在低碳经济背景下企业可持续性发展的策略

（一）尊重企业的主体地位

人们必须充分地认识到企业在低碳经济中的作用，企业是经济发展的主力军，也是能源消耗、二氧化碳排放的主要力量，所以要尊重企业的主体地位，带动其建立起低碳文化。同时也需要充分地利用法律和行政等手段，确立企业在发展的过程中要遵循低碳经济的发展原则。低碳经济给企业的发展带来了一定的挑战，首先，气候变化等极端性的气候因素，会对企业的市场环境和产品环境产生变化，影响到企业采购物流的运营情况，甚至会影响到企业的资产价格以及信贷等金融运作，最终可能会影响企业的可持续发展。其次，发展低碳经济所产生的经济成本会转化为企业和消费者的成本，对于企业的市场环境会造成众多的变化。最后，随着消费者环保意识的增强，也会关注企业的声誉，关注企业在低碳经济中的作为。发展低碳经济需要企业能够转变运营方式和产品市场，顺应时代发展的趋势。企业需要前瞻性预测全球气候变暖带来的变化，创新性地为未来市场做好低碳技术和低碳服务的准备，争取成为低碳经济发展中的赢家。

（二）培养企业自身的低碳文化

企业文化是企业价值追求的展示，它具有引导员工行为规范的作用，是企业在生产中长期积累的文化。文化的形成与发展需要有一定的标准，同时也需要有氛围的推动。双高企业只有内部真正地转型，才能够激发企业发展的动力。作为企业，需要有长远的目标，积极承担社会责任以及法律责任。关注自身的可持续发展，积极传播低碳理念，深入学习低碳经济的内涵，推动企业内部体制机制的转变，真正地践行可持续发展的战略目标。企业的低碳文化并不是一朝一夕能够形成的，需要企业真正投身于低碳行动中，才能够逐步形成低碳的企业文化，节省公司运营成本，为公司在未来发展奠定良好基础。

(三) 重视人才培育，加强技术引进

为了促进中国低碳经济的发展，需要有人才和技术的支持，为了弥补现在低碳经济发展中的人才和技术的缺失，应该从国家、政府、企业三个层面进行解决。在国家层面，需要积极加大财政投入，出台相关政策与补贴，推动技术创新。同时，进行重点专业人才培养，增强行业吸引力，通过补贴的政策，吸引重点人才。此外，还需要出台相关的监督政策，加强学术管控，防止出现浪费公共资源和学术造假的行为。在政府层面，需要落实国家的各项法律、法规和政策制度，践行低碳绿色可持续发展的理念，将其贯彻到各项工作的开展中，配合国家政策的开展，积极出台补贴政策，促进人才和技术的引进。在企业层面，需要根据自身的实际发展情况，制订人才培育和引进的计划，创造良好的就业条件，充分发挥员工的积极性与主动性，鼓励员工创新。此外，也需要加强在职员工的培训工作，通过外派和邀请专家到厂培训等方式，让员工了解低碳生产的理念，形成低碳生产的意识，增强低碳生产的能力。

(四) 促进产业结构的优化升级

产业升级主要是指生产结构的改善和产业素质与效率的提高。产业的发展需要技术的进步，产业结构的调整，主要表现在能够协调各方面的因素，促进协调发展。随着中国低碳经济的到来，对未来的经济发展模式提出了新的要求，对于某些高耗能产业是新的挑战，在产业发展的过程中，必须处理好低碳效益和减排成本，促进能源产业因地制宜地升级，实现低碳高效发展。促进产业升级主要有以下措施：首先需要提高市场准入原则，对高耗能的企业要重点排查。在市场准入方面，要提高环境保护、资源综合利用以及安全生产等方面的门槛。同时协调有关部门强化监管投资，贯彻落实金融政策，坚持规划用地。此外，要加强信息公开，加强行业利用率的监测，及时向社会公布相关信息和产业政策，充分发挥行业协会的作用，加强行业内的统一与自律。最后需要推动行业技术的改造与自主创新，组织行业开展重大科技攻关，有效地解决主要发展的技术难题。在低碳经济的发展时代，资本

流通速度越来越快,技术更新速度也越来越快,企业进行转型升级必须找准定位,以正确的企业发展战略为指导,充分调研消费者的个性化需求,真正增强自身的竞争力,从市场方面推动企业结构的优化升级。

第三节　企业经济管理发展与创新策略

一、完善经济管理推动企业可持续发展

(一)　经济管理在企业中的重要性

企业完整的管理体系包含多个方面,其中经济管理是重要的组成部分,很大程度上关乎企业的发展。所谓企业经济管理,顾名思义,就是管理企业的经营活动,其以为企业经济效益服务为最终目标。健全企业的经济管理能够为企业发展起到良好的积极的作用。首先,很多企业,尤其是欧式企业,最重视的问题就是怎样利用最小的成本获得最大的经济效益,如果企业做好了经济管理体系,就能够将资金花在最重要的地方,保证企业利用有限的资金获得最大的经济效益,保证企业长久健康地发展。其次,有效的经济管理体系能够保证企业在进行切实有效的经济活动之后,获得足够的利润。很多经济管理体系不够完善的公司,在进行了相应的经济活动之后往往不能够获得足够的利润,会发生诸如还款、催账、客户维护管理等诸多不利于企业盈利的事情。在经营管理中,实现利润将是非常关键的环节,利润实现并不完全等同于利润创造,它是将已获得的利润转移到公司之中来。企业通过经济管理可以有效地避免这些问题发生。最后,企业有效的经济管理在提升企业经营效率的同时,还能够为企业将来的发展铺设好道路,让企业的内部职能更加明确,人员分配更加协调,统筹协调能力更加出色,生产技术不断革新,从而增加企业可持续发展的能力。

(二) 完善企业经济管理体系的策略

1. 企业经济管理组织机制的创新

在当今的市场经济形势下，企业只有通过不断与市场环境的变化相结合，不断地调整自身的发展轨迹，才能够实现可持续发展。一般的企业在进行机构建设时会将建设重心放在保持企业结构的稳定性上，这样能够使企业内部的职能更加明确，但是也会带来些许弊端。传统的组织机构有一定的可取之处，如将获得企业的经济效益作为最根本的目标，从而在短时间内能够保证企业的经济效益获得最大化，企业的经济实力能够迅速提升，但是从长远看，这种传统的组织机构没有办法保证企业内部的连接顺畅，从而影响企业的发展前景。在这样的背景下，就需要企业内部的管理人员和领导层更新管理观念，创新企业经济的管理体系，调整企业内部的组织机构，实现企业生产效率与质量的双提升，推动企业的可持续发展。

2. 更新管理观念与相关制度

一些具有发展前景的企业往往并不急于获得短期内的巨大的经济效益，他们比起追逐利益，更加看重理念与制度的更新和调整，这些企业会在企业发展的初期将工作的重心放在不断地改进创新管理体系上面，并且通过应用自主经营和自负盈亏的运营方式，从而保证企业的发展稳定，根据外部市场的动向不断地调整企业的经营理念，最终实现企业的长效发展，获取足够的经济效益。同时，相关的管理人员会通过不断进行制度的优化，从而对企业内部有限的资源进行整合，发挥出企业整合资源的效应，使企业资源分配与制度符合社会主义市场经济的发展要求，不断加大内部组织机构建设力度，实现企业可持续发展。在此过程之中，企业管理人员需要调动起员工的工作积极性，采用奖励机制，保证企业的可持续发展。另外，相关人员还要关注业务发展服务的获取，进一步拓宽企业融资的渠道，使企业有充实的资金支持，为企业战略方案的实现，提供一系列必要的支持。

二、现代企业经济管理的创新策略

(一) 企业经济管理创新的重要性

随着现代企业的不断涌现，在企业管理方面的经验也在不断得到积累和丰富，企业所面临的种种问题也在各个企业精英的思考和探索中得到解决。当下，如何加强企业经济管理提高资金使用效率也正是众多企业亟待解决的一个重大问题。

1. 经济改革的要求

企业经济管理作为优化和整合企业资源的重要手段，从一定程度上来讲，可以将其看成一种生产力的表现形式。当今市场经济处于高速发展的时期，科学技术的更新也日新月异，知识经济和互联网经济在当今社会中的作用不断凸显，在新经济时代下，企业如果不加强对经济管理的创新，就会落后于其他企业，不能适应时代发展和市场经济的发展，在竞争中也会处于不利地位。

2. 企业发展的需求

对于不同的企业而言，其经营的环境和管理体系上也是不同的，但是影响企业经营环境和管理体系的因素是基本相同的。首先，企业经营环境和管理体系都受到了全球经济化趋势日益加强的影响；其次，受到了以知识经济为主体的新经济发展形势的影响；最后，还受到了互联网技术发展的影响。在外部环境影响下，企业面临外部环境的逐渐开放，其在国际市场中的竞争压力也越来越大。就当前来说，新经济环境和新经济形势对企业来说，既是挑战，也是一种机遇，企业要加强竞争实力，必然要创新经济管理，才能不断地发展和进步。

（二）企业经济管理的职能

随着企业的各项制度的不断完善，组织结构的不断建立健全，作为企业管理核心内容之一的经济管理，其具体的管理和职能的内容也在发生着变化。就企业的经济管理职能的含义而言，其实就是企业的经济管理通过企业的再生产环节而体现出来的所具备的功能。具体一点说，经济管理的职能由两方面的内容决定，一方面，是指财务工作的本质的影响；另一方面，是指来自管理的理论和实践发展的影响。由于现代社会的经济利益体制及关系的逐渐丰富，企业给经济管理划定的范围逐渐扩大，同时，也给经济管理的职能赋予更多的可能和更大的权限。经济管理的主要职能体现在这样四个方面：首先，财务计划职能，主要体现在规划和安排未来某一个时间段的财务活动。其次，财务组织职能，主要体现在科学地对财务系统中相关的各种因素、各个部分等按照一定的顺序和关系进行合理的组织整理。再次，财务控制职能，这一职能的设立是十分有必要的，这是为了实现对财务工作中的失误和偏差的及时发现和改正。最后，财务协调职能，这是为了避免一些不必要的财务纠纷，从而利用各种合理的财务协调手段和途径等来维护企业良好的配合关系，以及舒适的财务环境。经济管理自从被企业管理独立划分出来并得到广泛使用以来，其职能得到了相当快速的发展。

(三) 现代企业经济管理中的创新策略

1. 企业经济管理理念创新

思想观念的转变、思想理念的创新都是企业经济管理理念创新的先导，要正确理解企业经济管理理念创新的概念，切实贯彻理念创新。企业要大力倡导理念创新，把理念创新视为经济管理创新的根基，日后的其他管理创新机制都要以理念创新为指导。企业经济管理理念创新不仅纠正了陈旧的、过时的思维模式，还通过独特的视角、思维方法、管理机制为企业经济管理创新提供指导，在企业里树立创新管理与科学管理的理念，真正做到创新管理，让企业的生产经营在理念创新的道路上越走越远。

2. 加强对企业经济管理理念的创新

企业要实现经济管理的创新，首要任务就是要实现对企业经济管理理念的创新。只有企业掌握了先进的管理理念，才能更好地带领企业的员工实施创新活动。企业高层领导对此也要加以重视，可以在企业内部营造一种积极向上的创新环境，让企业所有员工在创新氛围的感染下，积极地学习和创新，掌握必要的创新知识和创新能力。在当前市场经济环境发展的新形势下，企业在市场中的竞争压力也越来越大，因此，企业应该建立一种危机意识和制定战略管理机制，从市场环境出发，结合企业当前存在的实际问题，做到统筹全局。

3. 加强对企业经济管理制度的创新

企业要实现管理，离不开企业制度的支持，企业在经济管理创新中，也受到了企业管理制度的制约。因此，企业要实现经济管理的创新，就要加强对企业经济管理制度的创新。首先，应该坚持以人为本的人性化管理机制，为企业员工创造良好的发展条件,加强对人力资源管理的重视,完善人力资源管理制度,建立健全的监督机制和决策机制,并让企业所有员工都积极参与进来,调动员工工作的积极性。

4. 加强对企业经济管理组织模式的创新

在企业经营发展的过程中,经济管理组织在其中也发挥着巨大的作用,实施有效的经济管理组织模式,可以提高企业经济管理效益。因此,企业要认识到企业经济管理组织模式的重要性,加强对经济管理组织模式的创新。首先,在管理组织的建设上,要实施柔性化的管理方式,促进管理组织的多样化;其次,要实现企业经济管理模式的扁平化,简化企业组织层次,提高企业经济管理效益;最后,要促进虚拟化管理机制的建立,借助先进的计算机技术对经济管理组织进行合理的规划,实现对经济管理信息的整合,从而建立起一种无形的经济管理机制,促进企业经济的发展。

随着经济全球化进程的加快和市场经济改革的完善,企业也面临着巨大的竞争压力。创新作为企业发展的基本动力,在当前经济发展的现代下,也是企业提高竞争实力的基本途径。企业要想在当下获得更好的发展,提高在市场中的竞争实力,就必须重视经济管理,针对企业当前存在的问题,制定出有效的经济管理创新对策,不断提高企业经济管理水平。

第九章　经济管理的发展

第一节　多维视角下企业经济管理

一、新媒体时代下企业经济管理创新

(一) 新媒体时代对企业经济管理创新的影响

1. 优势

企业的发展应与时代的发展相结合，与时俱进。在新媒体时代的背景下，信息传播更迅速和方便，信息传递的范围也越来越广泛，给企业的经济发展带来更为广阔的空间，由于信息交流的速度越来越快，省略了许多信息传播的中心环节，实现信息的实时同步，也就提高了企业的工作效率。

企业内部之间的信息交流的畅通让企业各部门之间的联系更加紧密，增加了员工之间的交流，公司也可以与每位员工零距离沟通，听取员工意见，及时反馈，并且还能帮助企业员工增进对企业动态的了解，增强企业内部的凝聚力，增强员工的归属感。也使得员工的视野更为开阔，使员工可以在第一时间获取行业信息和企业的发展情况。

信息，对于公司经济管理来讲是最为关键的，及时地获得信息，并在第一时间做出反应，可以给企业带来更多的机会和效益。新媒体下，信息传递的敏捷性就解决了这一关键问题，不仅使得企业可以实时掌握同行业的发展动态，并对同行业的企业的了解程度也不断地深入，"知己知彼，百战不殆"，对自己对手的了解程度也影响着企业的竞争力，而且也可以在第一时间甚至更为提前地了解国家的新政策，以便及时做出应对措施，提高企业的灵活度。

2. 机遇

新媒体的发展给企业的经济发展也带来了更多的机遇，特别是使网络营销快速发展。新媒体时代下，信息的传播更为广泛，打破了地域的桎梏，给网络营销带来极大的便利。网络营销因其成本低、覆盖率广、互动性强等优势，成为新媒体条件下的重要的经济活动，所以越来越多的企业都加入网络营销的行列之中。阿里巴巴集团的淘宝网，是中国最大的网购零售平台。随着淘宝网规模的扩大和用户数量的增加，淘宝也从单一的 C2C 网络集市变成了包括 C2C、团购、分销、拍卖等多种电子商务模式在内的综合性零售商圈，成为世界范围的电子商务交易平台之一。网上购物已经渗透到人们的生活，阿里的网络运营的成功经验告诉人们，网络运营已经发展为新媒体时代下的重要经营部分，所以企业管理者必须要认清网络运营的作用，结合企业内部经济需求，与新时代的互联网运营相适应。处于网络化、信息化程度高度发达的新媒体时代，企业对组织结构的改造应和网络信息化工具的改造相结合，使两种改造相辅相成，发挥更大的效用。

首先，新媒体时代带来的信息全球化，给企业带来更广泛的发展空间。其次，信息技术的高度应用，信息资源的高度共享，使每个人、每个企业的智力潜能、经济潜能以及社会物质资源潜能被充分发挥，个人的行为，企业的组织结构、组织决策和社会运行趋于合理化的理想状态。最后，新媒体时代下的信息全球化，促进了经济的全球化，而经济的全球化将世界各国连成一个整体，各国之间的依赖性增强，生产要素也在世界各国快速流通，为中国参与经济全球化提供了一个相对缓和的环境，为迅速实现技术进步、制度创新和经济发展，也为国内的企业在国际上的经济发展提供了强大的契机。所以企业管理者一定要抓住机遇，及时调整企业组织结构，调整企业的经营模式，并且及时地转变企业员工的心理状态，与员工一起携手为企业的经济发展共同努力。

(二) 新媒体时代下中国企业经济管理的出路

1. 重视企业人力资源管理

人力资源是企业经济发展的第一资源，重视企业人力资源管理，充分调动员工的积极性是企业发展获得成功的关键。企业人力资源部门是对企业员工进行组织管理的专门机构，而合理的人员任用和岗位分配，以满足企业经济发展需要是人资部门的主要工作任务。从企业经济发展的全局角度考虑，企业人力资源部门应当充分地做好招人、用人、留人的作用。具体来讲，人力资源部门的工作应当服从企业经济发展的大局，积极为企业招聘合适的人才、紧缺的人才。用人是人力资源部门要根据工作岗位的特点和员工的能力结构，以最大化发挥员工的才能和满足工作岗位的要求为目的，做好人员分配和岗位分配。留人就是要根据市场的条件，满足优秀员工的需求。

2. 尽快建立适合企业现状的经济管理制度

经济管理制度是企业进行日常经济管理的依据，是保障企业经济目标实现的规章制度。企业要想取得较好的发展，首先应对自身的情况有一个全局的了解，弄清楚企业的不足和企业的优势，根据企业现有的不同工作岗位和工作任务制定符合实际情况的管理制度，把企业的各项工作流程化、规范化，使企业的一切经济活动有章可循。保障企业的经济管理工作按照管理制度顺利实施，必要的监督制度是必需的。企业应当对员工的日常行为和工作规范进行约束，对经营管理过程中出现的问题及时进行处理，以及时的响应、合理的处理方式，最大化地降低企业损失，确保企业发展的持续性和快速性。

3. 转变经济管理理念适应新的发展要求

转变企业经济管理理念是新的市场形势和新的发展趋势对企业经营管理的要求。企业经济管理想要做出成绩，先必须对企业的经营管理理念做出调整。一方面，企业领导者要对经济管理的重要性有一个深刻的认识，在经营管理决策制定过程中要具有长远的眼光和全局的视野，不能仅仅关注短期的眼前的利益，应当从长远发展的角度考虑问题。另一方面，仅仅企业领导者认识到经济管理的重要性还不够，还需要通过各种培训教育和宣传手段，让全体企业员工对经济管理的重要性有一个清醒的认识。通过各种有效途径不断更新他们的工作观念，使其在具体的工作过程中能够自觉规范自己的行为，主动地履行企业的经营管理制度规范。

4. 加强企业的文化建设

企业的经济管理要以人为本，要想企业的工作人员有凝聚力，就要注重企文化的建设，通过多种宣传方式将企业文化灌输到每位员工的思想中去，这样才能够让他们更加积极努力地工作。

二、"互联网+"视域下企业经济管理创新

（一）"互联网+"环境下企业管理创新的意义

随着"互联网+"时代的到来，企业若想保持自身的市场竞争力，就必须要积极创新经济管理模式。经济管理是企业管理中的重要组成部分，涵盖了企业各个生产经营环节，这就需要企业充分结合社会发展趋势，对自身进行重新定位，探索出适合自身发展需求的经济管理模式。企业需要加强现代信息技术与经济管理的结合，借助信息技术准确把握市场的变化，从而根据市场需求对生产经营进行合理的调整，进而保持自身的竞争力，提高经济效益。随着全球经济一体化的推进，企业发展也迎来了国际化，在此转型的关键时期，如果能对经济管理进行积极的创新，那么就能借助互联网技术准确地抓住机遇，不断提升自身的管理效率，实现整体实力的提升；而如果缺乏对经济管理的创新，那么必定会产生诸多问题，无法适应社会发展需求，久而久之就难逃被淘汰的命运。因此，对经济管理进行创新，具有十分重要的意义。

（二）"互联网+"时代企业经济管理的特点

1. 营销对象变革

在当前"互联网+"时代下，企业可以借助互联网与消费者进行实时互动沟通，了解消费者的个性化需求，销售对象转变为消费个体，通过对不同消费者制定不同的营销策略，能够为消费者提供具有特色的服务，进而提高消费者对企业的满意度，使消费者逐渐转变为企业的忠实客户，自发地将企业产品介绍给他人，实现企业销售量的增长，提高企业的经济效益。同时，这样的方式也进一步加强了企业与消费者之间的联系，对企业的可持续发展有着积极的作用。

2. 营销基础变革

当前时代下，企业营销理论发生了极大的转变，不仅要了解消费者的需求，

为消费者提供良好的服务，强化彼此间的交流，同时还需要合理控制营销成本。企业需要站在消费者的角度考虑，对消费者心理承受价格、购买意愿以及所花费的时间等进行全面的考量，倾听消费者的心声，进而在售前、售中、售后都能为消费者提供优质的服务。这样对提升企业的核心竞争力，适应和占据市场有着积极的推动作用，最终使企业成为行业中的佼佼者。

3. 营销方式变革

互联网不仅为企业与消费者之间构建了良好的交流平台，同时还为企业的宣传提供了渠道，能使更多的消费者了解企业的产品和服务。这样的方式转变了传统的营销方式，企业由间接营销转变为直接营销，能够直接了解消费者的需求并制订合理的营销计划，这已经成为当前时代的基本要求。同时，企业通过对大数据的整合分析直观了解营销成效，并通过客观的评价对营销方式和内容进行优化调整，进而不断提高企业的经济效益，保证企业健康、稳定地发展。

（三）"互联网+"下企业经济管理模式创新路径

1. 加强管理思维创新

在"互联网+"背景下，企业若想在市场中占据一席之地，首先就必须要对经济管理理念进行创新，打破传统经济管理模式的束缚。企业必须要认识到现代科技产物的重要性，并将其与经济管理进行有机结合，使经济管理呈现现代化、智能化的特征，从而提高工作的效率和质量，并且还能降低人员的工作压力，保证经济管理的精准度。其次，强化经济管理人员的创新意识。企业需要深入贯彻以人为本的理念，充分地尊重员工的主体地位，满足员工的实际需求，调动员工的积极主动性，引导员工参与经济管理之中，利用现代信息技术手段掌握市场变化，并结合企业自身发展对经济管理进行大胆的创新，合理分配企业资源，为企业的发展奠定基础。最后，企业要具有长久发展的战略眼光，不能只注重眼前的利益，要保持忧患意识，不断地对经济管理工作进行总结，分析遇到的问题及影响因素，采取合理的方式解决问题，并且要多思考、多质疑，这样才能有效加强管理思维的创新，保证经济管理工作的稳定开展。

2. 加强管理机制创新

要想实现企业经济管理的创新，不仅需要加强思维意识的创新，同时还需要加强管理机制的创新，健全经济管理制度，从而为经济管理工作的开展提供依据，更好地去约束工作人员的行为，明确各岗位、各人员的职责，最终实现企业经济管理的创新。"互联网+"为企业经济管理机制的创新提供了极大的便利，企业可利用互联网去借鉴成功企业的经济管理创新经验，结合自身企业实际情况进行完善，制定符合自身需求的管理机制，使经济管理工作更好地开展和落实。例如，在营销管理中，企业借助信息技术，能够实现对信息数据的收集和分析，从海量信息中挖掘存在的价值，分析市场消费者需求，从而有针对性地对产品、服务等进行完善，更好地促进服务转型，并且还能为产品的研发提供数据参考，有效地提升企业的经济效益。同时，在财务管理中，通过对相关财务数据进行定性和定量的分析，能够为企业的投资活动提供帮助，并且能够优化资源配置，帮助企业规避风险，提高信息数据的利用效率。

3. 创新管理平台

企业需要借助网络技术搭建全新的经济管理平台，注重提供良好的技术支持和服务支持，加强大数据统计分析的应用，做好日常生产经营数据信息的采集，并且及时对数据进行分析和统计，将结果反馈给企业的管理者，管理者通过对分析结果中存在的异常进行探讨，从而了解影响企业发展的因素，及时地做出调整和部署，进而在管理上得到有效的突破，使经济管理模式呈现出多元化的发展方向，管理内容朝着资产管理、资金管理、风险管理以及企业发展管理方向拓展。同时，企业将"互联网+"技术应用到经济管理平台中还可以实现信息数据和资源的共享，能够实时对管理过程进行监管，及时地发现运营风险，并且有效地进行规避和控制，使企业损失控制在合理范围内。此外，企业在搭建经济管理平台时，还需要强化信息资源的利用率，充分地发挥各种资源的优势，使经济管理工作更加地系统化和多元化，并借助第三方机构获得更多的消费群体，有方向地调整和创新经济管理模式，进而不断促进企业的健康、稳定发展。

三、经济新常态下企业经济管理创新

(一) 经济新常态下企业经济管理创新的重要性

由于企业经济管理涉及企业的内部审核、人力资源、生产技术等诸多方面,这就需要企业在经济管理中积极转变管理理念,从战略高度来进行创新,强化危机意识,加快内部机制的改革,从而构建现代化的经济管理制度,提高企业的市场竞争实力。通常经济新常态下企业经济管理创新的重要性主要表现为以下三点。

第一,适应时代发展需求。由于市场经济体制的深化改革,中国经济发展速度逐步趋向于平缓,但是企业在经济新常态下的经营发展中还存在不足,在经济管理方面缺乏完善的法律体系,依旧是以粗放型的管理模式为主,而经济管理的创新发展可以在很大程度上实现企业的现代化发展,满足时代的发展需要,提高经济管理效率与作业流程运作效率,实现自身的长足发展。

第二,提高经济效益。企业经济管理的创新不仅可以改变传统的管理理念,有效落实相关制度,实现短期经济目标,还能够明确企业发展定位,科学组织企业投融资活动,制定切实可行的战略部署,实现现有资源的优化配置,增强企业活力,促进长期经济目标的有效实现。

第三,实现可持续发展。大部分企业在实际经营管理中都采用粗放式的管理模式,存在效益低下、管理混乱和资源浪费的现象,不能很好地适应市场竞争环境,影响自身的长远发展。而经济管理的创新可以从市场需求出发,构建效益型、人本型和集约型的管理模式,有效改进生产方式,实现自身的长足稳定发展。

(二) 经济新常态下的企业经济管理的创新策略

①创新理念。在企业经济管理活动中,思想理念发挥着先导性的作用。在经济新常态下,企业的经济环境有所改变,这就需要企业积极创新理念,吸收与借鉴先进的经济管理思想,与时俱进,通过全新的思维模式及视角来进行经济管理

活动，树立强烈的危机意识，增强人员的竞争意识和创新精神，进而为企业的经济管理活动提供完善的理论指导，实现企业的良性发展。

②创新制度。企业经济管理的前提与基础就是制度，企业经济管理的创新深受制度的制约，要想实现经济管理的创新发展，企业必须要从目前的经济形势出发，积极创新经济管理制度，构建科学完善的经营管理制度，凸显经济管理制度的柔性特征，实现自身的稳定发展。一方面，企业可以按照以人为本的理念，构建人性化管理机制，如绩效考核制度和奖惩制度等，为企业员工提供良好的发展条件，充分调动人员的工作积极性和创造性。另一方面，企业可以创建决策与监督机制，鼓励全体人员积极参与其中，增强人员的忠诚度和归属感，保证企业的生机与活力。

③创新战略。在经济新常态下，企业的经营管理环境发生了明显的变化，这就要求企业结合这些变化来制定科学可行的发展战略，综合分析新面临的机遇和挑战，积极调整发展目标，准确判断未来所面临的发展任务及形势，强化全局性与前瞻性，借助品牌价值与市场宣传等强化战略创新的实效性，提高自身的市场竞争力。同时企业对发展战略加以制定时，应该结合自身的实际情况与经营水平，使发展战略突出企业的特色，符合利润目标。此外，企业在构建和实施经济管理战略时，需要从市场经济发展状况出发，综合评价市场经济发展水平，认真考虑企业对外经济的开放程度，确保经济管理战略的合理性以及科学性。

④创新人力资源管理。人力资源管理的创新是企业经济管理创新的重要内容，已经成为必然的要求，这就需要企业从自身的实际发展情况，积极创新人力资源，以此实现经济管理的创新与发展。通常企业在创新人力资源管理的过程中，需要从文化建设方面出发，通过精神建设来增强员工的向心力和归属感，使员工认同企业的文化，为企业的繁荣发展贡献出自己的一份心力。同时企业需要不断完善与创新招聘和晋升机制，针对晋升与招聘中的不足，采取全新的管理手段，采取标准化和科学化的管理模式，保证职位晋升和人才招聘的规范性、公正性、高效性，有效完善人力资源管理。

⑤创新组织。在经济新常态下，企业需要积极创新组织结构，有效发挥组织结构的效用，合理缩减内部的职能部门，继而提高经济管理的水平，促进经济效

益的良好实现。此外,企业可以优化创新垂直多层管理结构,对内部组织结构进行重新构建,更好地适应经济发展要求,保证信息传递时间的节省,以便及时反馈经营管理信息,提高决策的准确性与科学性。当然,企业也可以科学运用现代化的信息技术,积极调整管理政策,实现管理的数字化与信息化,确保经济管理活动的顺利实施。

四、知识经济背景下企业经济管理创新

(一)知识经济内涵的分析

"知识经济",英语中被称为 The Knowledge Economy。通俗地讲,知识经济就是以知识作为基础的经济发展模式。知识经济的出现是人类知识,尤其是科技方面知识的历史产物。20 世纪 80 年代,美国未来学家约翰·奈斯比特(John Naisbitt)在其著作《大趋势》中提出了"信息经济"的概念,而美国的经济学家罗默(Romer)和卢卡斯(Lucas)根据信息经济的概念,提出了新经济增长的理论。其中,罗默把知识的积累当成经济增长内在的独立性因素,认为借助知识能够提高投资的效益,因此,知识的积累是当前经济增长重要的动力源泉。而卢卡斯则认为:技术进步与知识积累的主要投射点应为人力资本。在他的新经济增长理论中,所有特殊的、专业化的、表现为劳动者技能的人力资本者才是真正促进经济增长的动力源泉。

在实际的生活中,知识是指人类在社会和生活中所创造出来的一切知识和技能的总称,其中包括科学技术、管理以及行为科学方面的知识。在传统经济管理思想中,劳动力、原材料、资本和能源是重要的内因,而知识与技术是影响生产的重要外因,知识能提高投资人投资的回报率,反过来,良好的投资回报又能促进知识的积累。因此,联合国经济合作与开发组织将知识经济的定义概括为:建立在知识与信息的生产、分配及使用方面的经济。

但在实际生活中,知识经济与信息经济既有着较为密切的联系,又有着一定的差别。这是因为知识经济的关键在于创新能力,只有通过信息的共享,同时与人的认知能力相结合,才能产生相应的效果,并促进新知识的出现。所以,知识

经济更注重人的大脑和智能的发展。因此，信息经济为知识经济的发展提供了基础和必要的支持。

（二）知识经济下企业创新经济管理的重要意义

在企业生产经营的过程中，管理是为了达到一定的目标而制定并实施的一系列规则的过程，其本质是一种社会活动，而其作用是调动企业员工工作的积极性，以提高企业的经济效益。随着社会经济的发展，当前中国的经济已经步入到了发展的新常态，在经济发展新常态下，传统的企业经济管理方式已经不适应时代的发展，无法保证企业在激烈的市场竞争中继续健康、稳定和可持续地发展。因此，在当前情况下，要创新企业的经济管理模式，使企业明确发展的目标和方向，同时，还要创新企业的各项规章制度，以激发员工工作的积极性，促使他们发挥出自身的主观能动性，为企业创造更多的经济价值，在激烈的市场竞争中赢得更好的发展，这样也能促使员工获得更好的发展。

（三）基于知识经济下的企业经济管理创新与实践的策略

①更新企业经营的理念。在知识经济时代，企业要想创新经济管理的模式，先要更新经营的理念，为知识经济发展营造出良好的环境和氛围。当前许多企业的经营管理模式已经严重滞后于时代的发展，但管理者仍然抱残守缺，不思进取，这样就严重阻碍了企业的经济管理模式创新。因此，在经济发展新常态下，基于"互联网+"行动，企业必须更新生产经营的理念，重视信息技术在企业生产经营以及管理中的应用，引入大量的具有创新意识的高素质复合型人才，为企业的发展注入新鲜的血液，同时创新企业经济管理的制度，激励员工发动自身的主观能动性，正确认识个人的利益、个人的发展与企业的利益以及企业的发展之间的关系，从而实现企业各方面的创新发展，为企业的健康、可持续发展营造出良好的氛围。

②制定完善的企业管理制度。在知识经济时代，企业要想创新经济管理的模式，还必须制定出完善的企业管理制度，这是企业创新经济管理方式最重要的内容，也是企业创新发展基础性的工作。在企业的管理工作中，完善的管理制度是

保障企业各环节工作有序运行的基础和前提，所以，创新管理制度也就意味着企业创新了管理的工作方式，这样一来，就能在经济新常态下整合企业的内部资源，实现供给侧结构性改革的进一步深化，从而促使企业能够满足市场经济的变化和实时需求。因此，基于知识经济下的企业经济管理创新与实践，必须坚持"以市场为导向"的原则，制定完善的企业经济管理制度，构建完善的企业组织结构，使纵深化管理转变为扁平化的管理，增加上下级之间的交互，从而有效提高企业经济管理的运营效率，促进企业的健康、可持续发展。

③重视知识人才的培养。在知识经济时代，人才是企业发展最可靠的载体，为此，企业必须重视人力资源建设，重视知识人才的培养。为此，企业应从以下三个方面着手：首先，企业的高层管理人员必须具备创新的理念，能够利用更具创新精神的人性化管理理念开展企业的管理工作，从而营造出重视人才并尊重人才的良好氛围，这样一来，就能充分激发并调动企业员工工作的积极性，促使他们发挥出自身的主观能动性，将自身的知识转变成生产力，提高企业生产经营的效率；其次，企业还要定期对员工的创新性思维进行培训，使员工能够更加充满激情地投入工作当中；最后，企业还要适当引入人才，利用猎头公司挖掘适合企业创新发展的优秀人才，以增强企业的竞争能力，实现人力资源管理工作的创新。

④制定健全的人才激励制度。知识经济时代，企业要想创新并实践经济管理模式，还必须制定健全的人才激励制度。在实际工作中，激励制度主要的作用有两个，一个是制约，另一个是保护。其中，制约是在构建激励机制的过程中，促使员工了解并明确知识共享的重要性；而保护则是指进行有条件的知识共享，促使员工能够获得一定的回报，同时也能获得相应的发展。

第二节　数字经济管理与发展措施

一、数字经济的管理战略抉择

（一）加快企业和市场的数字化创新步伐

推动数字经济发展，首先要解决的问题是如何从国家和政府层面采取积极的战略行动保障数字经济加快发展。

1. 加快企业和市场的数字化基础建设

因为信息化是数字经济发展的基础，大数据是数字经济发展的新平台、新手段和新途径，所以深入推进国家信息化战略和国家大数据战略，是加快数字经济时代企业和市场数字化基础建设的前提，是从国家和政府层面解决数字经济发展"最先一千米"的问题。

（1）深入推进国家信息化战略

当今世界，信息技术创新日新月异，以数字化、网络化、智能化为特征的信息化浪潮蓬勃兴起。全球信息化进入全面渗透、跨界合作、加速创新、引领发展的新阶段。谁在信息化上占据制高点，谁就能够掌握先机、赢得优势、赢得安全、赢得未来。

①信息化与数字经济的关系。早在20世纪90年代，数字经济的概念就已经出现。21世纪以后，云计算、物联网等信息技术的出现，又将数字经济推向了新一次高峰。同时，大数据、人工智能、虚拟现实（VR）、区块链等技术的兴起给人们带来了希望，世界各国不约而同地将这些新的信息技术作为未来发展的战略重点。如今，数字经济引领创新发展，为经济增长注入新动力已经成为普遍共识。

通过数字经济的发展历程来看，数字经济可以泛指以网络信息技术为重要内容的经济活动。因此，从某种意义讲，数字经济也可以通俗理解为网络经济或信息经济。

现代信息技术日益广泛地应用，推动数字经济浪潮汹涌而至，使其成为带动传统经济转型升级的重要途径和驱动力量。根据数字经济的内涵和定义分析，信息化为数字经济发展提供必需的生产要素、平台载体和技术手段等重要条件。换言之，信息化是数字经济发展中的基础。信息化解决信息的到达（网络）和计算能力的廉价（云计算）及到达和计算能力的可靠性、安全性保障。具体表现为信息化对企业具有极大的战略意义和价值，使企业在竞争中取胜，同时企业信息化的积极性最高，因此在信息化中，企业占据主导地位。如近年出现的云计算、人工智能、虚拟现实等信息化建设，均以企业为主体，这主要是由于在信息社会，信息本身就是重要商品，人们大量地消费信息。数字经济的特点之一就是信息成为普遍的商品，主要任务是跨越从信息资源到信息应用的鸿沟。信息化是个人成长和需求发布和沟通的重要通道，是社会公平和教育普惠的基础，信息化使个人拥有极大空间。这是因为按需生产是数字经济的一个重要特征，而要做到按照需求合理地供给，必须靠信息。信息化是提升政府工作效率的有效手段，是连接社会的纽带。政府是信息化的使用者，同时由于信息化的复杂性，政府需要对信息化加强引导和监管。

②加快推进国家信息化战略。21世纪，促进数字经济加快成长，可以让企业广泛受益、群众普遍受惠。衡量数字经济发展水平的主要标志是人均信息消费水平。围绕"五位一体"总体布局和"四个全面"战略布局，牢固树立创新、协调、绿色、开放、共享的新发展理念，贯彻以人民为中心的发展思想，以信息化驱动现代化为主线，以建设网络强国为目标，着力增强国家信息化发展能力，着力提高信息化应用水平，着力优化信息化发展环境，让信息化造福社会、造福人民。

③先行先试：加快国家信息经济示范区建设。一是打造经济发展新引擎，在制造业与互联网的深度融合、社会发展的深度应用、政府服务与管理的深度应用上开展示范。二是培育创新驱动发展新动能，突破信息经济关键核心技术，推进科技成果转化与应用，大力实施开放式创新。三是推进体制机制创新，重点在信息基础设施共建共享、互联网的区域开放应用和管控体系、公共数据资源开放共

享、推动"互联网+"新业态发展、政府管理与服务等方面进行探索创新，以此持续释放信息经济发展红利。

(2) 加快推进国家大数据战略

随着云计算、大数据、移动互联网、物联网和人工智能的出现，推动了第二次信息革命——数据革命，进入数字经济2.0时代。这一时期，大数据的迅速发展起到了更为关键的作用。

信息技术与经济社会的交汇融合促进了数据迅猛增长，数据已成为国家基础性战略资源，大数据正日益对全球生产、流通、分配、消费活动以及经济运行机制、社会生活方式和国家治理能力产生重要影响。尽管中国在大数据发展和应用方面已具备一定基础，拥有市场优势和发展潜力，但也存在政府数据开放共享不足、产业基础薄弱、缺乏顶层设计和统筹规划、法律法规建设滞后、创新应用领域不广等问题，亟待解决。

①大数据发展形势及重要意义。中国互联网、移动互联网用户规模居全球第一，拥有丰富的数据资源和应用市场优势，大数据部分关键技术研发取得突破，涌现出一批互联网创新企业和创新应用，一些地方政府已启动大数据相关工作。坚持创新驱动发展，加快大数据部署，深化大数据应用，已成为稳增长、促改革、调结构、惠民生和推动政府治理能力现代化的内在需要和必然选择。

第一，大数据成为推动经济转型发展的新动力。以数据流引领技术流、物质流、资金流、人才流，将深刻影响社会分工协作的组织模式，促进生产组织方式的集约和创新，大数据推动社会生产要素的网络化共享、集约化整合、协作化开发和高效化利用，改变了传统的生产方式和经济运行机制。大数据持续激发商业模式创新，不断催生新业态，已成为互联网等新兴领域促进业务创新增值、提升企业核心价值的重要驱动力。大数据产业正在成为新的经济增长点，将对未来信息产业格局产生重要影响。

第二，大数据成为重塑国家竞争优势的新机遇。在全球信息化快速发展的大背景下，大数据已成为国家重要的基础性战略资源，正引领新一轮科技创新。充分利用中国的数据规模优势，实现数据规模、质量和应用水平同步提高，发掘和释放数据资源的潜在价值，有利于更好地发挥数据资源的战略作用，增强网络空间数据主权保护能力，维护国家安全，有效提升国家竞争力。

第三，大数据成为提升政府治理能力的新途径。大数据应用能够揭示传统技术方式难以展现的关联关系，推动政府数据开放共享，促进社会事业数据融合和资源整合，其将极大提升政府整体数据分析能力，为有效处理复杂社会问题提供新的手段。建立"用数据说话、用数据决策、用数据管理、用数据创新"的管理机制，实现基于数据的科学决策，将推动政府管理理念和社会治理模式进步，加快建设与社会主义市场经济体制和中国特色社会主义事业发展相适应的法治政府、创新政府、廉洁政府和服务型政府，逐步实现政府治理能力现代化。

②大数据与信息化、数字经济关系。信息技术与经济社会的交汇融合引发了数据迅猛增长，大数据技术应运而生。与此同时，大数据的迅速发展又掀起了新的信息化浪潮，给信息产业和数字经济发展带来了新机遇新挑战。

大数据与信息化：与以往数据比较，大数据更多表现为容量大、类型多、存取速度快、应用价值高等特征，是数据集合。这些数据集合，这种海量数据的采集、存储、分析和运用必须以信息化作为基础，充分利用现代信息通信技术才能实现。

一是大数据推动了信息化新发展。大数据作为新的产业，它不但具备第一产业的资源性，还具备第二产业的加工性和第三产业的服务性，因此它是一个新兴的战略性产业，其开发利用的潜在价值巨大。实际上，人们对大数据开发利用的过程，即是推进信息化发展的过程。因为大数据加速了信息化与传统产业、行业的融合发展，掀起了新的信息化浪潮和信息技术革命，推动了传统产业、行业转型升级发展。所以，从这个层面讲，大数据推动信息化与传统产业、行业的融合发展的过程，也就是"互联网+"深入发展的过程。"互联网+"是一种新型经济形态，利用膨胀增长的信息资源推动互联网与传统行业相融合，促进各行业的全面发展。"互联网+"的核心不在于"互联网"而在于"+"，关键是融合。传统行业与互联网建立起有效的连接，打破信息的不对称，结合各自的优势，迸发出新的业态和创新点，从而实现真正的融合发展。大数据在"互联网+"的发展中扮演着重要的角色，大数据服务、大数据营销、大数据金融等，都将共同推进"互联网+"的进程，促进互联网与各行各业的融合发展。未来的"互联网+"模式是去中心化，最大限度地连接各个传统行业中最具实力的合作伙伴，使之相互融合。

二是大数据是信息化的表现形式，或者是信息化的实现途径和媒介。在数字经济时代，信息技术同样是经济发展的核心要素，只是信息更多由数据表现，并且这种数据容量越来越大、类型越来越复杂、变化速度越来越快。所以，需要对数据进行采集、存储、加工、分析，形成数据集合——大数据。因此，大数据既是信息化新的表现形式，又是新的信息化实现的途径和媒介。

大数据与数字经济：大数据与数字经济都以信息化为基础，并且都与互联网相互联系，所以要准确理解大数据与数字经济的关系，必须以互联网（更准确讲是"互联网+"）为联系纽带进行分析。互联网是新兴技术和先进生产力的代表，"互联网+"强调的是连接，是互联网对其他行业提升激活、创新赋能的价值迸发。数字经济呈现的则是全面连接之后的产出和效益。即"互联网+"是手段，数字经济是结果。数字经济概念与"互联网+"战略的主题思想一脉相承。数字经济发展的过程也是"互联网+"行动落实的过程，是新旧经济发展动能转换的过程，也是传统行业企业将云计算、大数据、人工智能等新技术应用到产品和服务上，融合创新、包容发展的过程。由此看来，大数据是传统行业与互联网融合的一种有效的手段；同时大数据也是数字经济结果实现的新平台、新手段和新途径，大数据的发展推进了"互联网+"行动落地的过程，推进了新旧经济发展动能转换的过程；大数据加快互联网与传统产业深度融合，加快传统产业数字化、智能化，为做大做强数字经济提供必要条件和手段。数字经济时代，经济发展必然以数据为核心要素。

2. 进一步优化数字经济发展的市场环境

国家信息化战略和大数据战略的深入实施，极大地提高了企业和市场的数字化基础建设的水平，为数字经济发展提供了重要基础和新平台。另外，数字经济的发展还需要具备良好的市场环境。

（1）加强企业数字化建设

中国企业数字化建设仍然处于基础设施建设阶段，深层次应用与创新有待进一步提高。因此，加强企业数字化建设，是企业发展数字经济，抢占新经济"蓝海"的当务之急。鼓励企业加大数字化建设投入,积极开展数字经济立法,不断优化市场环境和规范市场竞争,是加快中国企业和市场数字化创新步伐的必然要求。

(2) 优化互联网市场环境

随着数字化进程的加速,市场正在经历着前所未有的变革。中国互联网行业已经从早期的自由竞争阶段,逐步演变为由少数领先企业主导的市场竞争格局。尽管如此,互联网市场的监管法规仍在不断完善之中,这为市场领先者提供了通过技术优势和用户基础来巩固其市场地位的机会。这种做法可能会对消费者利益产生一定影响,并可能对行业的技术进步造成制约。

网络环境的独特性包括其虚拟性和开放性,这意味着网络竞争行为可能更加难以监测,且执行成本相对较低。然而,这些行为的潜在影响是深远的,它们不仅可能对特定企业造成影响,更重要的是,它们可能对数字化市场的健康和可持续发展构成挑战。因此,维护一个公正、透明的网络竞争环境对于整个行业的长远发展至关重要。

综上所述,中国数字经济已经扬帆起航,正在引领经济增长从低起点高速追赶走向高水平稳健超越,供给结构从中低端增量扩能走向中高端供给优化,动力引擎从密集的要素投入走向持续的创新驱动,技术产业从模仿式跟跑、并跑向自主型并跑、领跑全面转型,为最终实现经济发展方式的根本性转变提供了强大的引擎。

数字经济正在引领传统产业转型升级,数字经济正在改变全球产业结构,数字经济正在改变企业生产方式。由此可见,数字经济时代政府如何调整产业结构,提高信息化程度,紧紧跟随数字经济发展潮流和趋势,是必须面对的新时代课题。

(二) 调整产业结构,提高信息化程度

1. 大数据驱动产业创新发展

(1) 大数据驱动工业转型升级

推动大数据在工业研发设计、生产制造、经营管理、市场营销、售后服务等产品全生命周期、产业链全流程各环节的应用，分析感知用户需求，提升产品附加价值，打造智能工厂。建立面向不同行业、不同环节的工业大数据资源聚合和分析应用平台，抓住互联网跨界融合机遇，促进大数据、物联网、云计算和三维（3D）打印技术、个性化定制等在制造业全产业链集成运用，推动制造模式变革和工业转型升级。

（2）大数据催生新兴产业

大力培育互联网金融、数据服务、数据探矿、数据化学、数据材料、数据制药等新业态，提升相关产业大数据资源的采集获取和分析利用能力，充分发掘数据资源支撑创新的潜力，带动技术研发体系创新、管理方式变革、商业模式创新和产业价值链体系重构，推动跨领域、跨行业的数据融合和协同创新，促进战略性新兴产业发展、服务业创新发展和信息消费扩大，探索形成协同发展的新业态、新模式，培育新的经济增长点。

（3）推进基础研究和核心技术攻关

围绕数据科学理论体系、大数据计算系统与分析理论、大数据驱动的颠覆性应用模型探索等重大基础研究进行前瞻布局，开展数据科学研究，引导和鼓励在大数据理论、方法及关键应用技术等方面展开探索。同时采取政产学研用相结合的协同创新模式和基于开源社区的开放创新模式，加强海量数据存储、数据清洗、数据分析发掘、数据可视化、信息安全与隐私保护等领域关键技术攻关，形成安全可靠的大数据技术体系。支持自然语言理解、机器学习、深度学习等人工智能技术创新，提升数据分析处理能力、知识发现能力和辅助决策能力。

2. "互联网+"推动产业融合发展

（1）推进企业互联网化

数字经济引领传统产业转型升级的步伐开始加速。以制造业为例，工业机器人、3D打印机等新装备、新技术在以长三角、珠三角等为主的中国制造业核心区域的应用明显加快。

① "互联网+"树立企业管理新理念。企业互联网思维包含极致用户体验、免费商业模式和精细化运营三大要素，三大要素相互作用，形成一个完整的体系（或称互联网UFO模型）。互联网思维是在互联网时代的大背景下，传统行业拥

抱互联网的重要思考方式和企业管理新理念。

互联网时代对企业生产、运营、管理和营销等诸多方面提出了新要求，企业必须转变传统思维模式，树立互联网思维模式。运用大数据等现代信息技术实现企业的精细化运营；坚持以用户心理需求为出发点，转变经营理念，秉承快速迭代和微创新原则，实现产品的极致用户体验。

②推进企业互联网化的行动保障。政府通过加大中央预算内资金投入力度，引导更多社会资本进入，分步骤组织实施"互联网+"重大工程，重点促进以移动互联网、云计算、大数据、物联网为代表的新一代信息技术与制造、能源、服务、农业等领域的融合创新，发展壮大新兴业态，打造新的产业增长点。统筹利用现有财政专项资金，支持"互联网+"相关平台建设和应用示范。开展股权众筹等互联网金融创新试点，支持小微企业发展；降低创新型、成长型互联网企业的上市准入门槛，结合《中华人民共和国证券法》修订和股票发行注册制改革，支持处于特定成长阶段、发展前景好但尚未盈利的互联网企业在创业板上市。鼓励开展"互联网+"试点示范，推进"互联网+"区域化、链条化发展。支持全面创新改革试验区、中关村等国家自主创新示范区、国家现代农业示范区先行先试，积极开展"互联网+"创新政策试点，克服新兴产业行业准入、数据开放、市场监管等方面政策障碍，同时研究适应新兴业态特点的税收、保险政策，打造"互联网+"生态体系。

（2）推进产业互联网化

推进产业互联网化，就是推动互联网向传统行业渗透，加强互联网企业与传统行业跨界融合发展，提高传统产业的数字化、智能化水平，由此做大做强数字经济，拓展经济发展新空间。数字经济特有的资源性、加工性和服务性，为产业互联网化提供更为广阔的空间。总体来讲，产业互联网化就是推进互联网与第一产业、第二产业和第三产业的深度融合、跨界发展。产业互联网化的过程即是传统产业转型发展、创新发展和升级发展的过程。

目前，应该以坚持供给侧结构性改革为主线，重点推进农业互联网化，这是实现农业现代化的重要途径；重点推进制造业互联网化，这是实现制造业数字化、智能化的重要途径；重点推进服务产业的互联网化，这是推进第三产业数字化发展的重要手段。大数据的迅猛发展，加快了产业"互联网+"行动进程。未来某段时期内，大数据将推动金融、教育、医疗、交通和旅游等行业快速发展。

二、数字经济发展的应对措施

（一）促进中国数字经济健康发展的对策建议

1. 建设全球领先的数字基础设施，夯实数字经济发展的根基

数字基础设施是发展数字经济、支撑国家数字化转型的重要基础和先决条件。人们要积极打造全球领先的数字基础设施。首先，要加快高速宽带网络建设，在开展大量研发试验的基础上，主导形成5G全球统一标准，力争在全球率先部署5G网络；其次，要顺应各行业各领域数字化转型需求，超前部署云计算数据中心、物联网等基础设施，积极发展卫星通信等空间互联网前沿技术，建设覆盖全球的空间信息系统；最后，要发挥宽带网络等数字基础设施在脱贫攻坚中的作用，通过加快农村及偏远地区数字基础设施建设全覆盖，减小数字鸿沟，让全国人民共享数字经济发展成果。

2. 发展先进的数字技术产业，掌握数字经济发展主动权

数字技术产业是数字经济发展的先导产业，对数字经济的发展具有火车头式的带动作用。首先，应发挥中国数字技术产业体系完备、规模庞大，技术创新能力大幅提升的优势，抓住第四次产业革命换道超车与跨越发展的机遇，构建具有国际竞争力的数字产业生态体系，抢占数字产业全球价值链高端与主导权，为经济转型升级提供强大动力支持和产业保障；其次，要强化基础研究和前沿布局，通过自主创新，重点突破和国计民生相关的战略技术与数字经济长远发展的"卡脖子"技术，特别是在量子技术、人工智能、未来网络等前沿技术领域实现率先突破，并带动核心芯片、集成电路等薄弱环节实现群体性突破，构建安全可控和世界领先的数字技术体系；最后，发挥中国在大数据、云计算、物联网、人工智能等领域的比较优势，深化数字技术的国际合作，并在全球范围内扩展其技术布局。

3. 促进数字技术与传统产业的融合应用，充分释放数字经济发展潜力

首先，要通过减税降费等机制体制改革充分释放政策红利，鼓励数字技术与

农业、工业领域融合的新业态、新模式不断发展,切实降低企业数字化创新转型的成本负担;其次,面向重点领域加快布局工业互联网平台,鼓励广大企业依托工业互联网平台积极探索平台化、生态化发展模式,改造传统价值链、产业链、服务链与创新链,改善数字技术对传统产业的改造与创新;最后,要完善信息消费市场监管体系与网络安全防护体系,规范数据采集、传输、存储、使用等数字经济有关行为,加大对网络数据和用户信息的保护力度,充分激发民众数字消费潜力。

4. 减少数字技术对就业的结构性冲击,促进数字经济成果全民共享

首先,政府要与各方合作,开展面向全民的数字素养教育,特别是针对下岗失业、残疾人员等不适合固定场所就业的特定人群,可通过提供相应的数字素养培训和职业技能培训,协助其向数字经济领域转岗就业;其次,要全面强化学校的数字素养与数字技能教育,在基础教育各阶段开设网络和计算机基础知识、基本技能、人工智能等课程,使数字素养成为年青一代的必备素质。在高校开设各种与数字技能有关的校企共建课程,通过举办各种技能竞赛、创业集训营等方式培养数字技术高端人才;再次,借助数字技术打造各种就业、创业平台,持续降低创新创业的门槛和成本,支持众创、众包、众筹等多种创新创业形式,形成各类主体平等参与、广泛参与的创新创业局面,为社会创造更多兼职就业、灵活就业、弹性就业机会,增强劳动者在数字经济发展中的适应性与创新性,化解数字经济对就业的结构性冲击;最后,推进移动互联网、人工智能、大数据等数字技术在养老、医疗保障等社会保障领域的广泛应用,同时加快建立、完善适应数字经济发展的用工和劳动保障制度,加大对弱势群体的扶持力度,为个人参与数字经济活动保驾护航,促进数字经济发展的成果全民共享。

5. 逐步完善数字经济法治建设体系,全面提高数字经济安全水平

数据是数字经济时代的核心生产要素,数据涉及的领域众多,层面非常之广,国家应从战略高度重视数据开发利用、开放共享与数据保护,制定明确的法律规定与规章制度保障数字经济安全。首先,应不断完善数字产权、数字税收等与数字经济相关的法律体系,为数字经济发展提供必要的法律制度保障;其次,政府应结合中国数字经济发展实际,借鉴其他国家的先进经验,不断完善个人隐

私保护与数字经济安全制度，为数字经济安全发展保驾护航；最后，要做好数据开放共享与数据保护之间的平衡，既要为数字经济创新发展留下适度的空间，也不能影响到数字经济的安全发展。

（二）促进中国向数字化转型的对策建议

以大数据、物联网、云计算、人工智能等数字技术以及工业互联网平台融合应用为特征的数字经济发展，全面促进了传统行业的数字化转型升级，企业、政府和教育部门都要积极适应这一趋势，促使中国向数字化顺利转型。

1. 促进企业数字化转型

在数字经济时代，作为经济社会主体的企业进行数字化转型，是从逐渐适应数字技术到完全依赖数字技术并逐渐形成数字化战略、数字化管理、数字化生产甚至数字化思维的过程。

（1）制定数字化战略，促进数字化投资

在数字经济时代，数字技术部门、产品事业部门和新的数字业务部门之间的界限越来越模糊。未来的数字技术部门将更自然地融合数字技术、数字业务和数字化思维，企业组织的领导力、企业文化以及企业采购策略和其他非技术元素也应进行同样的转变，才能更好地适应数字经济时代的要求。所以，所有的组织都应该在积极评估数字技术及数字化力量对自身和其所在行业影响的基础上，把向数字化转型作为组织的核心战略，并将其融入产品生产、业务运营和企业文化的建设当中，才能够更高速地扩展其业务和实现更大的创新，甚至完全以数字技术和海量数据为生命线，以创造出更多新的收入来源，成为真正意义上的数字化原生企业。

数字化指数体现了企业对数字化技术的理解程度以及将数字化技术应用于企业内部的程度。因此企业需要将数字化战略与IT区分开来，以此来确立真正意义上的数字化创新战略，促使数字化投资与数字化能力的进一步提升。

（2）选择合适的数字化技术路线，探索新兴数字技术

选择合适的数字化技术路线，是促进企业数字化创新的最主要的驱动力量。整体来看，企业可选择的数字化技术路线包括基于开源和完全自研两种。组织应

在充分评估两种路线的优劣势的基础上，结合自身实力和特点选择合适的数字化技术路线，才能有效利用数字技术，实现企业技术和业务能力的从无到有、从弱到强。这一过程中的关键技术包括物联网、云计算、大数据、人工智能以及安全云保障等。其中，物联网作为万物互联实现的终端，主要实现数据的采集与收发功能；云计算作为最主要的数字技术，不仅可提供基本的硬件基础设施，也可提供先进的流程管理和软件服务以及相关方法进行指导，助力协同研发、产品互助设计、智能生产和智慧物流服务等方面的效率提升；通过大数据、人工智能技术可进行直接或间接的数据分析进而辅助科学决策，实现数字化创新价值的最大化；而在数字技术助力企业价值链各环节价值创造最大化的同时，价值链上各环节安全操作的复杂性、综合性及数字化程度也在不断提升，只有采用专业的安全云保障服务技术，才能为企业在实现数字化转型、发展数字业务过程中提供经济可靠的安全保障。此外，建立专项创新实验室是推动数字化进程中不可缺少的一个环节，通过建设专项创新实验室、研究新兴科技，可以推动企业的数字化进程，也可在推动企业数字化创新步伐不断加大的同时，提高数字化科技的投资成效。因此企业在数字化过程中可通过加大建立专项创新实验室的投入，探索新兴数字技术。

（3）借助数字平台生态系统的力量，促进企业数字化转型

在数字经济发展过程中，数字平台生态系统与核心知识产权同等重要。与其他国家相比，中国数字经济发展过程中的生态特征较为明显，BAT（百度、阿里巴巴和腾讯）等数字平台企业占有绝对优势的市场份额，其数字化平台上的海量用户、资金、人才以及其他要素等方面的优势为整个数字经济生态系统注入了重要活力。依托数字平台生存的企业数据，只有通过数字平台生态系统自由合理流动，才能实现企业内外部的行动相通、数据联通与价值互通，所以在企业的数字化转型过程中，数字化平台生态系统的重要性日益凸显。不同企业均应在数字平台的力量推动下，依托数字平台生态系统中的资金、数据、人才、数字化运营及管理经验等相关资源促进企业数字化转型，实现自身企业平台向数字化平台生态系统转变。大中型企业组织可以通过自建或与合作伙伴共建的方式建立数字化混合云平台，中小型企业组织则可以使用公有云平台，也可以通过购买服务的方式

进行私有化云平台部署。此外，不同企业均应充分借助平台生态系统里完备的要素资源、丰富的运营管理经验、合适的文化机制建设和开放的内外连接能力，积极探索新的商业模式，实现更大幅度的业务创新，这样才有助于进一步构建更符合自身行业需求的成熟生态系统，进而为依托其运营的更多行业伙伴提供恒久的动力。总之，对于企业来说，建设或加入生态系统并在其中充分汲取养分，实现数字经济下的数字平台自我组织管理、自我激励与成长成为其在数字化转型过程以及长期发展过程中的必然选择。

2. 促进政府数字化转型

大数据、云计算、物联网、人工智能等数字技术不仅影响着人类的日常工作、生产与生活方式，也对政府提供公共服务方面有着较为深刻的影响。数字技术不但对政府政务服务进行电子化改造，将政务服务不断由线下搬到线上，提高了政务服务的提供效率，而且对政府提供政务服务内容、政务服务提供方式、民众参与度、政府透明度等方面进行全面改造与创新，加快了政务服务的全面数字化转型。

（1）政府数字化转型的路径

虽然全球不同地区政府数字化转型的路径存在诸多差异，但根据政府数字化程度的演进趋势，政府的数字化转型一般要经历电子政府、"一站式"政府和数字政府三个阶段。其中，电子政府，主要是指政府部门的信息技术化改造，侧重于政府部门对现有业务流程的数字化改进，只是在一定程度上提高公共服务的效率；而数字政府，则是指可以为广大民众提供移动公共服务的公共政务平台，更侧重于公共服务提供模式的创新和设计，推动传统公共服务发生颠覆式变革；而"一站式"政府，主要是指政府可以为民众提供跨部门无缝衔接的"一站式"服务，处于电子政府与数字政府二者之间，既是对各级政府内部各部门政务服务业务流程的总体优化，也在一定程度上促进了公共服务提供模式的创新。所以，政府的数字化转型，可以先通过政府部门 IT 化改造建设电子政府，关注数字技术对政府服务提供工作效率的提升，然后再通过协调各级各部门提供"一站式"政府服务，通过利用数字技术促进公共服务提供方式与管理模式创新，打造数字政府。

（2）政府数字化转型的方法

政府数字化转型是一个长期的、持续的、循序渐进的过程。促进政府向数字化转型，建设数字政府，首先，不仅要从全局的角度，加强顶层设计，制订战略计划，指导数字化建设，更要根据数字技术发展具体实践需求及时发布促进数字政府建设相关的政策建议，以稳步推动政府数字化建设进程的逐步深化；其次，要设立专门协调政府数字化建设的研究机构或相关数字经济与创新管理实务研究部长职务，落实和政府数字化转型相关的战略与政策，化解政府数字化建设中各部门的利益冲突问题，解决政府数字化建设中存在的其他种种问题，协调推动跨区域、跨部门的数字化建设工作；再次，要彻底打破部门割据与信息孤岛局面，借助数字技术整合全国各地各级政府部门的公共服务，实现各级各地区各部门间的信息自由流动和资源交换共享，推出"一站式"公共服务平台，促进公共服务一体化发展；最后，鼓励全国各级政府做好数字政府建设工作，制定数字政府建设相关绩效考评体系，以此来进一步指引政府提升数字治理能力。

第三节 网络经济的管理创新

一、网络经济的观念创新

人类社会的每一次重大变革，总是以思想的进步和观念的更新为先导，企业的管理创新也不例外。观念创新是企业全面创新的核心，是其他创新的先导。如果没有观念创新，那么其他创新便无从谈起。观念创新最主要的是要求企业树立知识价值观念、以人为本的人力资源管理观念、合作竞争观念、全球化经营观念和可持续发展的观念等。

（一）知识价值观念

网络经济是以信息和知识为主要特征的新经济形态。在网络经济时代，知识的作用越来越突出，知识资本逐渐形成，并成为新经济的推动力。知识正推动着企业由以投入资金和劳动力为主朝着以投入知识为主的方向转变，企业传统的技术、单一的知识结构也正向高新技术、综合知识结构转移。这就要求企业从战略的高度重视知识的作用。很多跨国企业不惜将重金投向知识的研究开发和高科技人才的引进，其实都是在进行知识的储备和更新，为保持竞争优势做积累。

一个企业要想在网络经济模式下取得成功，就必须牢固地树立知识价值观念，充分重视知识的作用，加大对知识的投入力度。

(二) 以人为本的人力资源管理观念

网络经济给人力资源的管理和开发带来了很多方便，如网络的出现缓解了工作者所受的地理因素限制，使远距离工作成为可能；工作方式更加灵活和自由；企业可以对员工进行在线培训，员工可以随时随地接受培训，企业节省了投资，也易调动员工的学习积极性等。但是，网络经济也在加剧企业对高级人力资源的争夺，对人力资源的素质提出了更高的要求。

面对网络经济给人力资源管理带来的这些变化，企业必须加强对人力资源的管理和开发，以适应网络经济的要求。

①提高人力资源的整体素质。网络经济的发展需要多层次的人才，所以要大力发展基础教育，重视素质教育，并着重培养适应网络经济时代需要的各类人才。在中国网络经济的发展初期，对应用型高科技人才的需求是十分迫切的，所以教育的任务就是着力培养这样的人才。

②促进人力资源的全面发展。以人为本的管理思想是以培养人的能力并使人的潜能有效发挥为着眼点，所形成的企业文化是开放的、民主的，造就的是主体性强、富于自律和具有创造精神的管理人才。以人为本的管理要求理解人、尊重人、充分发挥人的主动性和创造性，可以分为情感管理、民主管理、自主管理、人才管理和文化管理五个层次。管理要求包括：运用行为科学，重塑人际关系；增加人力资本，提高劳动质量；改善劳动管理，充分利用劳动力资源；推行民主管理，提高劳动者的参与意识；建设企业文化，培育企业精神等。可见，要真正做到人本管理，就要充分重视人的需要，调动每个人的积极性，并采用多种激励手段来激发每个人的潜能。

另外，还要塑造一个有利于人力资源发展的环境，即尊重知识、尊重人才，并有适度的竞争和良好的培训。在这样的环境中，员工能体会到知识的珍贵，从而不断地学习，以扩充知识储备并提高技能水平，而且真正有才能的员工能在企业中担当重任。既有压力也有动力的适度竞争机制和良好的培训环境，能够激励员工不断进取、不断创新，并积极提高其自身的素质。

③促进人力资源的合理流动。人力资源的流动和转移是合理配置人力资源的方式和手段，是充分利用人力资源的重要形式，是网络经济的客观需要。为此，要尽快建立和完善统一的人才市场，对人才的合理流动进行统一的协调和配置，加快各种社会保障制度的改革步伐，以实现市场对人力资源的自然配置。

（三）合作竞争观念

在网络经济模式下，企业面临的内部和外部竞争环境已经与以往有了很大的不同，从而对竞争的理念也提出了新的要求。

网络的普及使人们受时间和空间的限制日渐减少，信息可以自由和快捷地在网上流动。所以，对企业来讲，业务在便利和能扩展到全球的同时，竞争范围也随之扩大到了全世界。竞争变得异常激烈，但是竞争的优势却发生了改变。原来竞争的优势主要体现在厂房、设备、资金和劳动力等有形要素上；而在网络经济模式下，竞争优势主要取决于信息、科技、人力资源的素质、形象和战略等。

在这样的竞争环境下，企业必须树立新的竞争观念以适应网络经济发展的需要。这种新的竞争观念就是合作竞争，以合作求竞争，共同将利益蛋糕做得更大，从而使双方都受益。在信息技术和网络技术高速发展的情况下，任何一家企业的资源都只能具有某种单一核心优势，如果企业能与竞争对手把各自的核心优势结合起来，做到优势互补，则必将能够形成共同的竞争力，达到双赢的效果。例如，苹果公司和国际商业机器公司（IBM）的竞争联盟就是这样的，虽然在销售产品时二者仍然是竞争对手，但通过联盟，二者可以互相分享最先进的技术和一些商业机密，通过合作完成两家公司都不能单独完成的项目。

在合作竞争中，企业要注意联盟内部的权力再分配。这是因为随着时间的推移，合作各方的核心优势的相对重要性可能会发生变化，从而引起联盟内部的权力再分配。为避免在合作竞争中的地位弱化，合作各方应注意培养自己的核心优势并力求创新，争取在竞争联盟中取得主导影响力。一般来说，一个企业在联盟中影响力的大小主要取决于其核心优势相对于其合作伙伴的核心优势的重要性和独特性，所以，合作各方时刻都要保持积极进取的精神。

（四）全球化观念

随着经济全球化进程的加快和全球信息网络的形成，企业的经营管理应形成全球化的观念。也就是说，企业在组织生产、销售、经营管理等方面要突破一国、一地的地理空间概念，从国际化、全球化着眼，制定企业发展和竞争的战略。全球思维可以指导企业在世界范围内谋求发展机会，取得最佳的长期效益。

美国宝洁公司总裁埃德温·刘易斯·阿尔茨特（Edwin Lewis Artzt）曾说："市场的全球化将成为决定 21 世纪经济增长速度的首要因素，达不到世界标准的企业，将越来越没有希望在地方一级进行竞争。"[①] 也就是说，随着经济的全球化和网络的普及，即使企业没有走出去，也可能面临来自全球的竞争和威胁，这是因为别人可以走进来。所以，在网络经济条件下，企业的管理者必须要自觉地培养全球化思维能力，要有面对全球化挑战的心理准备，并能根据世界的种种变化做出自己的决策，积极地进行全球经营。

企业的经营管理者要培养的全球化思维能力主要体现在五个方面：①着眼全球的眼光。无论是跨国企业还是地方性公司，其管理者都必须具备全球眼光和全球化思维方式。②开放的态度。这不仅是指企业要接受新事物，还包括企业愿意公开的更多信息，而且企业必须更多地考虑合作竞争的新概念。③快速应变和创新能力。创新是快速应变的有效支持，而且创新的最终目的也是快速应变。全球化时代是信息快速流动的时代，任何创新都可能被快速模仿。不断创新、以变应变才是企业成功的秘诀。④文化宽容性。也就是说，企业要顾及他国的文化主流，企业如果不能容忍他国文化，就会遭遇排斥。⑤努力不懈地追求品质。在网络经济时代，吸引消费者回头的唯一法宝便是产品和服务的品质。努力成为一

---

① 陈志专. 中国需要全球化经理人 [J]. 山西经济管理干部学院学报, 2001 (1): 2.

国、一地的最优品质并不能确保企业永远成功，因而企业必须面向全球经营。

在网络经济条件下，企业要进行全球经营，面临的环境是顾客的全球化、资源的全球化和竞争的全球化，这样的环境是工业经济时代所没有的。在这样一个快速变化的环境中，企业获胜的关键是对信息做出及时的反应，以最快的速度满足消费者的需要。企业必须学会如何在瞬息万变和极度不稳定的全球网络环境中，运用全球化思维来调整组织结构和自己的竞争优势来适应这个新环境，从而取得长远的发展。

（五）可持续发展的观念

网络经济是可持续发展的经济形态。所以，当今的企业在经营管理的过程中必须树立可持续发展的观念，以符合整个时代的要求。

网络经济是以知识和信息技术为基础的经济形态，以可持续发展为特点，也为人类社会实现可持续发展提供了可能性。在网络经济中，增长的核心要素和重要资源是知识和信息，从而在一定程度上突破了自然资源稀缺这一"瓶颈"，为经济的可持续发展提供了可能。另外，网络经济也将信息技术广泛应用于经济活动的每一个环节，能够形成对传统产业的渗透作用，促进传统产业的知识含量提高。信息技术的发展还可以减少对自然资源的依赖，并提高自然资源的利用效率，这也为可持续发展提供了可能。所以说，网络经济是可持续发展的经济，在这样的环境中，企业只有树立可持续发展的观念，才能取得长远的发展。

二、网络经济的技术创新

无论是在工业经济时代还是在网络经济时代，技术创新都是企业取得市场竞争优势的关键所在，这种关键性在网络经济时代更加突出。随着经济的全球化和无国界经营趋势的加强，企业面临着来自更大范围的挑战，而只有技术创新才能给企业带来核心的竞争优势，其他方面的管理创新最终也都需要技术创新来保障。

（一）技术创新的含义

技术创新是指企业为了满足顾客的需求和提高企业的竞争力而从事的以产品

及其生产经营过程为中心的，涵盖了构思、开发和商业化等环节的一系列创新活动，包括产品创新和过程创新等。技术创新是一项高风险、高收益的活动，其面临的风险主要是技术风险和市场风险。创新一旦失败，就会给企业带来不可估量的损失。但高风险总是与高收益联系在一起的，技术创新只要有20%的成功率就可收回全部投入并可取得相应的经济效益，还能给企业带来很强的竞争优势。[①]技术创新应是一项超前性的活动，否则就难以达到目的。

（二）企业技术创新与竞争优势

企业技术创新与竞争优势之间是相互促进的关系，有了技术创新就有了竞争优势，有了竞争优势也就有了更强的技术创新的信心。另外，技术创新的一个重要目的就是要创造新的竞争优势。

当今，在网络经济模式下，科技的飞速发展使产品的更新换代加快，企业面临的环境日益复杂且不确定因素在不断增加，所以竞争也就更加激烈。在这样的市场环境中，企业如果凭借新产品来参与竞争，则优势就比较大。在网络经济时代，技术创新能给企业带来的竞争优势主要有以下四点：①通过产品创新抢先占领市场。②通过过程创新使产品成本下降，获得价格上的优势。③通过创新节约了资源，使企业内部资源配置更趋合理。④通过创新使原有竞争对手的威胁程度大大降低，从而使企业在竞争优势的基础上获得更大的发展。这些都使企业在网络经济环境中面临的不确定性减少，极大地增强了企业在市场上的整体竞争力。

从市场竞争来看，核心是技术竞争。很多国家在技术开发和创新上不仅有大量投入，而且还不断以优厚的条件网罗人才，促进高新技术的开发和向各领域渗透。技术创新已成为一个国家或企业获得竞争优势的第一推动力。另外，从企业的长期发展来看，技术优势肯定是企业最重要的竞争优势。通过创新，企业可以确定自己的技术优势，可以开拓新的市场，以此促进自身的长远发展。所以，企业技术创新的重要目的就是在市场竞争中获得优势地位，提高自己的竞争能力，减少企业未来的不确定性，降低企业受威胁的程度，从而为企业的长远发展创造

---

① 技术创新的特点及资金需求：技术创新的特点.

有利条件。

(三) 技术创新的策略

1. 积极开发新技术或新产品

这种策略是指创造出一种市场上从未有过的技术或产品，成为市场上的第一。这种技术创新常常需要较长的时间，企业投入的资金也较多，对开发人员的素质要求也较高。但创新一旦成功，就会给企业带来技术上的突破，给企业奠定"人无我有"的竞争优势，也能给企业带来丰厚的收益。

这种策略要求企业以市场需求为导向进行技术创新。市场需求什么，企业就要朝这个方面进行技术创新。在市场上，产品能否很好地满足消费者的需求，能否迅速地销售出去，是决定企业命运的大事。企业的技术创新的目的是增强产品的竞争力，提高市场占有率，所以，企业必须注重顺应市场，引导市场，不仅要把立足点放在全新技术和产品的开发上，更要把立足点放在产品的"卖出去"上，以实现预期的效果。如果企业忽视市场需求，就会造成技术创新与市场脱节，达不到提高竞争优势和市场占有率的目标。因此，技术创新要围绕市场来进行。

在激烈竞争的网络经济时代，企业只有不断地追求技术进步，努力提高产品的技术含量，积极开发新产品，才能扩大市场占有率。但需要注意的是，技术创新与技术进步不同，技术创新是一种经济和商业行为，技术进步是一种纯技术行为。如何进行创新，采用何种技术，关键是要看技术能否满足消费者的需求，而不是单纯地看技术多先进，也就是说要让技术进步给企业带来巨大的经济效益。否则，即使技术再先进，如果不被市场接受，那么还是不能给企业带来竞争优势和效益，达不到技术创新的初衷。

2. 主动的技术创新

在网络经济时代，企业面临的环境更加变化无常，面对的竞争也更加激烈。为了在这样的环境中取得生存和发展，企业不能坐等挑战的来临，而应该积极主动地进行技术创新，这已成为竞争的必要手段。

如果企业能够主动地进行技术创新，那么企业就掌握了主动权。英特尔公司的创始人戈登·摩尔（Gordon Moore）在 20 世纪 60 年代就曾预言，计算机微处理芯片的记忆容量每 18 个月就将增加一倍，这就是摩尔定律，也是英特尔公司信奉的企业宗旨。① 英特尔一直按照这个发展速度不断推出创新的产品，使全世界的计算机微处理芯片市场都在它的冲击下呈现这一规律。英特尔完全掌握了主动权，不仅每 18 个月就推出新产品，而且每 9 个月就增加厂房设备。利用这种主动创新的策略，英特尔公司成功地掌握了芯片市场竞争的主动权。

三、网络经济的文化创新

在人类社会迈向网络经济的进程中，文化较以往任何时候都更为丰富和开放，同时文化与经济的联系也更为紧密，文化对社会经济发展的影响也更显重要。就企业而言，不同的企业文化会形成不同的企业环境，塑造不同的企业形象，树立不同的企业价值观念。良好的企业文化是一种强大的凝聚力和向心力，能调动员工的积极性和创造性，使企业得以长远发展。所以，面对网络经济的挑战，企业要积极地进行文化创新，塑造网络经济时代的企业文化。

（一）企业文化的含义

企业文化是企业全体职工在长期的生产经营活动中培育形成并共同遵循的最高目标、价值标准、基本信念和行为规范。一般认为，企业文化由三个紧密联系、不可分割的层次构成，即精神层、制度层和物质层。

精神层是指企业的管理者和员工共同遵守的基本信念、价值标准和职业道德等，是企业文化的核心，包括企业精神、企业最高目标、企业经营哲学、企业风气、企业道德和企业宗旨六个方面。这六个方面角度不同，各有侧重，互有交叉，本质统一。

制度层是指对企业职工和企业组织行为产生规范性和约束性的部分，主要是指应当遵循的行为准则和风俗习惯。它是企业文化的中间层次，包括一般制度、特殊制度和企业风俗等。

---

① ChatGPT 之父提出新"摩尔定律"。

物质层是企业文化的表层部分，是精神层的载体，常常能折射出企业的经营思想、经营管理哲学、工作作风和审美意识等，主要包括企业标志、标准字、标准色，厂容、厂貌，产品的特色、式样、品质、包装等，厂服、厂旗、厂徽、厂歌等，企业的纪念品，企业的文化传播（如报纸、刊物、广播电视、宣传栏、广告牌和企业的造型）等。

(二) 企业文化与企业竞争力

在一般情况下，企业文化具有导向、约束、凝聚和激励的功能。导向功能是指企业文化对企业整体和每一位员工的价值取向和行为取向所起的引导作用。约束功能是指企业文化对每个员工的思想和行为具有约束和规范的作用。凝聚功能是指企业文化的价值观一旦被员工认同之后，就会成为一种黏合剂，从各方面把员工团结起来，形成巨大的向心力和凝聚力。激励功能是指企业文化能使企业员工产生一种情绪高昂、奋发进取的力量。辐射功能是指企业文化不仅在企业内部起作用，也通过各种渠道对社会产生影响。

可见，具有良好文化的企业能凝聚起所有员工的积极性和创造性，使企业的竞争力得以提高，促进企业的长远发展。

(三) 网络经济时代企业文化的新内容

①符合虚拟经济的要求。网络经济是虚拟经济，虚拟化可以从个人到组织多角度进行。虚拟的形式有虚拟商品或服务、虚拟工作或远程工作、虚拟办公室、虚拟小组、虚拟机构和虚拟社区。这对传统思维是一个挑战。这些变化要求企业文化必须能适应虚拟的要求。企业文化要使每个成员有高度积极性、自律性和强烈的责任感。这样个体才能在提供商品或服务时追求尽善尽美，才能积极参与虚拟组织的活动，才能在没有露面的情况下意识到自己存在的价值，并尽量发挥自己的能力去追求虚拟组织的集体目标。

②协作意识。信息网络使企业之间的竞争与合作的范围扩大了，也使竞争与合作之间的转化速度加快了。今天，没有一家企业能单枪匹马创造未来。企业必须寻找协同竞争的领域，在竞争中合作，在合作中竞争。今日的市场环境需求日

新月异，追求个性化，企业间竞争异常激烈。对单个企业来说，面临如此复杂的市场，单靠一己之力是无法生存的。因此，不少学者和企业界人士提出要保持企业核心能力，加强企业间联盟来应对新的市场环境。这样的联盟是动态的，随着市场环境而变动。如何处理好企业间既竞争又合作的关系是关乎企业生死存亡的大事。企业内部也同样存在协作的问题。欲发挥"1+1>2"的管理作用，企业文化是不可或缺的。传统经济学的理论基础是博弈理论，强调个体的理性与均衡。现在的一些管理实践证明，在团队中，尤其是在环境不确定性很高的情况下，个体行为并不完全符合博弈理论的假设。此时，企业文化是个体理性和群体理性协调的保障。

③学习。网络是知识经济的基础。在网络经济模式下，企业应当做好知识管理，强调组织学习和个体学习。网络改变了知识的传播方式和传播速度，使组织学习能更好地进行。同时，在不确定的环境中，组织学习也是组织进化的途径。组织的首要目标便是生存，只有不断学习的组织才能在激烈竞争中有机会立于不败之地。因此，企业文化应当崇尚学习、崇尚改革，在学习中获得组织发展的动力，获得不断提升、超越自己的源泉，从而在不断创新的社会中生存下去。但与此同时，组织文化还要起一定的稳定作用，防止组织在学习过程中加速崩溃。

④创新意识。创新是组织存在的条件，是网络经济模式下企业文化的核心。没有创新的组织必是没有生气的。组织的创造性存在于混沌的边缘，企业文化只有能把企业推到混沌的边缘才能促进组织的创新。为此，企业文化必是能融合不同意见的。那种强调"千篇一律"的文化是不可能促进创造性发展的。同时，为了防止内部的矛盾使企业陷入混沌，企业文化还得有负反馈稳定作用，极端的事件（或用复杂性的术语说是"涨落"）可以存在但不能被放大。因此，企业文化应当是稳中求变的文化。

⑤绿色文化。绿色文化是文化发展到一定阶段提出的要求，是文化对环境的关注，对社会的关注，对未来的关注。环境问题是全人类普遍关注的问题，也是一个不容忽视的问题。未来文化必定朝绿色文化方向发展。企业文化在强调个体生存的同时，必须有强烈的环境意识。这里的环境不仅包括自然环境，还包括社会环境，是人类赖以生存的环境。生态文化是一种新型的管理理论，包括生态环

境、生态伦理和生态道德，是人对解决人与自然关系问题的思想观点和心理的总和。生态文化属于生态科学，主要研究人与自然的关系，体现的是生态精神。而企业文化则属于管理科学，主要研究人与人的关系，体现的是人文精神。但是，在本质上，二者都属于一种发展观，运用系统观点和系统思维方法，从整体出发进行研究；都强调科学精神，即实事求是，努力认真地探索；从狭义角度来看，都是观念形态文化和心理文化，而且都以文化为引导手段，以持续发展为目标。并且，企业文化发展的诸多方面，需要以生态文化来与之相结合。

⑥兼容性与个性。网络经济促进了经济的全球化。经济全球化突出了企业文化兼容性的要求。在网络经济模式下企业间的联合、兼并更加频繁。联合或兼并不是企业的灭亡，而是企业新的生存方式。个性鲜明的企业文化是企业脱颖而出的条件，但只有兼收并蓄的文化才能把企业做大，正如中国一句谚语"海纳百川，有容乃大"。正如人之所以为人，其属性是一样的；企业之所以为企业，其属性也是一样的。既然属性一样，那么不论此企业在何方，企业经营的总体原则都是一样的，更何况现在"企业是世界的企业"。

目前进行的企业文化建设，就广义上来说，是一种新的经济体制下的新的实践，是企业管理科学的新学科。如何进行新的实践探索，如何进行新的理论思考，是极为重要的问题。企业是社会的最基本的经济组织，企业经营的目标是通过实现经济效益的最大化，从而实现企业成员经济效益的最大化及自身价值的最充分实现。企业文化的建设具有共性，即企业文化建设的出发点是为企业提供实现其目标的土壤。企业文化建设主要侧重于企业员工的思想观念、思维方式、行为规范和行为方式等方面。同时，不同的企业处于不同的内部和外部环境中，其企业文化的特征并不相同。例如，有的企业注重市场的开拓，有的企业注重产品的创新，有的企业注重售后服务，有的企业注重经营绩效，有的企业注重竞争意识，还有的企业注重团结合作。不同的国家、民族，以及不同的文化背景、思维方式和经营理念会产生不同的行为规范和行为方式。因此，企业文化建设应该根据自己企业的特点、自己企业的经营环境，进行具体的设计定位。

（四）网络经济时代企业文化的核心

人类探索未知事物的强烈欲望是推动创新的永恒动力。人类对未知的探索包括两个层面。第一个层面是对客观事物的辨认，从对身边的植物是不是可食用开始，到对100亿光年之外的天体是不是类星体，这种辨认已绵延千万年并将一直延续下去。第二个层面是对因果关系的探索，从古人的"础润而雨"到最先进的数字化生存，都是对事物因果的认识的成果。这里要特别强调的是，在对某一种事物的辨认中可能发现新事物；在对某一事物有了一种解释之后，可能引发对这一事物原有解释的质疑或否定，从而启动探索的没有尽头的长链；没有功利目的的探索可以转变为有功利目的的创新。市场是推动创新的动力，人们在市场活动中对利润的追求的后果是竞争，竞争是创新的直接动力。企业要在现实的市场需求中不断创新，在潜在的市场中通过创新来获取利润，依靠创新抢占未来的超前的市场。

在网络经济环境中，员工之所以不同于其他传统的员工，在于他们是通过将创造性思维转化为行为而达到"资本增值"的目的的，因而他们对新事物和新知识有着本能的强烈的创造欲望。他们利用自己的智力，通过不断进行产品管理和服务创新，为个人和企业赢得发展。在知识技术全球化创新的今天，劳动的价值更多地体现在智力劳动和创造性劳动上，创造性成为知识产业员工的主要特征。在信息社会中，一个最好的技术研发人员利用网络能够比一个普通人员多做出500%甚至更多的工作。

随着以知识产业为支柱的知识经济时代的到来，在知识产业内部，知识型人力资源的地位变得尤为突出，人才争夺成为企业竞争的焦点。网络经济作为知识经济时代的支柱，是以脑力劳动和智力型服务为基础的。而其核心是知识型人才被推到生产力诸要素的首位。因此，网络经济对员工的有效管理就是最大限度地激发他们的创造性和利用网络进行宏观经济活动的能力，这便是网络经济社会企业文化再造的核心。

（五）网络经济时代企业文化构建的载体和途径

企业文化不是无源之水、无本之木，它必须通过一定的物质实体和手段，在生产经营实践中表现出来。这种物质实体和手段，就可以称为企业文化的载体。企业文化载体是企业文化的表层现象，它不等于企业文化。企业文化载体在企业文化建设中具有举足轻重的作用，优秀的企业文化必有很好的企业文化载体，它们会给企业带来很好的经济和社会效益。有时候，对一些企业来说，即使企业文化建设不那么深入，但如果把企业文化载体建设进行好了，企业也会获得很好的经济效益和社会效益。这是因为，一方面，优秀的企业文化和很好的企业文化载体都是要给企业员工树立一个思想和行为目标，增强企业凝聚力和战斗力，提高员工的生产积极性；另一方面，在企业的经营环境中树立和宣传了好的组织形象，为企业的生存创造了有利的条件。因此，在网络经济模式下，企业文化的建设不能忽视文化载体。

在网络经济模式下，企业文化构建的载体和途径是网络。在过去的几年中，以网络为依托的经济有了很大的发展。随着安全技术的不断完善，互联网上的电子商务市场将发展成为全世界最广、最深厚、最快捷和最安全的市场。

在网络经济模式下，企业的活动越来越多地放到互联网上进行。随着网络经济的进一步深化，迅猛发展的电子商务正在或将要改变许多人的日常生活和工作模式。网络对企业的影响突出表现在以下四个方面。

①运作速度更加迅捷。网络的响应速度是衡量一个 ISP 服务商质量的重要参数，互联网上的信息检索和电子交易同样需要反应迅速。借助日益发展、完善的信息网络环境平台，电子商务需求的迅猛发展更是如虎添翼，动作更迅捷，业务交往呈现个性化，多方面的用途正是电子商务的发展趋势。

②业务交往个性化。随着消费者需求的日益多样化，如何满足消费者的个性化需求是现代企业面临的一个重要课题，同时也是一个非常棘手的问题。这种快速变化着的需求对企业的生产流程提出了严峻的挑战，它要求企业的生产流程要有足够的柔性。电子商务能较好地解决这一问题，因为电子商务中企业与客户间的部分正是迎合了这一点。

③电子商务向纵深发展。电子商务系统与传统的交易系统相比，在购物渠道方面具有显著不同的特点。浏览传统交易购物渠道常常意味着要在大范围的、不相关联的商店中摸索，或者通过"商品清单信息表"搜索；而在现代电子商务系统中，商店无处不在且彼此关联，具有交互性、智能化特征。同时，现代电子商务市场把有关产品和服务的信息紧密集成，帮助消费者在不同的商店之间进行

比较，以选取最具诱惑力的商品。

④支持企业全过程。从辨别用户需求到企业内部产品研制、生产、检验、营销、用户发送订单、跟踪运送情况、接收票据、更新数据、用户调查，再到企业产品开发、改进，电子商务可以支持全部过程。并且，电子商务使企业离市场更近。

在这种情况下，传统的企业文化载体的作用将受到挑战。传统企业文化的载体种类繁多，可谓五花八门。例如，企业的文化室、俱乐部、电影院、图书馆、协会、研究会、企业刊物等，都是企业文化的载体。还有另一种企业文化载体，如厂庆活动、文体活动、文艺晚会、军训、广播操和表彰会等。在网络经济模式下，这些活动或被赋予新的形式，或被其他的新形式所取代，这些新形式都是通过网络这个载体和途径实现的。因此，网络经济中企业文化的载体和途径是网络。

参考文献

[1] 杨光. 经济管理多维视角探索 [M]. 北京：九州出版社，2024.

[2] 李晶晶，冯雪. 经济管理理论与战略研究 [M]. 延吉：延边大学出版社，2024.

[3] 佟丹丹，杜耀龙，张海荣. 经济管理理论与财务创新发展研究 [M]. 北京：中国书籍出版社，2024.

[4] 于水，姜小花. 企业经济管理理论创新与发展研究 [M]. 北京：中国商业出版社，2023.

[5] 赵晓霞. 经济管理理论与发展研究 [M]. 北京：经济管理出版社，2023.

[6] 赵滨，李琳，李新龙. 经济管理与人力资源管理研究 [M]. 北京：中国商务出版社，2023.

[7] 魏化，果长军，王子花. 经济管理与会计实践研究 [M]. 哈尔滨：哈尔滨出版社，2023.

[8] 华忠，钟惟钰. 协调发展视角下的现代经济管理研究 [M]. 长春：吉林出版集团股份有限公司，2023.

[9] 李倩. 经济管理理论与实践探索 [M]. 长春：吉林人民出版社，2023.

[10] 杨国庆，史江兰. 数字经济管理理论与应用 [M]. 北京：人民邮电出版社，2023.

[11] 付宁宁，张娜，肖娜. 经济管理理论与实践创新研究 [M]. 北京：中国商业出版社，2023.

[12] 陆飞翔. 工商管理与经济发展研究 [M]. 北京：中国纺织出版社，2023.

[13] 周贤, 葛美琴, 刘兆霞. 工商管理理论与实践研究 [M]. 北京: 现代出版社, 2023.

[14] 陈晶. 经济管理理论与实践应用研究 [M]. 长春: 吉林科学技术出版社, 2022.

[15] 张亚东. 创新思维驱动经济管理发展研究 [M]. 太原: 山西经济出版社, 2022.

[16] 杨红, 原翠萍, 李增欣. 经济管理与金融发展 [M]. 北京: 中国商业出版社, 2022.

[17] 孙贵丽. 现代企业发展与经济管理创新策略 [M]. 长春: 吉林科学技术出版社, 2022.

[18] 林艳, 弓海英. 新形势下企业经济管理研究 [M]. 延吉: 延边大学出版社, 2022.

[19] 杨菁倩. 市场营销与管理研究 [M]. 北京: 北京工业大学出版社, 2022.

[20] 孙可娜, 向德全, 赵丽华. 经济管理基础与应用 [M]. 北京: 机械工业出版社, 2022.

[21] 郭玉芬. 现代经济管理基础研究 [M]. 北京: 线装书局, 2022.

[22] 吴金梅, 秦静, 马维宏. 经济管理与会计实践创新研究 [M]. 延吉: 延边大学出版社, 2022.

[23] 李晶, 杨轶然, 刘威达. 市场营销渠道建设与工商管理 [M]. 长春: 吉林人民出版社, 2021.

[24] 李贝贝, 周莎莎. 工商管理与经济统计分析研究 [M]. 长春: 吉林科学技术出版社, 2021.

[25] 李涛, 高军. 经济管理基础 [M]. 北京: 机械工业出版社, 2020.

[26] 罗善海, 罗为. 信息化时代下经济管理及其应用研究 [M]. 北京: 中国商业出版社, 2020.

[27] 王道平, 李春梅, 房德山. 企业经济管理与会计实践创新 [M]. 长春: 吉林人民出版社, 2020.

[28] 莫笑迎. 新时代经济管理创新研究 [M]. 北京：北京工业大学出版社，2020.

[29] 高军. 经济管理前沿理论与创新发展研究 [M]. 北京：北京工业大学出版社，2019.

[30] 闫杰，杨阳. 现代经济管理与市场营销研究 [M]. 北京：经济日报出版社，2019.